무당, 여성, 신령들

무당,
여성,
신령들

1970년대 한국 여성의 의례적 실천

로렐 켄달 지음

김성례 · 김동규 옮김

일조각

한국어판 서문

  신령들의 농담, 여성들의 대화, 당시에 젊었던 현지조사자에게 한국 사람들이 이야기해준 설명에서 탄생한 『무당, 여성, 신령들』을 한국어로 되돌려준 김성례 교수와 김동규 박사에게 매우 감사하다는 말씀을 전한다. 번역문의 첫 문장을 보았을 때 내가 마치 삼십 대 시절의 언젠가 "전씨 가족의 굿을 이해하려면 전통적인 한국의 농촌 가옥을 상상해야 한다"라는 문장을 휴대용 타자기로 치고 있는 모습을 마치 거울로 보는 것 같아 깜짝 놀랐다. 이 문장을 처음 쓴 1970년대에는 '전통적인' 가옥, '근대적' 혹은 '서양식' 주택, 그리고 몇 채 되지 않던 새로 지은 고층 아파트가 공존했다. '상상한다'는 행위는 도시의 시간과 시골의 시간을 연결해 주었다. 다시 말해, 전통적인 시골 가족을 상상하며 나는 시간여행을 떠난 것이다. 앞에 언급한 첫 문장을 쓸 때 나는 경기도 시골마을에 있던 슬레이트나 기와 지붕의 집들을 마음의 눈으로 보고 있었다. 대문을 통해 집으로 들어가면 담장으로 둘러싸인 넓은 안마당과 툇마루가 보인다. 현지조사를 시작하기 몇 년 전, 내가 영송리(가명)에 처음 갔을 때에는 기와집 몇 채를 제외하고 대부분의 가옥이 초가집이었다. 1970년대 중반 새마을운동을 거치며 초가지붕은 사라졌다. 지붕의 모습은 당시의 변화상을 단적으로 보여 주었으며, 그 후 내가 영송리를 방문할 때마다 달라진 모습을 볼 수 있었다. '전통 가옥'이 요즘은 향수^{nostalgia}와 관련되지만, 이 책을 쓸 당시에는 무속의례가 벌어지는 중요한 무대였다. 만약 '전통적인 한국 가옥'에서 벌어진 의례를 내가 직접 경험하지 못했다면 많은 것을 보지도 이해하지도 못했을 것이다.

많은 시간이 흘렀다. 내가 한국말로 들은 즉흥적인 말들과 단편적인 대화의 내용이 영어로 기록되었기에, 수십 년이 지나 김동규 박사가 신중하게 준비한 번역 초고를 읽으면서도 원래의 말과 대화의 내용이 갖추었던 형태를 재구성하기가 쉽지 않았다. 어미語尾의 경우는 더욱 어려웠다. 이 책이 무당의 세계에 대해 해박하고 꼼꼼한 두 명의 번역자를 만나게 된 것은 신령들의 은덕이라고 생각한다. 그렇더라도 독자들은 40여 년이라는 시간이 빚은 내 기억의 불완전성 때문에 이 책이 번역의 번역임을 알아야 한다. 또한 여느 민족지와 마찬가지로 이 책 역시 특정 시대의 산물로서, 한국에 대한 당대의 입장뿐만 아니라 당대의 인류학적 입장의 산물이다.

서문에서 나는 맨 처음 한국의 만신과 만났을 때 받았던 깊은 인상을 서술했다. 만신들은 대부분 여성이었으며, 여성으로서 이들에게 신령의 존재를 드러낼 권리가 주어져 있었다. 어떻게 이런 일이 가능했을까? 내가 한국에서 평화봉사단의 일원으로서 3년 동안 활동한 후 대학원 생활을 시작한 1973년은 보수적인 유교사회의 여성들이 어떻게 신령들을 드러내는 권리를 가지는지 이해하고자 했던 젊은 학자에게 상당히 좋은 시기였다. 1970년대 초반 컬럼비아 대학교 내에서 당시 우리가 '여성인류학the anthropology of women'—아직 젠더 인류학the anthropology of gender이라는 개념은 없었다.—이라고 부른 분야는 매우 생소했고 연구 문헌도 빈약했다. 동료들과 나는 이 분야에서 핵심적인 몇 가지 텍스트들을 읽어 나가면서 우리가 중요한 흐름의 가장자리에 서 있음을 느꼈다. 돌이켜보면, 그렇다, 우리는 1970년대 이전의 민족지들에서 여성이 부재했음을 이제는 아무도 기억하지 못할 정도로 성공한 그 흐름의 가장자리에 서 있었던 것이다. 동아시아를 연구한 우리에게 중요했던 저술은 1972년 출판된 마저리 울프Margery Wolf의 『대만 농촌의 여성과 가족Women and the Family in Rural Taiwan』이었다. 이 책은 중국인 가족에 대한 우리의 이해를 뒤집어 놓았으며, 몇 가지 기본적인 사회적 실천들이 여성(주부, 딸, 며느리, 시어머니)의 시각, 경험, 염원의 입장에서 보았을 때 얼마나 다르게 이해될 수 있는지를 보여 주었다. 또한 이 책은 중국인 농촌 가정의 세계를 내가 그전까지 소설에서만 보았던 매력적인 서사 양식으로 묘사하고 있었다. 나는 이런 장점들을 모방해 보고자 했다. 만약 나의 민족지 방법론을 형성하는 데 도움을 주었으며, 마침내 『무당, 여성, 신령들』이라는 결실을 맺은 기획을 다듬는 데 도움을 준 책이 하나 있다면 그것은 『대만 농촌의 여성과 가족』이다. 하지만 나는 한국의 농촌 가족이 울프가 분석한 대만 농촌의 가족과 어떻게 차별화되는지, 그래서 한국 여성들의 경험과 전략이 어떻게 다른지도 기술하고자 했다.

1970년대에 의료인류학은 인류학의 하위 영역으로서 대중화되고 있었으며 이러한 경향 역시 내 연구에 영향을 미쳤다. 세계보건기구에서는 토착 치료사들을 사회적 문제로 폄하할 것이 아니라 이전보다 더 진지하게 고려해야 하며, 이들의 개입이 때때로 이롭거나 최소한 긴장을 푸는 데 도움이 된다는 점을 이해할 필요가 있음을 표명하였다. 토착 치료사들에 대한 재평가는 당연히 한국 무당 연구와도 관련되었다. 선교사들의 연구 시기부터 박정희 시대의 농촌 개혁운동에 이르기까지 한국 지식인들은 무당과 의사를 비교해 왔다. 무당은 미신의 영역에 속하며 자원을 낭비하는 존재로 인식되었고, 의사는 근대 영역에 속하며 치료를 담당할 수 있는 사람으로 인식되었다. 무당을 무지와 미신으로 보고 의사를 과학과 근대성과 동일시한 관점의 배경은 다름 아닌 '이것 혹은 저것either/or'이라는 이분법적 명제였다. 이러한 입장은 자신을 '현대인' 혹은 '기독교인'으로 간주하는 ―가끔 '현대인'과 '기독교인'은 동일시되었다.― 한국의 도시인이나 의사의 시각이었다. 그러나 1970년대에 들면서 의료인류학에서는 의사와 토착 치료사라는 이분법적 관념에 이의를 제기하기 시작했다. 의료인류학자들이 '건강 추구 행위health-seeking behavior'라고 부른 행위는 이것 혹은 저것 중 하나를 선택하는 문제가 아니었다. 윤순영, 도로시 지크Dorothea Sich, 그 외의 학자들의 여러 연구서들은 치료가 복합적인 인간 활동이며, 동일한 의학적 문제를 다루는 경우에도 사람들은 다양한 종류의 치료사들을 이용한다는 점을 보여 주었다. 의료인류학이 이 책에 미친 영향은, 내가 무당과 손님들이 서로 다른 형태의 의학적 치료를 회피하지 않는다는 점을 보여 주는 데에서 잘 드러난다. 이들은 심각한 질병과 그 질병을 다스리는 데 필요한 경비를 신령과 조상이 관련된 보다 큰 문제, 즉 가정 전체에 영향을 미치며 심한 경우에는 굿을 해야 할 수도 있는 문제로 보았다.

의례적 치료에 대한 빅터 터너Victor Turner의 연구도 내게 영향을 미쳤다. 어쩌면 내가 이 책에서 인정한 것 이상으로 영향을 미쳤을 수도 있다. 그는 의례 활동이 벌어지는 사회적 영역social field과 의례를 유발하는 상황을 먼저 연구하고 나서 의례가 사회적·감정적 인식의 변화를 초래하는 극적 과정임을 보여 주었으며, 이런 방식의 연구는 의례 연구자에게 영향을 끼쳤다. 그는 아방가르드 연극 감독이자 연행演行 이론가인 리처드 셰크너Richard Schechner와 공동으로 작업하곤 했는데, 셰크너는 의례적 드라마는 연극무대나 단일 공간에 제한되지 않으며 시간과 공간을 넘어선 행위와 함께 움직인다는 이론을 '환경연극environmental theater'으로 개념화하고 이에 대한 글을 쓰기도 했다. 인도의 전통 연극인 람릴라Ramlila는 힌두 신들에 대한 서사시가 마무리될 때까지 북인도 도시의 길거리를 따라 7일 이상 이동하면서 연행된다. 독일 바이에른 주 오베라메르가우에서 열리는 예수 수난극은 도시 전역의 열린 무대에서 공연되며 그리스도의 고난과 죽음 그리고 부활을 성서적 '실시간'으로 상연한다. 터너와 셰크너의 저술들 덕택에 나는 굿을 일종의 환경연극으로 해석할 수 있었다. 즉, 굿은 집이라는 공간에서 이동하면서 그 집에 관련된 가족을 치료하는 것이라 할 수 있는데, 이러한 측면은 내가 1장에서 전씨 가족의 굿을 서술하는 과정에서 잘 드러난다.

잠비아 응뎀부 족Ndembu의 사회적 영역과 의례 과정에 대한 터너의 세세한 서술을 통해서 나는 모든 의례가 다르다는 점을 인정하고 이해할 수 있었다. 만신의 작업 논리에 따르면 모든 굿은 다르다. 한국 가족생활의 논리로 볼 때 모든 가정의 위기는 각기 독특하며, 신령들은 일반적인 내용의 공수와 사람을 울리거나 웃기는 특정한 메시지들을 결합하기 때문이다. 전씨 가족의 굿은 경기도 만신굿의 특징을 잘 드러냈다. 민속학자들은 이런 굿의 기본적인 거리 구성, 음악, 무가, 공수 형태, 신복, 그리고 기본적 패턴을 따른 재담과 연기를 잘 기록해 왔다. 만약 굿의 큰 틀을 바꾸려 했다면 무당이나 단골 모두에게 비난받았을 것이다. 그러나 다른 의미에서 보면, 전씨 가족의 굿에 참여한 사람들이나 영적 존재들의 구체적 구성과 살아 있는 사람들, 신령, 조상들이 표현한 관심이라는 측면에서 보면 그 굿은 결코 복제될 수 없는 것이었다. 이러한 입장을 반영한 나의 연구는 굿에 대한 새로운 방식의 글쓰기였으며, 행복하게도 이러한 방식의 글쓰기는 이후 다른 연구자들에게 영향을 끼쳐 왔다.

루이스I. M. Lewis의 『황홀경의 종교: 접신과 샤머니즘의 인류학적 연구 Ecstatic Religion: An Anthropological Study of Spirit Possession and Shamanism』역시 당시 내게 필요한 쟁점을 제공했다는 점에서 중요했다. 그의 연구의 기본 전제는 대부분의 샤먼이 권위를 부여받고 그 사회의 사회적·도덕적 질서에서 중심적 위치를 차지한 남성인 반면, 여성은 영매나 수동적인 사람들로서 자신들을 규정하는 사회질서에서 주변적 위치에 있으며 그 질서에 저항하는 사람들이라는 것이다. 『무당, 여성, 신령들』에서 내가 제기한 쟁점들은 어떻게 한국의 여성 만신들이 아프리카나 다른 지역의 접신의례에 등장하는 수동적인 영매와 달리 완벽한 샤먼으로 인식되는가, 그리고 사람들의 요청에 따라 여성 만신이 행하는 일들이 가족이나 마을의 사회적/도덕적 질서를 지지하는 것과 관련된다는 것이었다. 루이스의 논점과 그에 대해 비판적인 나의 논의는 이제는 꽤 구식이 되어 버린 기획이라 할 수 있는 구조인류학의 관점에서 비롯된 것이다. 내가 컬럼비아 대학교 대학원생이던 1970년대에는 우리 모두 구조주의에 경도되어 있었다. 우리는 사회가 조직한 친족과 상속 방식에서 발견되는 체계적 변이들은 젠더 관계에서 발생하는 불화에도, 그리고 의례적 활동에도 체계적으로 반영된다고 생각했다. 루이스는 음/양 도식을 통해서 '여성'과 '남성', '샤머니즘'과 '접신', '주류적 도덕성의 종교'와 '주변적 의례'를 병렬했다. 구조주의는 한국사회를 연구하는 데 매력적인 패러다임이었다. 왜냐하면 한국사회에서 음과 양은 우주론의 일부였으며, 이에 대하여 많은 연구가 축적되어 있었기 때문이다. 한국사회에 대한 초기의 연구서들 가운데 어떤 것들은 구조주의라는 용어가 등장하기 이전에도 구조주의적 성격을 가지고 있었는데,

아키바 다카시秋葉 隆의 연구가 그러하다.

구조주의적 분석이 아니었다면 내가 놓쳤을지도 모르는 몇 가지가 있다. 그 가운데 가장 중요한 것은, 한국 친족에 대한 일반적 서술에서는 여성의 친정 가족이 남편 집안일에 끼어들지 않는다고 되어 있음에도 불구하고 굿에서는 여성들의 살아 있는 친척, 신령, 조상들이 등장한다는 점이다. 이 책이 출판된 지 30여 년이 지나 생각해 보건대, 이러한 점들을 제외하면 구조주의는 『무당, 여성, 신령들』의 최대 약점이기도 했다. 내가 만약 지금 이 책에서 한 가지를 바꿀 수 있다면 '중국'과 '일본' 그리고 '한국'의 '가족'과 '가정', '가족의례'와 '가정의례', '여성'과 '남성'을 폭넓게 비교한 마지막 장을 삭제하고 싶다. 마지막 장에서 제시한 종류의 일반화는, 동아시아 국가들의 비교 측면에서나 한국 농촌의 다양성과 변화의 측면에서 보았을 때 순진한 기획이었다. 오늘날의 인류학은 한 사회, 단일한 마을, 사회 내 상하계층 안에서, 그리고 시간에 따라 존재하는 다양성들을 인지하고 있다. 이 책을 출판할 당시 마지막 장에서 한 비교분석이야말로 내 연구 가운데 가슴 뛰게 하는 부분이었으며, 내가 확신에 찬 주장을 할 때까지 고심했던 부분이었다. 그리고 부정적이든 긍정적이든 이 책이 사람들의 관심을 끌 수 있었던 부분이었다. 하지만, 지금의 나는 그 마지막 장을 지금과는 다른 시기의 인류학이 만들어낸 가공품으로 보고자 한다. 따라서 독자들은 그 부분을 생략하고 읽어도 좋을 것이다.

구조주의와 관련된 또 다른 문제는 이런 종류의 광범위한 분석 단위들이 비역사적이라는 점이다. 하지만 나는 내가 성실한 민족지학자였다고 생각하고 싶다. 그리고 당시에 나의 이론적 경향에 상관없이 나는 영송리를 시간의 흐름에서 비껴난 어떤 시골 무대가 아니라 1970년대의 모습으로 타당하게 그렸다. 새마을운동회관과 교회가 이 글에 등장한다. 한국전쟁과 피난 경험은 내가 서술한 몇몇 귀신과 조상들의 모습을 굴절시킨 현재의 기억이었다. 마을 내 여러 가정의 아이들은 도시에 있는 공장에 취업했으며, 근처에 있는 군부대들 때문에 마을에 새로운 사람들이 이사를 들어오고 있었다. 또한 몇몇 토박이 가족들은 농토를 팔고 비농업 부문의 일을 하고 있었다. 나는 이러한 일들에 정말 주목했다. 푸닥거리에 대한 서술에서는 TV 수상기가 등장하기까지 했다. 대부분의 민족지들처럼 이 책도 비교적 가까운 과거에 대한 사회사社會史이다. 그러나 나는 1970년대 남한 사회를 감싸고 있던 거대한 변화에 실질적으로 초점을 맞추지는 않았다. 돌이켜보면, 여성의례에 대한 나의 분석은 생산과 소비의 단위로서의 시골 농촌 가정과 조만간 사라질지도 모를 생활방식이라는 점을 전제했다. 그리고 마을 민족지와 조선시대 유교사회 사이에 있는 유사점들을 찾는 데 더 큰 관심을 기울였다. 따라서 1945년에 끝난 식민주의적 질서, 한국전쟁과 전후의 빈곤, 박정희 정권 때 시작되어 나의 현지조사 시기에도 진행되던 개발 계획이 마을 사람들의 생활, 특히 여성들의 생활에 어떻게 영향을 미쳤는지에 대해서는 큰 관심을 쏟지 못했다. 하지만 이 같은 사회사의 상이한 단층들은 서로 관련을 맺으면서 비교분석의 한 단위로서의 '한국'에 대한 내 관념에 혼동을 일으켰을 것이다. 실제로도 종종 그러했다. 당시에 나는 한국의 시골마을에서 살았으며 많은 도시 거주 한국인들이 가지고 있던 환상, 즉 농촌 시골마을이 대다수 한국인들이 거주하는 도시보다 어떤 의미에서 보다 '참되고real' 진정한 한국이라는 환상을 공유했다. 이 책을 쓴 뒤인 1983년 내가 영송리에 돌아와서 알게 된 것은 한국의 시골조차 결코 정체되어 있지 않다는 점이었다. 변화라는 주제는 나의 두 번째 주된 연구, 즉 100여 년간에 걸친 결혼과 결혼에 관련된 의례들에 대한 연구를 이끌어 내는 엔진이 되었다(*Getting Married in Korea: Of Gender, Morality,* and Modernity, University of California Press, 1996). 또한 변화라는 엔진으로 인해 나는 1990년대의 만신에 대해 다시 연구하게 되었으며, 다른 책에서 그 변화들에 대해 다룬 바 있다(Shamans, Nostalgias and the IMF: South Korean Popular Religion in Motion, University of Hawai'i Press, 2009). 변화의 문제는 언제나 두 번째 연구에서 다루기 용이한데, 변화가 민족지학자 자신이 경험한 생생한 체험의 일부이기 때문이다.

　내가 『무당, 여성, 신령들』을 다시 읽으면서 아쉽게 생각하는 점은, 만신이 굿을 하는 도중에 신령들을 대신해서 하는 말과 행동을 기술하는 데 '트랜스trance'라는 단어를 여러 번 사용했다는 것이다. 학위논문과 이 책의 초고를 작성할 때 나는 이 단어가 만족스럽지 않았다. 그 대신 누군가의 행위와 출현을 보여 준다는 의미에서 '드러내다manifest'라는 단어를 사용했다. 나는 만신들이 굿을 하는 도중에 신령들의 기분과 바람 그리고 미래의 일을 알려 주며 가끔 무언가를 보고 듣고 느낀다는 사실, 그리고 이런 행위가 손님에게 어떤 영향을 미친다는 기본적인 사실 외에 만신들이 실제로 무엇을 경험하는지를 내가 아직 완벽하게 이해하지 못했음을 알고 있었다. 만신들은 '단지 연기하는' 것이 아니었다. 그러나 나는 그들이 실제로 무엇인가를 경험한다는 점을 막연하게 알았을 뿐이며, 신령과 조상들을 마치 내 이야기 안에서 만신 및 손님들과 함께 등장하는 인물로 간주했다. 내가 관심을 가졌던 것은 그들이 이야기하는 내용과, 이러한 경험들을 만신과 주부들이 어떻게 해석하는가였다. 나의 연구는 만신에 대한 심리학적 연구가 아니었으며, 기존의 심리학적 연구와 나의 연구를 의도적으로 차별화하고자 했다. 굿을 하는 도중에 만신이 신령과 조상들을 어떻게 경험하는가라는 의제는, 내가 조사자료를 가지고 뉴욕에 돌아와 글을 쓰기 시작하면서 적합한 동사를 발견해야 할 필요가 있기 전까지는 긴급한 문제가 아니었다.

이 책의 원고를 검토한 논평자들 중 한 명이 '드러내다'라는 단어가 너무 모호하다는 문제를 제기했다. 신령이 거기에 나타난 것인지 혹은 만신이 '단지 연기하는' 것인지 모르겠다는 질문이었다. 만신들이 하는 경험이 무엇이든 간에 나는 최소한 그들이 언제나 '단지 연기하는' 것은 아니라는 점을 알고 있었다. 결국 나는 일반적인 습관에 고개를 숙이고 '트랜스'라는 단어로 바꿨다. 내 연구 속 인물들이 사기꾼이라는 인상을 남기고 싶지 않았으며, 논평자의 기분을 상하게 하고 싶지도 않았기 때문이다. 그러나 이 것이 실수였다. 나는 그 뒤에 이어진 현지조사를 통해서, 특히 〈한국 무당의 내림굿^{An Initiation Kut for a Korean Shaman}〉이라는 영화를 제작하면서 만신들이 신령을 대신해서 말할 때 실제로 무슨 일이 일어나는지를 더 잘 알게 되었다. 나는 이제 '드러내다^{manifest}'라는 단어가 더 적합한 단어라고 확신한다. 신령들은 만신에게 '명기'라 불리는 일종의 영감^{靈感}을 보내는데, 명기를 받은 만신은 시각^{vision}, 직관, 꿈, 신체적 징후 등을 통해서 신령들의 출현과 의지를 느끼게 된다. 극히 드물지만, 이제 막 신이 내린 사람들의 경험이 트랜스와 유사할 수도 있다. 그러나 이 단어로는 만신과 신령의 관계를 이해하기가 어렵다. 나는 옛 슬라이드를 검토하면서 그 차이를 확실하게 보았다. 가끔 단골들이 만신의 신복을 입고 무감을 서면서 트랜스에 빠지기도 한다. 내가 가진 사진 중에 한 단골이 멍한 눈으로 무언가를 응시하는 장면이 있는데, 이는 트랜스에 빠진 사람의 전형적인 행동이라 할 수 있다. 이 장면은 단골을 마주한 만신의 모습에서 날카로운 시선을 빛내고 있는 신령의 눈초리와 극명하게 대조되었다.

나는 도시에도 만신이 산다는 사실을 잘 알았음에도 불구하고 시골 지역에서 현지조사를 한 나의 낭만주의에 대하여 종종 생각해 왔다. 나는 시골에서 살면 더 좋은 사례와 배경이 되는 이야기를 수집할 수 있으며, 여성들의 삶에 대해 더욱 충분히 이해할 수 있다고 생각했다. 이 같은 정당화는 적절했다. 이제는 거의 완벽하게 도시화된 남한에서 현지조사를 계속해 오는 동안, 영송리에서 살 기회가 있었다는 점에 대해 매우 고맙게 생각한다. 서울에서 현지조사를 하면서 믿을 만한 학위논문을 쓸 수도 있었을 것이다. 실제로 최정무는 몇 년 뒤에 도시 무당에 대한 뛰어난 연구를 발표하기도 했다. 하지만, 만약 영송리에서 살지 않았다면 내가 결코 보고 이해하고 쓸 수 없었던 것들이 있으며, 이들은 다른 어느 곳에서도 기록되지 않은 것들이다. 앞서 언급했듯이, 이 책은 '전통적인 한국의 시골 가옥'으로 시작한다. 1970년대에조차 도시에서 행해진 대부분의 굿은 집이 아니라 만신의 신당이나 상업적 용도로 사용되는 굿당에서 이루어졌다. 내가 만약원래 조사한 시기보다 몇십 년이 흐른 뒤, 즉 대부분의 굿이 보다 제한된공간으로 이동한 뒤에 현지조사를 했다면 환경연극이라는 차원에서 굿을이해하고 가족의 문제를 다루는 의례적 공간이 가족의 공간과 연결되어있다는 점을 이해하기가 완전히 불가능했을 것이다.

내가 여러 명의 단골들을 알게 되고 이들의 역사와 의례에 계속 등장하는 신령들을 알게 된 곳은 마을 공간 안이었다. 나는 만신과 함께 그의 집에 앉아 있으면서 점을 보러 오는 여성들의 구체적인 문제들을 알게 되었고, 시간이 지나면서 이들이 만신과 어떻게 관계를 발전시켜 가는지를 깨달았다. 나는 이 여성들과 이들의 신령 및 조상들을 다른 자리에서 만나기도 했다. 한국의 만신에 대한 연구들에서 단골은 그다지 주목받지 못했으며, 단골과 만신 그리고 신령들의 관계에 대한 연구 역시 별로 없다. 이런 종류의 현지조사는 1970년대 시골마을에서는 가능했다. 지금은 이런 종류의 연구를 하기가 매우 어려워졌다. 물론 불가능하지는 않을 테지만 1970년대 한국의 시골에서 할 때보다는 훨씬 어려운 작업이 될 것이다. 도시 생활은, 비밀이 많지 않으며 수다를 떨 기회가 많은 시골 생활보다 훨씬 더 신중하게 이루어진다. 지금은 영송리에서도 사람들이 소문을 나누려고 남의 집에 편하게 들르는 모습을 더 이상 볼 수 없다. 오늘날에는 한국 만신을 연구하는 많은 학생과 학자들이 있으며, 학자나 언론인과의 인터뷰에 관대하고 자신을 명료하게 표현할 수 있는 만신들이 있다. 그러나 이들은 당연히 자기 단골을 보호하고 싶어 한다. 따라서 만신이 모시는 신령을 대접하는 의례에 초청받기는 상대적으로 쉽지만, 일반 손님을 위해 치르는 굿을 관찰하기는 훨씬 어렵다. 작은 규모의 의례나 점을 치는 장면을 관찰하기는 더더욱 어렵다. 1970년대 한국의 시골에서는 누구나 굿을 볼 수 있었다. 굿은 유흥의 한 형식이었다. 누구나 텔레비전을 가질 수도 없었으며 시청 시간이 제한된 그 시절에는 인류학자와의 대화도 유흥거리였다.

연구는 현지조사에서 접하는 다양한 기회와 가능성에 의해 형성될 수밖에 없다. 따라서 21세기의 만신에 대한 연구는 상이하고 또한 흥미로운 부분을 역설할 것이 틀림없다. 예를 들어 최근에 몇몇 연구자들은 만신이 소셜 미디어를 어떻게 활용하는지를 연구한 바 있다. 단골의 사회적·경제적 생활구조 역시 변했다. 소규모 가족농家族農, 즉 사회적·경제적·영적 구성단위로서의 시골 가정은 대부분 사라졌다. 이제는 소규모 가족기업family business이 유사한 종류의 사회·경제적 구성단위라 할 수 있으며, 이런 가족이 굿을 하는 사람들 중에서 자주 발견되는 것은 우연이 아니라고 생각한다. 나는 이 서문이 잃어버린 세계에 대한 짙은 향수로 끝나기를 바라지 않는다. 만신이 단골의 필요에 반응하는 방식들은, 내가 이 책에서 그리고 최근에 써진 나와 다른 학자들의 저술들에서 기술되었듯이, 일군의 의례들이 역동적이고 유동적이며 대부분의 사람들에게 정서적 만족감을 준다는 점을 드러낸다. 이 점이 바로 만신과 이들의 일을 새천년까지 이끌고 온 것이다.

서문

챙챙거리는 제금소리와 일정한 장단의 장구소리에 이끌려 여성들과 아이들이 문 앞으로 모여든다. 이들은 골목길을 가득 채운 소리로 지금 무당들이 굿을 하고 있으며, 굿이 대단한 오락거리임을 알고 있다. 한국의 무당과 여성 주부에 대한 논의인 이 책은 굿에 대한 묘사에서 시작된다. 내가 한국의 여성의례에 관심을 갖게 된 이유는 아연할 정도의 여러 가지 색깔과 소리 그리고 다양한 의복들로 가득한 굿이었다. 굿에 빠진다는 것은 굿에 압도되고 즐거워하며, 또한 지루함을 느끼게 된다는 것을 의미한다. 대부분의 관찰자들이 이런 종류의 반응을 경험한다. 굿에서 가장 많이 보이는 사람들은 여성들이며, 또한 가장 열정적인 이들도 여성들이다. 말을 가장 많이 하는 무당들이나 즐거움과 약간의 술에 취한 구경꾼들도 바로 여성들이다. 때때로 여성들은 어쩌지 못해 끌려 나오는 남성들의 옷자락이나 귀를 붙잡고서 그들을 무대 중앙으로 끌어내기도 한다. 이들은 평상시 시골길이나 도시의 길거리에서 남편의 뒤를 조용히 따르는 여성들이다. 그렇다면 여성들이 굿 세계를 주름잡고 있는 까닭은 무엇일까? 그리고 여성들이 행하는 굿이나 다른 많은 의례들이 한국인의 사회 생활과 종교 생활에서 차지하는 위치는 무엇일까?

이 책은 한국 여성들의 의례 영역에 대한 민족지이다. 이 책에는 여성의 의례 영역을 드러내 주는 제의들, 그 안에 살고 있는 초자연적 존재들, 그리고 이 영역의 성쇠 과정을 보여 주고 사람들을 치료하는 무당들이 담겨 있다. 혼자서든 혹은 무당의 도움을 받든 간에, 공적이고 사적인 영역에서 여성들이 행하는 의례는 가정, 가족, 친족에 대한 중요한 관념이 응축된 복잡한 신앙체계를 드러낸다. 어떤 연구자들은 이러한 실천들은 문명인들이 폐기해 버린 고대신앙의 잔존물이며, 미신에 쉽게 빠지는 여성 주부들 때문에 영속된다고 생각한다. 또 다른 사람들은 이런 의례들이 무당과 무당의 손님인 여성들에게 가부장제의 억압에서 벗어나는 카타르시스적 해방감을 준다고 주장한다. 이 두 가지 해석 모두 순환논리를 드러낸다. 즉, 한국 여성들의 사회적 종속이 자명한 것으로 받아들여지고 있으며, 그것이 다시 여성들의 종교적 열광을 통해서 증명된다는 식이다. 하지만 여기에는 참여자들에 대한 인식과 참여자들을 움직이는 문화적 가정에 대한 인식이 간과되어 있다. 한국 여성들은 무당으로서든 혹은 가정주부로서든 긍정적인 힘을 행사한다. 이들은 사회적으로 중요한 의례적 일들을 서로 협력하여 수행하고 있다. 이들의 종교적 활동은 유교적 세계에서 한국이 가지는 독특함의 척도이다.

나는 이 책에서 영송리(가명)라는 마을과 그 마을 주변에 살고 있는 여성 및 무당들에게서 발견한 믿음과 의례 체계를 기술하였다. 내가 거의 의례

생활에만 초점을 맞추면서 걱정했던 바는, 영송리 여성들이 신령과 귀신에만 빠져 있는 것처럼 보이지 않을까 하는 점이었다. 하지만 결코 그렇지 않다. 이들은 정기적으로 의례를 해야 하는 시기를 맞아서는 차분하게 그 의례를 진행하고, 고통을 겪는 특별한 경우에는 보다 떠들썩하게 의례를 행한다. 의례적 책임은 마을 여성들의 바쁜 생활에서 작은 부분을 차지하지만, 이 부분을 책임지고 있는 건 여성들이다. 이들은 한가로운 시간을 보낼 만큼 많은 귀신 이야기를 알고 있지만 바쁜 일상의 대화에서는 음식값, 최근 학교 등록금, 자식과 이웃 등에 대하여 이야기한다.

멜로드라마와 낭만주의, 이 모두는 민족지학자가 각오해야 하는 문제들이다. 이 책에서 나는 만신을 보수를 받고 의례를 행하는 직업인으로 묘사하였다. 무당을 멜로드라마의 상투적 유형, 즉 탐욕에 가득 차 무식한 사람들을 착취하는 사람으로 간주하는 이들은 이 책에서 그 증거를 발견할 수도 있다. 그렇지만 그것은 내가 의도한 바가 아니며, 내가 그들에게서 받았던 인상도 아니다. 만신을 사기꾼으로 생각하는 사람들은 트랜스에 한참 빠진 무당이 고무신을 달라고 하는 장면 같은 것을 물고 늘어질 수도 있다. 그러나 얼마나 트랜스에 깊이 빠져 있는가라는 문제와 관련하여, 만신의 의례를 평가하는 마을 여성들은 서양의 감정가들과는 다른 기준을 가지고 있다.

이와 마찬가지로 나는 이 책에서 내가 묘사하는 것들에 대해 낭만주의적 입장을 취하고 있다는 비판을 받을 수도 있다. 서양인 민족지학자는 이국적인 관습을 발견하고자 하는 반면, 마을의 어떤 여성들은 의례가 지루하고 돈이 많이 들기 때문에 필요 없다고 폐기하기도 한다. 이런 선택을 하는 마을 사람들의 생각에 대해서는 나중에 논의할 것이다. 낭만주의와 멜로드라마의 위험성을 각오하고 나는 내가 받은 학문적 훈련과 개인적 통찰력을 통해 보고 들었던 것들을 기술하고자 했다. 가능한 한 나는 여성들이 스스로를 설명한 내용을 의역하고자 했지만, 이러한 설명을 이끌어내는 것이 항상 쉽지만은 않았다. 한 여성은 친족 여성들이나 이웃의 부추김에 난처하다는 듯이 키득거리며 붉어진 얼굴로, 만신이 자기 자식에게서 어떻게 귀신을 쫓아냈는지 말해 주었다. 하지만 내가 매우 잘 알고 지냈던 여성들의 반응은 달랐다. 이들은 나를 자신들을 연구하는 외국인 학자로 보기보다는 실제적인 교육이 필요한 순진한 젊은 여성으로 간주했다. 이들은 자신들이 알고 있는 신령과 의례에 대해서 권위 있는 목소리로, 때로는 자부심을 가지고 말했다.

나는 몇 가지 인류학적 가정들을 가지고 현지에 갔으며, 조사기간 동안 그리고 이 책을 쓸 때까지 그 가정들을 유지하였다. 내가 가정했던 바는 남성과 여성이 수행하는 서로 다른 각각의 의례들이 그 의례들의 형태와 내용 그리고 명시적 목적들을 통하여 가족 내의 상이한 관심과 권위의 범위를 드러낸다는 것이다. 각양각색의 초자연적 존재들을 상대로 이루어지는 여성들의 거래는 상이한 종류의 사회관계들 속에서 유형화된 유사점을 가질 수 있으며, 초자연적 존재들과의 긴장관계는 살아 있는 사람들 사이의 긴장관계를 이해하는 은유적 실마리를 제공할 수도 있다고 가정했다. 이러한 가정에 입각한 나의 해석들은 이 책에서 인용한 무당과 마을 여성들의 지혜와는 구별된다.

만신들은 떠벌이만신, 곰보만신, 의정부만신 등과 같은 직업적 별호를 가지고 있다. 한국인의 예절에 따르면 성인들은 이름으로 불리지 않는다. 마을 여성들은 어떤 아이의 엄마, 예를 들어 용수 엄마, 옥경 엄마, 문애 엄마 등으로 불린다. 나 역시 내가 가장 잘 알고 지낸 만신이나 마을 여성들을 지칭하는 타이틀로서 누구의 엄마라는 표현을 사용했다. 어떤 여성들은 기와집 아줌마, 언덕 아줌마, 길가만신처럼 사는 곳에 따라 불리기도 하고, 혹은 국숫집 아줌마, 쌀집 아줌마처럼 하는 일에 따라 지칭되기도 한다. 모든 여성들은 나이에 따라 아줌마 혹은 할머니로서 깍듯하게 대접된다. 이 책에 나온 사람들의 이름은 모두 가명이다.

이 책 전체에서 나는 '한국 여성들은 이렇게 믿는다 혹은 저렇게 생각한다'와 같은 다소 오만한 형태의 수사를 삼갔다. 초자연적인 존재나 기운이 미치는 영향을 서술할 때에도 "신령님께서 …… 때문에 화가 나셨다." 혹은 "그 여자는 …… 때문에 자기 할머니에 들렸다."와 같이, 신념 체계를 표현하는 방식 그대로 기술하였다. 아울러 영송리 여성들이 스스로의 목소리를 드러낼 수 있게 하였다. 이 여성들은 많은 대중에게 자신들의 이야기를 할 기회를 거의 갖지 못했기에, 우리에게 해줄 이야기가 많다.

이 책은 내가 처음 가졌던 영감에서 출발하여 현지조사와 박사학위논문 작성을 거쳐 마침내 출판에 이른 오랜 여정의 완성물이다. 나는 이 긴 여행 중 만난 많은 사람들, 그리고 여기에 미처 언급하지 못한 더 많은 사람들에게 빚을 지고 있다. 내가 가장 오랫동안 빚지고 있는 이두현 선생은 나에게 무속의례라는 세계를 처음 소개해 주었으며, 나의 치기 어린 열정을 지혜와 인내로 다듬어 주었다. 외국인 학자에게 수년 동안 그가 보여 주었던 관대함에 대한 감사로 이 책을 그에게 바친다.

또한 미국에 있는 스승 마이런 코언과 모턴 프리드에게 고마움을 전한다. 이들은 대학원 시절에 나를 지도해 주었으며, 박사학위논문 심사위원이었던 클라이브 캐슬러, 게리 레드야드, 허버트 패신 선생을 소개해 주었다. 이들의 철저한 비평과 조언은 항상 건설적인 도움이 되었다. 이 책에서 소개한 만신들과 마을 여성들 역시 나에게 많은 가르침을 주었으며, 이들에게 고마움을 전한다.

한국에서의 현지조사는 미국 국립과학재단National Science Foundation에서 지원한 장학금뿐만 아니라 풀브라이트 국제교육원Institute for International Education, Fulbright과 사회과학협의회Social Science Research Council에서 받은 장학금 덕택에 가능했다. 내가 컬럼비아 대학교 동아시아연구소의 연구원 자격으로 이 결과물을 작성할 수 있었던 것은 한국무역협회에서 제공한 장학금 덕분이었다. 현지조사가 진전되는 데에는 한국에서 활동하고 있는 조혜정, 로저와 돈희 자넬리, 클라크 소렌슨, 윤순영, 그리고 바버라 영 등 인류학자들의 도움이 컸다. 손학순과 이현숙은 인터뷰 자료를 수집하는 데 도움을 주었다. 황루시는 테이프 녹취를 도와주었을 뿐 아니라 아직도 기억에 남아 있는 단오제에 나를 데려가 주었다. 샌드라 매티엘리, 비와 데이비드 립슨은 나를 늘 환대해 주고 따뜻한 물로 샤워할 수 있도록 배려해 주었는데, 비록 사소해 보일지라도 현지에 있는 인류학자의 사기를 높이는 데에는 충분했다. 나의 유사가족fictive family은 내가 영송리에 사는 동안 나를 보살펴 주고 귀중한 정보를 제공해 주었다. 나의 부모님 헨리와 러모나 켄달은 당신 자식이 떠돌아다니는 것을 기꺼이 받아들이셨을 뿐 아니라 영송리에 직접 방문하시기도 하셨다.

지금 소개하는 사람들은 내 원고의 일부 혹은 전부를 읽고서 유용한 코멘트를 해주었다. 제스 벨, 빈센트 브랜트, 마르티나 도이힐러, 조지 드보스, 고故 영숙 김 하비, 로저와 돈희 자넬리, 마이클 키멜, 루이스 랭커스터, 윌리엄 레브라, 톰 마레츠키, 에벌린 매큔, 클라크 소렌슨, 아서 울프, 캔자스 대학교 동아시아센터의 마리 애덤스는 이 원고의 최종본을 살펴 주었으며, 컬럼비아 대학교 동아시아연구소의 애니타 오브라이언은 내가 출판사를 찾는 데 도움을 주었다. 미국 자연사박물관의 니컬러스 애모로시는 이 책에 실린 두 개의 도표를 만들어 주었다. 하와이 대학교 출판부 편집

팀에서는 이 원고의 최종 윤문과 세심한 편집을 즐겁게 해주었다. 나의 남편 호머 윌리엄스는 나의 문체와 주장을 아낌없이 비판해 주었으며, 동시에 시종일관 내가 명랑한 기분을 유지할 수 있게 해주었다. 이 책에서 발견되는 결점은 온전히 나의 책임이며, 쟁점이 될 만한 견해에 대한 책임 역시 나의 것이다.

이 책의 1장은 유의영Eui-Young Yu과 얼 필립스Earl H. Phillips가 편집 출판한 『한국의 전통 사상과 실천Traditional Thoughts and Practices in Korea』이라는 책에 실린 글을 수정한 것이며, 5장은 『한국학저널Journal of Korean Studeis』에, 그리고 8장은 『센리 민족학 연구 2권Senri Ethnological Studies, Volume II』에 실린 글을 각각 수정한 것이다. 송죽松竹을 예찬한 김유기의 시조는 『대나무 숲: 시조 입문The Bamboo Grove: An Introduction to Sijo』에 실린 리처드 러트Richard Rutt의 번역을 옮긴 것이다. 또한 「용부가」는 김영정Yung-Chung Kim이 번역 편집한 『한국의 여성: 고대 시기부터 1945년까지의 역사Women of Korea: A History from Ancient Times to 1945』에서 인용하였으며, "정직한 무당" 이야기는 제임스 게일James S. Gale의 『한국의 민담: 도깨비, 귀신, 요정Korean Folk Tales: Imps, Ghosts, and Fairies』에서 인용하였음을 밝힌다.

차례

만신은 다음 순서로 며느리를 불러낸다.
며느리는 "저는 출출 줄 몰라요."라며 고사한다.
전씨네 할머니가 며느리에게 소리친다.
"나가서 춤 좀 춰봐라. 그래야 복이 오지."
며느리의 복이 아들의 복이기 때문이다.
만신이 며느리에게 흰색 칠성 장삼을 입혀 준다.
그녀의 춤이 점점 빨라진다.
그러자 떠벌이만신이 노란색 두루마기를
흰색 장삼 위에 재빨리 겹쳐 입혀 준다.
대신할머니와 칠성, 이 두 몸주가
영향을 미치고 있음을 떠벌이만신이 알아챈 것이다.
며느리가 격렬하게 춤을 춘다.
옥경 엄마는 춤을 추고 있는 며느리의 옆에 서서
제금을 치면서, 때로는 발로 박자를 맞추거나
웃음을 지으며 고개를 끄덕인다.
마침내 며느리가 바닥에 납작 엎드려 절을 한다.
방에 앉아 있는 여성들은 고개를 끄덕이며
"신이 올랐네그려, 신이 올랐어."라며 입을 모은다.

전씨 가족의 굿 | 제1장

성주님이 편치 않으시면
대주代主가 안 편하고
터주가 편치 않으시면
기주祈主가 안 편하네
— 경기무가巫歌 중에서

쌀쌀한 11월의 태양이 슬레이트 지붕, 초가지붕, 물결 모양의 양철지붕 위로 서서히 사라져 간다. 그림자는 그루터기만 남은 논밭 위로 늘어져 있다. 전씨네 담 뒤편에서는 법석대는 소리가 들려온다. 부엌에서 들리는 끊임없는 도마질 소리와, 한지를 붙인 격자무늬의 안방 문 저편에서 들리는 커졌다 작아지곤 하는 목소리들이 그 소리의 정체다. 여자들이 떡시루를 들고 부엌에서 나온다. 떠벌이만신萬神은 어수선한 분위기의 한복판에 서서 새된 목소리로 가정신령household gods과 조상들에게 대접할 떡과 과일 등의 음식이 가득한 상을 가져다 놓을 자리를 여자들에게 지시한다. 전씨 가족이 좀처럼 차도가 없는 전씨 할아버지의 병을 치료하기 위해 굿을 준비하고 있는 것이다.

내가 앞으로 서술할 내용은 대단히 이색적인 행사event를 가감 없이 기술한 것이다. 기술하면서 나는 굿에서 이루어지는 행위 자체가 스스로 말하게 하고, 굿이 이루어지는 무대나 굿에 참여하는 사람들에 대한 소개는 최소화하고자 한다.

전씨 가족의 굿을 이해하려면 전통적인 한국의 농촌 가옥을 상상해야 한다. 온돌방이 두 개가 있고 두 방 사이에는 반짝반짝 윤이 나는 대청마루가 있다. 전씨네 할머니와 할아버지는 대청마루 왼쪽에 자리한 따뜻한 안방에 기거한다. 낮은 천장의 부엌, 곳간, 축사가 모두 황토 마당을 중심으로 지어져 있다. 집 한편에 자리한 장독대에는 간장과 고추장을 담아 놓은 항아리들이 놓여 있다. 나지막한 담장이 있어서 마을 골목길의 시선으로부터 이 낮은 건물을 가려 주고 있다. 하지만 오늘은 대문이 들판을 향해 열려 있다. 이것이 전씨네 집이다.

전씨 가족의 굿이 진행되는 동안 등장할 여러 인물들은 다음과 같다.

무당
떠벌이만신: 전씨네 할머니의 단골무당이자 이 굿의 당주무당
옥경 엄마: 떠벌이만신의 제자이며 '신딸'
용수 엄마
의정부만신

가정household
전씨 할아버지: 이 굿의 근본적 이유인 환자 노인
전씨네 할머니: 전씨 할아버지의 두 번째 부인

가족family
아들: 전씨 할아버지의 첫째 부인 소생
며느리: 아들의 아내
손주: 전씨 할아버지와 할머니의 손주

친척
딸: 전씨 할아버지의 첫째 부인 소생인 출가한 딸
이모: 전씨네 할머니의 여동생
고모: 전씨 할아버지의 여동생

여성들
친구: 전씨네 할머니의 이웃마을 친구이자 고모의 이웃
전씨 가족의 이웃 여성들

조상
부모: 전씨 할아버지의 아버지와 어머니이자 전씨네 할머니의 시부모
부인: 전씨 할아버지의 첫 번째 부인이자 아들과 딸의 어머니

굿의 배경

한 달 전쯤 전씨 할아버지는 친구들과 함께 나들이를
갔다. 거기서 술을 마시고 배가 뒤틀리는 듯한 통증이 시작됐는데, 차츰 고
질병으로 악화되었다. 전씨네 할머니는 마을 약국에 가서 할아버지의 불
편한 부분을 이야기하고 조제약을 지어 왔다. 흰 가루약과 다섯 가지 색깔
의 알약이었다. 약을 먹어도 차도가 없자 전씨 할아버지는 병원을 찾아가
주사를 맞았다. 여러 번 비싼 주사를 맞았음에도 불구하고 병세는 호전되
지 않았다. 그러자 전씨네 할머니가 몇 년 동안 단골로 다니던 떠벌이만신
을 찾아 점을 치게 되었다.

전씨네 할머니의 짐작대로 대신大神할머니가 굿을 원하고 있었다. 전씨
네 할머니의 조상 중에 무당이 있었는데, 그녀가 전씨 가정의 만신전萬神殿
에 대신할머니로 자리 잡고서 현재 전씨 집안의 가정사에 관여하고 있는

것이다. 적극적인 성격의 대신할머니는 가족을 보호하고 복을 주지만, 가족들은 그 신령을 위해 대략 3년에 한 번씩 굿을 해서 대접하고 놀려 주어야 한다. 전씨네 할머니 부부는 5~6년 동안 굿을 하지 않았다. 전씨 할아버지의 병은 의례를 할 시기가 늦어졌다는 경고다. 더 늦어지면 더 큰 불행이 따를지도 모를 일이다.

몇 주 전까지만 해도 전씨 할아버지는 위독할 정도로 상태가 좋지 않았지만 지금은 어느 정도 호전되어 잠옷 차림으로 느긋하게 친구들과 농담을 주고받기도 한다. 그는 백발에 깔끔하게 정돈된 턱수염을 가진 작고 가녀린 체구의 남자이다. 전씨네 할머니는 몸도 마르고 관절염에 시달리고 있지만 쾌활한 성격을 지니고 있다. 전씨 할아버지 부부는 단둘이 돼지와 토끼를 치면서 꽤 평온하게 살고 있다. 새로 도배한 방에는 궤짝과 함櫃들이 잘 정돈되어 있다. 커다란 텔레비전 한 대가 방 한쪽 벽 중앙에 놓여 있다. 달력에서 오려낸 전통 민속화가 벽 한켠에 걸려 있다.

전씨 부부의 아들과 며느리는 서울에서 성공이라 말하기에는 어려운 정도의 그만그만한 가게를 운영하며 산다. 아들 내외와 손주들이 오늘 열리게 될 굿 때문에 내려왔다. 전씨 부부의 출가한 딸도 돌아왔다. 전씨네 할머니의 여동생인 이모도 서울에서 왔는데, 은회색 머리카락에 몸집이 통통한 그녀는 기성복 바지를 입고 있다. 그녀는 활짝 웃으면서 잔치를 고대하고 있다. 전씨 할아버지의 여동생인 고모는 전씨네 할머니의 오랜 고향 친구 한 명과 함께 도착했다. 둘 다 은색 실로 수놓은 화려한 한복을 차려 입었다. 굿이 특별한 행사인 까닭이다.

네 명의 만신들이 굿을 하게 될 것이다. 전씨네 할머니가 떠벌이만신의 단골이기 때문에 떠벌이만신이 굿을 책임진다. 떠벌이만신은 신딸인 옥경 엄마를 데리고 왔는데, 옥경 엄마는 제금을 치는 것 이외에 아직 할 줄 아는 게 많지 않다. 떠벌이만신은 이 굿을 위해 용수 엄마와 의정부만신을 초청했다. 의정부만신은 출가한 딸에게 해가 될까 두려워 굿을 거의 하지 않지만, 전씨 가족과의 오랜 친분 때문에 이번에 굿을 같이 하게 되었다. 용수 엄마는 영송리에서 인류학자(저자 자신을 가리킴.—옮긴이) 한 명과 함께 왔다.

굿의 시작

오후 햇살이 저물어 갈 무렵, 만신은 대문 밖에 펼친 돗자리 위에 술과 떡을 올린 쟁반과 장구를 놓는다. 술과 떡은 신령을 위한 것이다. 만신이 모두들 집 밖으로 나오라고 소리치자 여자들이 부엌에서 겸연쩍어하는 듯한 얼굴로 나온다. 전씨 할아버지는 바람막이용 외투를 입고 절름거리며 나와 장구 왼편에서 조금 떨어진 곳에 친구들과 앉는다. 가족과 이웃 여성들이 장구 주위에 몰려 있다. 장구 장단이 일단 시작되면 더 많은 여자들이 모일 것이다. 아이들은 여성들의 치맛자락 근처를 맴돌고 있다. 한 여자가 안마당에서 황소를 끌고 나온다. 다른 여자는 문 밖에 매어 놓은 개의 이름을 부르며 장난을 치고 있다. 만신이 굿을 시작하기 위해 장구를 치자 어느 누구도 감히 집 안에 머물러 있지 못한다. 다들 처마 밑에 길게 늘어서 있다. 장구 소리와 함께 빈 집 안에 있는 신령들^{gods}이 눈을 크게 뜬다. 이는 매우 위험스러운 순간이다. 마치 병 속의 요정 지니처럼, 막 깨어난 가정신령들은 눈에 띄는 것이면 무엇이든 공격하기 때문이다.

용수 엄마가 장구를 치고 옥경 엄마는 제금을 친다. 떠벌이만신은 여러 신령들과 전씨네 조상 앞에서 굿이 시작됨을 고하고 집에서 더럽고 부정한 것들을 쳐낸다. 만신들은 여러 지역의 산신들과 먼 곳에 있는 또 다른

대문 밖에서 굿이 시작되는 모습(부정치기).
1978년경 의정부.

신령들을 대접하고 놀려 드리기 위해 집으로 초청한다.

떠벌이만신은 장구 위에 올려놓았던 푸른색 쾌자를 입고 있다. 그녀는
발뒤꿈치를 든 채로 점프하듯 뛰면서 양팔을 들었다 내리기를 반복하며
춤을 춘다. 춤을 멈추고서는 굿상을 노려본다. 쾌자의 옷자락을 잡고 흔들
다가 "집 안에 대신이 있구만, 대신이 있어."라고 소리 낮춰 말한다.

욕심 많은 대감신령들 중 하나가 떠벌이만신에게 막 내렸다. 대감신령
들은 부富—돈과 재산—가 집 안으로 들어오는 것을 보면 말썽을 일으킨다.
그 가족은 행운을 나눠야 하며, 대감신령들께 술을 한 잔 대접해야 한다.
떠벌이만신에게 내린 대감은 군웅대감인데, 이 대감이야말로 지독하다. 그
는 집 담 밖을 배회하며 가족을 염탐하듯 쳐다본다. 군웅대감은 차린 전물

祭物이 빈약하다며 전씨네 할머니를 꾸짖는다. 어떤 대감신령도 제물에 만족하지 않는다. 전씨네 할머니는 남편의 병을 낫게 해주면 다음에는 더 많고 좋은 음식을 대접하겠다고 약속한다. 이런 식의 응대는 전형적인 것으로서 지금 하는 굿에서나 다른 굿에서도 반복된다. 전씨네 할머니는 자신의 역할을 잘 알고 있다. 만약 전씨네 할머니가 자신의 역할을 잘 모른다면, 용수 엄마나 옥경 엄마가 장구 앞에 앉아서 신령의 요구에 어떻게 대응하라고 이야기해 주거나 전씨네 할머니를 대신해서 신령에게 대답할 것이다.

다시 장구 소리가 울리고, 떠벌이만신은 장단에 맞춰 춤을 추면서 신복神服을 벗는다. 만신은 대감신령에게 바쳤던 북어 한 마리를 들더니 발로 북어 머리를 꺾어 바닥에 던진 후 그 자리에 음식 한 조각과 술 한 잔을 뿌린다. 여러 대감신령, 혼령들, 그리고 잡귀잡신들이 받아서 먹고 마시고는 떠나간다. 만신은 북어를 던진다. 머리가 잘린 몸통 부분이 집 대문의 안쪽을 향한다. 이것은 부정이 아직 남아 있다는 뜻이다. 재빨리 만신은 술 몇 잔을 더 뿌리고 북어를 다시 던진다. 몸통이 집 바깥 들판 쪽을 가리킨다. 이번 거리에서 신령들이 만족했다는 뜻이다.

용수 엄마가 장구를 계속 치면서 문을 지나 마루 앞쪽의 마당으로 들어가고, 여자들은 용수 엄마의 뒤를 따라 함께 들어간다. 용수 엄마 옆에서는 옥경 엄마가 귀가 멍멍하도록 징을 치고 있다. 이제 굿이 담장 안쪽에서 계속될 것이라고 두 만신이 사람들에게 말한다.

담장 안에서
행해지는 의례

만신들과 인류학자 그리고 전씨네 가족은 식사를 급

히 마친다. 떠벌이만신은 마루 위에서 장구를 치며 무가巫歌를 구송하고, 전씨 가족 모두의 이름과 나이를 신령들께 고하면서 축원한다. 그녀는 결혼한 아들 내외와 손주들의 이름을 부르며 축원하지만, 출가한 딸의 이름은 부르지 않는다.

만신은 전씨네 가족이 마지막으로 했던 굿 이후에 일어난 탄생, 죽음, 그리고 세속적 생활들로 인해서 집안에 쌓여 있는 부정을 쳐낸다. 떠벌이만신이 부정치기 무가를 부르는 동안 용수 엄마는 물 두 그릇—한 그릇에는 맑은 물, 다른 한 그릇에는 재, 소금, 고춧가루를 탄 물[1]—을 가지고 다니며 굿상에 놓인 전물과 안방의 가구들 주위를 둘러 낸다. 집이 정화된 것이다.

떠벌이만신은 이제 중요한 신령과 좀 더 부차적인 신령들이 모두 포함된 가정신령들의 긴 명단을 구송하면서 신령들을 집 안으로 초청한다. 전씨네 할머니는 굿상 위에 촛불을 밝히고 지폐 2천 원을 올려놓고는 절을 열두 번 한다. 떠벌이만신은 무가 구송을 마치고 담배를 피운다.

다음 순서는 전씨네 조상들을 위한 조상거리다. 그러나 몇몇 신령들이 먼저 나타나 조상들이 집으로 돌아올 수 있도록 인도한다. 신령들은 종류별로 의상이 다르다. 옥색 두루마기를 입은 떠벌이만신이 죽은 지 오래된 가족의 먼 조상을 불러낸다. 그녀는 해로운 기운을 몰아내는 데 사용하는 술이 달린 지팡이를 흔들어 대며 마루와 안방을 돌아다니다가 지팡이를 내던진다. 지팡이가 마당을 향한다. 먼 조상들이 만족했으며, 이들은 가족에게 해를 끼치지는 않을 것이다.

이제 떠벌이만신은 넓은 소매의 홍철릭〔소매가 넓은 붉은색 옷—옮긴이〕을

---

1 대접에 있는 물은 부정물이다. 재와 물은 전통 비누의 재료이기도 하다. 소금과 고춧가루는 축귀의례에 사용된다.

입고서 붉은색 갓을 쓴다. 만신전 내의 위엄 있고 높은 신령들은 조선시대의 왕이나 정승처럼 이런 복장을 한다. 만신은 마당을 향한 채 부채를 얼굴 앞에 펼쳐 든다. 산신山神이 만신에게 내리자 부채가 떨린다. 이 산신은 전씨네의 본향산신으로서, 선산의 무덤에 모셔진 조상들을 돌보고 진정시키는 존재다. 산신이 전씨네 할머니의 소홀함을 꾸짖는다. 전씨네 할머니는 산신의 부채에 지폐를 올린다. 산신은 전씨네 할머니에게 "걱정 마라, 전씨 기주야. 내가 니 남편 좋아지게 도와주고, 아들은 부자 되게 도와주고, 손주는 글 잘하고 말 잘하게 도와주마."라는 공수를 준다.

떠벌이만신이 홍철릭을 벗자 그 안에 겹쳐 입은 옥색 두루마기가 다시 드러난다. 저승사자(가망) 역할을 하는 열두 사자使者가 등장한다. 전씨네 할머니는 만신이 펼쳐 든 부채 위에 지폐 한 장을 더 올려놓는다. 떠벌이만신은 이제 전씨 가족의 조상들을 집으로 인도하게 될 대신할머니의 복장인 노란색 두루마기를 입는다. 이 신령은 전씨 가족에게 강력한 영향력을 행사하는 존재로서, 이 신령의 분노가 전씨 할아버지의 병과 깊은 관련이 있다. 대신할머니는 만신의 커다란 삼지창과 월도月刀를 들고 가족들이 자신을 위해 준비한 떡시루를 툭툭 친다. 그녀는 팔을 높이 들어 올리면서 자신이 바라는 것이 얼마나 큰 떡시루인지를 보여 준다. 이어서 그녀는 출가한 딸을 마루 위로 데리고 올라와 굿상에 절을 시킨다. 다른 신령들처럼 대신할머니 역시 전씨네 할머니를 몹시 꾸짖는다. 전씨네 할머니는 "부자만 되게 해줘 봐요. 그러면 다음에는 더 크게 대접할게요."라고 항변한다.

대신할머니는 노란색 두루마기를 새로 맞춰 달라고 요구한다. 전씨네 할머니의 주름치마를 가리키며 "할머니 치마가 이것보다 훨씬 좋네."라고 하면서 자신의 헌 두루마기에 대해 불평한다.

전씨네 할머니는 "말도 안 돼요. 이게 대신할머니 옷보다 뭐가 더 좋다구!"라고 흥분하여 말한다.

용수 엄마는 장구 뒤에서 "맞구만, 할머니, 할머니 치마가 훨씬 좋구만!" 하면서 대신할머니의 요구에 맞장구를 쳐준다. 전씨네 할머니는 아니라고 항변한다.

그러자 대신할머니가 딸에게 부채를 펼쳐 내민다. 딸은 500원짜리 지폐를 올려놓으며 "우리 모두 부자 되게 해주세요."라고 부탁한다.

대신할머니가 부채를 며느리에게 펼쳐 보이자 며느리는 "저는 전씨 성이 아닌데요."라며 난처한 듯 항변한다. 그러나 계속 부채를 내밀자 며느리는 결국 별비를 부채 위에 올려놓는다.

대신할머니가 안방으로 들어가서 전씨 할아버지에게 돈을 요구한다. 전씨 할아버지는 어찌할 바를 몰라 하는 것처럼 보인다. 전씨네 할머니가 갑자기 큰 소리로 "아픈 사람이 돈이 어딨어요!"라고 말하면서 지폐를 한 장더 대신할머니 부채에 올려놓는다. 옥경 엄마는 전씨 가족을 대신해서 "대신할머니, 제발 전씨 할아버지가 낫게 해줘요."라며 간청한다. 대신할머니는 전씨 할아버지를 향해 활짝 웃으며 이렇게 말한다. "네가 이 돈을 바쳤으니 내가 낫게 해주마. 걱정 마라, 이 노인네야. 죽지 않아. 앞으로 나한테 이것 하나만 (노란색 장삼을 가리키면서) 더 해주면 조용히 하고 있지." 대신할머니는 자기 자신을 "착하고 훌륭한 대신할머니"라며 칭찬하는 노래를 부른다.

그다음으로 조상들이 "아이고, 아이고." 흐느끼며 나타난다.

전씨 할아버지는 담요를 몸에 두르고 벽을 향해 앉아 있다. 여기에 끼고 싶지 않은 것이다. 떠벌이만신은 전씨네 할머니의 어깨를 부여잡고 눈물을 흘린다. 만신에게 전씨네 할머니의 시부모가 온 것이다.

이웃 여성들이 조상신들에게 "왜 아들을 아프게 하세요? 제발 낫게 해주세요."라고 빈다.

시부모 조상은 도와주겠다는 약속을 한다.

전씨네 할머니는 "그럼 아흔 넘어서까지 살 수 있을까요?"라며 시어머니 혼령에게 묻는다.

"아흔? 그건 너무 길어."라고 조상이 대답한다. 사람들이 웃는다.

"그럼 여든은 넘길까요?"

"그건 가능하지. 그리고 내가 손주들 잘되게 해줄게."

다음에 들어온 조상은 "나는 왜 이렇게 일찍 죽은 거야! 왜 내 명대로 다 못 산 거야!"라고 격하게 울부짖는다.

전씨네 할머니가 퉁명스럽게 물어본다. "그러게 왜 가버렸소?" 그 조상이 이제는 딸을 향해 돌아서서 눈물을 흘린다. 전씨네 할머니는 인류학자에게 "남편의 첫째 부인인데, 해산하다가 죽었지."라고 그가 누군지 알려 준다. 그 조상은 전씨네 할머니로부터 500원짜리 지폐를 얻어 낸다.

상당히 기대되는 대감거리는 다음 차례다. 용수 엄마의 신랄한 유머감각은 욕심 많은 대감신령을 코믹하게 묘사하는 데 잘 어울린다. 용수 엄마는 이 신령이 자신에게 내렸을 때 "잘 논다."고 이야기한다. 그녀는 푸른색 쾌자를 입고 챙이 넓은 검은색 전립을 쓴다. 조선시대를 배경으로 하는 영화나 드라마에서 직급이 낮은 관리나 궁궐의 수문장이 착용하는 복장이다. 용수 엄마가 격렬하게 춤을 추더니, 별안간 신복들이 걸려 있는 곳에서 산신의 홍철릭을 집어 든다. 떠벌이만신이 노란색 두루마기 쪽을 향해 몸짓을 하며 "이거야, 이거."라고 눈치를 준다.

용수 엄마는 노란색 두루마기를 집어 들고 나서 홍철릭과 노란색 두루마기 두 옷 모두를 움켜쥐고는 공중에서 흔들다가 홍철릭은 내려놓고 노란색 두루마기를 입는다. 대신할머니의 개인적인 심부름을 하는 대감신령이 전씨네에 자리 잡은 여러 다른 대감신령들과 함께 굿에 왔다. 그는 노란색 두루마기를 입고서 전씨네 할머니에게 대신할머니가 새 두루마기를 원한다는 것을 다시 한번 상기시킨다. 대감신령이 전씨네 할머니의 귀를 잡고 마루 중앙으로 끌고 나온다. 전씨네 할머니는 다시 한번 대감신령이 입고 있는 노란색 두루마기가 자신의 닳아 헤진 치마보다 훨씬 더 좋다고 항변한다. 떠벌이만신이 옆에 있다가 반박한다. "아니야 할머니, 할머니 게 훨씬 낫다니까."

이어서 대감신령이 대감타령을 노래한다. 귀에 손가락을 꽂고, 귀를 비틀고, 째려보면서 전씨네가 대감신령을 즐겁게 해주려면 피리와 해금 악사를 불렀어야 했다는 내용을 무언극으로 보여 준다. 대감신령이 굿상에 놓인 두 개의 돼지 다리를 손으로 문질러 그 기름을 전씨네 할머니의 얼굴에 바른다. 전씨네 할머니가 지폐 한 장을 건네자 대감신령은 자신의 코에 그 돈을 문지르고는 구겨진 지폐를 장구잽이에게 던진다. 장구잽이는 장구에 묶인 돈주머니에 그 돈을 집어넣는다. 대감신령은 팔을 활짝 벌리고서는 왕성한 자신의 식욕을 만족시키려면 진수성찬이 필요하다는 것을 연기한다. 그는 네 발로 걷는 흉내를 내어 온전한 돼지 한 마리를 원한다는 것을 보이고, 짧은 돼지 다리 두 개로 절뚝거리면서 걸어다녀 자신이 기다란 우족牛足을 원하고 있음을 드러낸다. 여성들은 온돌방과 마루 끝에 앉아 술잔을 채워 가며 대감신령의 익살스러운 몸짓을 보고 와자지껄하게 웃고 있다.

대감신령은 아들을 마루로 끌고 나온다. 노란색 두루마기의 긴 옷고름을 잡고 춤을 추다가 아들의 주머니 안으로 복과 재수를 몰아준다. 대감신령은 아들에게 복잔을 한 잔 따라 준다. 이모는 손에 지폐를 한 장 들고 흔들어 대며 대감신령을 놀리듯 춤을 추면서 마루 주위에서 까불어 댄다. 대감신령이 이모가 입고 있는 옷의 뒷자락을 잡아당기더니 부채를 부쳐 그녀의 옷 안쪽으로 상서로운 기운을 불어넣어 준다. 대감신령은 거들먹거리는 대감처럼 "아하~ 하~ 하~!" 웃으며 돈을 달라고 한다.

대감신령이 이번에는 며느리를 붙잡고 부채를 흔들어 복을 준다. 며느리는 주머니에서 500원짜리 지폐를 꺼낸다. 대감신령이 뒤로 물러나며, 적은 액수에 눈을 흘긴다. 며느리가 머뭇거리면서 동전 지갑을 꺼내자 대감신령은 지갑 안을 보려고 한다. 대감신령은 며느리와 딸에게 술을 따라주며 돈을 더 달라고 한다.

"제가 돌아갈 차비까지 드려야 되겠어요?"라면서 며느리는 서울에서 사용되는 새 토큰 몇 개를 꺼내 든 채 물어본다.

여자들이 킬킬거리며 웃는다. 대감은 "그걸 사용하려면 내가 서울로 가야 하는데."라면서 분해 한다.

대감신령이 돼지 다리를 앞으로 내미는데, 이것은 여자들에게 돼지 발굽 사이에 지폐를 끼우라는 동작이다. 이모가 다른 버스 토큰을 끼워 넣으려 하자 대감신령은 발굽을 획 당겨 버린다. 전씨네 할머니가 치마를 펼쳐 무릎 안으로 돼지 다리를 받는다.

만신이 수건을 가져오라 하여 둘둘 감아 똬리를 만들어 머리에 올리자 다른 여자들이 그 위에 떡시루를 올려 준다. 용수 엄마가 자기 목소리로 떠벌이만신에게 "내 고무신 좀 가져다 줘요."라고 말한다. 신발을 신자 대감신령은 마당을 돌아다니고, 술이 담긴 큰 주전자를 들고서 전씨네 할머니가 그 뒤를 따른다. 대감신령은 마당의 구석구석과 곳간, 토끼장, 돼지우리에도 술을 뿌린다. 대감신령은 커다란 간장독과 고추장독을 지나 뒷마당을 돌아 마루로 돌아오면서 담장 안 곳곳을 빠짐없이 다닌다. 이렇게 다니면서 술잔에 담긴 술을 모든 곳에 뿌린다. 대감신령이 집 안 곳곳을 다니는 동안 내내 용수 엄마는 한 말 정도 되는 떡과 고기 그리고 항아리를 머리 위에 얹고서도 균형을 잘 맞춘다. 마지막으로 그녀는 빈 술잔을 내려놓고 떡시루를 머리 뒤로 넘겨서 전씨네 할머니에게 전해 준다. 전씨네 할머니는 마루 위에서 그것을 받는다.

대감신령은 벙거지를 다시 쓰고서 전씨네 할머니에게 벙거지 끈과 얼굴 사이에 지폐를 끼우라고 한다. 지폐를 끼울 수 있는 자리가 턱 부분만 남았을 때 대감신령이 전씨네 할머니 손에 있는 지폐를 낚아채서는 가슴 띠 안쪽에 밀어 넣는다. 그러고서는 허전한 턱을 가리키면서 전씨네 할머니에게 지폐 한 장을 더 요구한다. 그러나 이번에도 지폐를 빼앗아 가슴 띠에 꽂아 놓는다. 다음 두 장의 지폐 역시 앞쪽과 뒤쪽의 가슴 띠 속으로 들어간다. 대감신령은 놀리듯이 웃어대고 여성들은 낄낄거린다. 마침내 대감신령이 턱 쪽 벙거지 끈에 지폐 한 장을 끼운다.

대감신령은 전씨네 할머니, 아들, 이모, 고모, 며느리, 딸에게 술〔복잔―옮긴이〕을 판다. "얼마나 좋은 대감님이 아니신가, 얼마나 좋으신지 모르겠네."라고 대감타령을 부르면서 방 안에 있는 여자들에게도 복잔을 판다. 그러면 여자들은 돈 몇 푼과 함께 빈 잔을 돌려준다. 전씨네 할머니는 굴비가 담긴 접시와 젓가락을 들고 대감 뒤를 따라다닌다. 술 한 잔에는 안주 한 입이 따라야 하기에 여자들이 안주를 조금씩만 떼어 먹는다. 장구잽이는 계속해서 장구를 치고, 마루에서는 이모가 여전히 춤을 춘다.

대감신령은 전씨 가족 모두에게 다음 해에 벌어질 일들에 대한 공수를 내리면서, 월초月初에는 조심해야 하며 늦봄이 되어서야 운이 나아질 것이라 이야기한다. 용수 엄마는 벙거지와 쾌자를 벗어 아들이 내민 팔 위에 건네준다.

전씨네 할머니는 용수 엄마에게 "수고했어."라고 말한다.

"수고? 수고는 무슨 수고요."라며 용수 엄마는 겸양해 한다.

만신들은 이제 잠시 숨을 돌린다. 가족과 손님들이 무감을 설 것이다. 그들은 차례로 한 명씩 만신의 옷을 입고 장구 앞에서 춤을 춘다. 만신들은 사람들이 신령의 옷을 입고 춤을 추면서 자신들의 몸주를 잘 놀려 드리면 복이 온다고 말한다. 한 여자가 신령의 옷을 입고 춤을 추자 몸주가 오르고 접신하여 춤을 춘다. 그 신령이 잘 놀고 나면 그 여자와 가족이 복을 받는다. 다른 여성들 역시 무감을 서는 데 따르는 즐거움을 같이 한다(Kendall 1977b를 보라).

전씨네 굿처럼 치료를 위한 굿에서는 환자가 먼저 춤을 춘다. 춤이 치료의 일부이기 때문이다. 환자가 남자인 경우, 특히 존경받는 노인일 경우에는 보통 여러 사람 앞에서 제멋대로 춤추기를 꺼리기 때문에 잘 달래야 한다. 떠벌이만신이 전씨 할아버지에게 춤을 추라고 설득하면서 마루로 모셔온다. 만신은 전씨 할아버지에게 흰색 장삼을 입히고 고깔을 씌워 주는데, 전씨 집안의 여자들이 득남과 아들의 건강을 칠성에게 빌기 때문이다. 이 집안의 여성들은 무감을 서거나 몸주칠성이 오르면 흰색 장삼을 입고 고깔을 쓴다.

떠벌이만신은 전씨 할아버지 앞에서 춤을 춰 보이면서 어떻게 춤을 추는지 가르쳐 준다. 그녀는 전씨 할아버지의 손목을 잡고서 음악 소리에 맞춰 팔을 움직인다. 전씨 할아버지는 살짝 웃음을 짓지만, 이내 팔을 내리고 못 추겠다고 이야기한다. 그가 안방으로 돌아가자 다음으로 전씨네 할머니가 대신할머니의 노란색 장삼을 입고 춤을 춘다. 이모는 그녀 옆에서 같이 춤을 춘다. 전씨네 할머니가 금세 장구 앞에서 빠른 속도로 위아래로 뛰며 춤을 춘다. 그녀의 몸주대신이 "오른" 것이다.

만신은 다음 순서로 며느리를 불러낸다. 며느리는 "저는 춤출 줄 몰라요."라며 고사한다.

전씨네 할머니가 며느리에게 소리친다. "나가서 춤 좀 춰봐라, 그래야 복이 오지." 며느리의 복이 아들의 복이기 때문이다.

만신이 며느리에게 흰색 칠성 장삼을 입혀 준다. 그녀의 춤이 점점 빨라진다. 그러자 떠벌이만신이 노란색 두루마기를 흰색 장삼 위에 재빨리 겹쳐 입혀 준다. 대신할머니와 칠성, 이 두 몸주가 영향을 미치고 있음을 떠벌이만신이 알아챈 것이다. 며느리가 격렬하게 춤을 춘다. 옥경 엄마는 춤을 추고 있는 며느리의 옆에 서서 제금을 치면서, 때로는 발로 박자를 맞추거나 웃음을 지으며 고개를 끄덕인다. 마침내 며느리가 바닥에 납작 엎드려 절을 한다. 방에 앉아 있는 여성들은 고개를 끄덕이며 "신이 올랐네그려, 신이 올랐어."라며 입을 모은다.

만신은 딸을 불러 춤을 추라고 한다. 며느리처럼 그녀도 어떻게 춤을 추는지 모른다고 한다. 떠벌이만신이 흰색 장삼을 내민다. 마루 양쪽의 방 안에 있는 여성들이 외친다. "춤추면 복이 온다니까, 그리고 그거 입으면 예뻐 보인다니까." 딸 역시 우아하게 춤을 추기 시작하더니, 몇 분 동안 격렬하게 뛰면서 춤을 춘다. 의정부만신이 옥경 엄마의 제금을 대신 잡는다. 춤을 추던 딸이 마루 끝으로 떨어질 것처럼 위태로워지자, 이모가 마루 아래에서 팔을 넓게 벌려 떨어지지 않도록 보호한다. 춤이 끝나자 여자들은 "그래서 춤을 못 춘다고 했구나."라고 하면서 딸을 놀린다.

이번에는 이모가 대감신령의 푸른색 쾌자를 입고 춤을 춘다. 이 쾌자는 무감을 설 때 어떤 여성이라도 입을 수 있다. 떠벌이만신이 그녀에게 대신할머니의 노란색 두루마기를 입으라고 하지만, 이모는 대신할머니가 자신의 몸주라는 것을 인정하지 않기에 그 두루마기를 입지 않는다. 이모가 입가에 함박웃음을 머금은 채 우아하게 춤을 추지만 황홀경에 빠져 격렬하게 춤을 추지는 못할 듯하다. 떠벌이만신이 이모에게 다시 한번 노란색 두루마기를 입으라고 재촉한다. 그 옷을 입히자 이모가 이내 펄쩍펄쩍 뛰기 시작한다. 발로 바닥을 차며 뛰어 오르고, 팔은 공중으로 쭉쭉 뻗는다. 영향력이 강하고 욕심 많고 바라는 게 많은 몸주가 이모에게 있는 것이다. 이렇게 하여, 이모는 춤을 제대로 출 기회를 잡았고 신령들이 굿에서 보이는 익살스러운 행동에 몰입한다.

다음으로는 고모가 춤을 추고, 그 뒤에는 전씨네 할머니의 오랜 고향 친구가 춤을 춘다. 열세 명의 이웃 여자들과 인류학자가 무감을 선다. 나는 그들 중 몇몇을 다른 굿에서 본 적이 있다. 그들 역시 나를 알아본다. 초가을에 떠벌이만신이 자기 신당에 모신 신령을 위해 매년 여는 굿을 했는데, 거기에서 춤을 추었던 여성들도 몇 명 보인다.

여자들이 춤을 다 추고 나자 이미 자정을 넘긴 시각이다. 많은 여성들이 굿거리 사이의 쉬는 틈을 타 떠난다. 용수 엄마가 음식을 내오라 소리치고, 만신, 가족, 인류학자, 그리고 아직도 머물러 있는 손님들이 밥과 따뜻한 국을 먹는다.

떠벌이만신이 불사佛師를 제때 청하지 못했다는 것을 알아차린다. 하지만 이미 제석²을 모실 준비가 되어 있다. 떠벌이만신은 불사, 제석, 칠성이 불교의 소蔬신령들이고 아기의 출산과 양육을 관장하기 때문에 이들을 한꺼번에 불러 모셔도 문제가 없다고 생각한다. 그녀는 옥경 엄마에게 어떻게 해야 하는지 재빨리 설명해 준다.

옥경 엄마는 마루 위에서 모든 불사신령들을 청한다. 그녀는 의정부만

---

2 제석帝釋은 문자 그대로 보면 '부처황제'이지만, 만신과 단골들은 명확하게 제석을 삼신할머니와 같은 것으로 여긴다(6장 참조). 한국에서는 칠성이 사찰에 모셔져 있지만, 칠성은 중국의 도교와 민간 전통에서도 잘 알려진 신령이다.

신에게서 제금을 넘겨받고 빠른 리듬에 맞춰 춤을 춘다. 신이 내린 것이다. 신발을 신더니 집 한쪽 편으로 달려간다. 그곳은 여성들이 칠성신에게 빌기 위해 떡시루와 정안수를 놓고 초를 밝혀 놓은 장독대다. 옥경 엄마가 칠성신을 청하는 동안 전씨네 할머니, 이모, 딸, 며느리, 그리고 한 무리의 여성들은 두 손을 모아 빌면서 절을 한다. 옥경 엄마는 전씨네 할머니에게 간단하게 공수를 주고서 안방으로 다시 돌아간다. 안방에는 특별히 제석을 대접하기 위해 마련된 소찬素饌―시루떡, 과일, 그리고 밤―이 차려져 있다. 제석신령 역시 다른 신령들과 마찬가지로 차린 음식이 약소하고 굿이 늦어졌다며 나무라지만, 그 뒤에는 호의적인 태도로 도움을 약속한다. 옥경 엄마는 굿상에 놓인 밤과 대추를 제금으로 떠서 전씨네 할머니가 펼친 치마에 휙 던진다. 옥경 엄마는 밤과 사탕을 손으로 더듬어 세어 보며 아들에게 공수를 내린다. "누군가가 사업을 도와줄 겁니다. 다음 두 달 동안은 인간관계를 조심하고 어떤 중요한 이동도 하지 마십시오. 그렇지만 내년 2~3월에는 좋은 소식이 있을 겁니다."

옥경 엄마는 전씨네 할머니의 치마에 밤과 사탕을 더 던져 주면서 손주들의 점을 쳐준다. 전씨네 할머니가 손주들의 이름과 나이를 알려 주자 옥경 엄마는 이들의 이름과 나이를 넣어서 축원하며 무가를 부른다. 전씨네 할머니가 한 손주의 나이를 깜빡했지만 며느리에게 물어보아서 옥경 엄마가 축원을 계속할 수 있도록 한다.

옥경 엄마가 춤을 추면서 고깔을 벗고 흰색 장삼도 벗기 시작한다. 떠벌이만신과 용수 엄마가 지옥(불교적 의미)에서 구제받지 못한 혼령들을 옥경 엄마가 축원하지 않았다고 소리친다. 옥경 엄마가 고깔을 다시 쓰려고 하지만 떠벌이만신은 고깔은 그냥 두라고 한다. 애동만신[경력이 오래지 않아서 아직 굿에 능숙하지 못한 무당. 여기서는 옥경 엄마이다.―옮긴이]은 구제받지 못한 혼령들의 명단을 빠르게 축원한다. 이제 옥경 엄마는 흰색 장삼을 벗고서 붉은색 나일론 치마를 머리에 뒤집어쓴다. 공주(호구)가 된 것이다. 호구는 가정불화를 일으키는 변덕스러운 처녀 귀신이다. 호구는 "나는 사뿐사뿐 걸어서 안방으로 간다."고 말한다. 500원짜리 지폐에 마음을 달랜 호구가 떠난다.

떠벌이만신은 다음 거리에 등장할 전쟁의 신령들의 복장을 세 겹으로 겹쳐 입는다. 용수 엄마가 옥경 엄마에게 구제받지 못한 혼령들을 위한 축원을 가르쳐 준다. 옥경 엄마가 축원을 하는 데 또다시 갈피를 못 잡고 있기 때문이다. 떠벌이만신은 옥경 엄마가 제석 상床에 올린 밤과 사탕을 내려서 파는 것을 잊어버렸음을 생각해 내고 지금이라도 팔라고 한다. 옥경 엄마는 마루를 지나 두 방을 다니면서 타령을 부르고, 기다리고 있는 여자들의 무릎에 사탕을 뿌려 준다. 여자들은 옥경 엄마가 들고 다니는 제금 위에 동전을 올려놓는다. 옥경 엄마가 부르는 타령을 알고 있는 나이 많은 여자들은 타령을 함께 따라 부른다. "대추를 잡숫고는 딸을 낳으시고, 밤을 잡숫고는 아들을 낳으시오." 여자들은 밤과 사탕을 호주머니에 넣고서 굿을 하는 동안 오물거리거나 집에 있는 손주들을 위해 챙겨 둔다. 대감신령이 건네주는 복잔을 마시고 무감을 서는 것과 마찬가지로, 제금 위에 놓인 사탕을 사 먹으면 복을 받는다.

이제 전쟁의 신령들이 차례로 나타나 떠벌이만신의 몸에 실린다. 넓은 소매의 남철릭과 갓을 쓴 장군이 위엄 있는 걸음걸이로 제금의 운율에 맞춰 움직인다. 만신들은 장군과 산신은 마치 왕 같다고 말한다. 사람들은 이 신령들이 달라고 요구하기도 전에 먼저 돈을 바친다. 욕심이 많고 익살스럽게 이것저것 요구하는 대감신령보다 높으신 분들이기 때문이다.

붉은색 소매가 드러난 검은색 쾌자와 넓은 챙의 검은색 전립을 쓴 별

신령들이 만족했는지 확인하기 위해 소머리를 삼지창에 꽂아 세우는 사슬 세우기를 하는 모습.
1977년 의정부 꽃맞이굿.

상[3]이 월도와 삼지창을 휘두른다. 떠벌이만신은 뒤집어 놓은 받침 위에 월도를 세워 중심을 잡는다. 이어 돼지 다리를 삼지창에 끼우고, 쉽지 않지만 이 물체의 중심을 잡아 세우려고 한다. 매우 긴장된 순간이다. 만약 삼지창이 혼자 서게 되면 집안의 신령들이 굿의 전물을 잘 받은 것이다. 만약 삼지창이 중심을 잡지 못하고 만신의 손에서 계속 흔들거리면 신령들이 아직 만족하지 않았으며 그 가족은 굿의 효과를 보지 못하게 된다.

떠벌이만신은 소금을 가져오라고 하여 삼지창이 미끄러지지 않도록 받침 위에 쏟는다. 전씨네 할머니가 500원짜리 지폐 두 장을 고기 위에 올려

---

3 별상은 때때로 호구(천연두신)와 동일시되기도 한다. 그러나 다행스럽게도 한국의 시골 마을에서 천연두라는 질병이 그렇듯이 호구마마의 특성 역시 더 이상 큰 의미가 없다.

놓고 빈다. 삼지창이 선다. 떠벌이만신은 별상노랫가락을 부르며 곧게 선 삼지창의 손잡이 주위로 술잔을 몇 번 돌리고 전씨 집안의 여성들에게 나누어 준다.

이제 신장神將님이 전씨 할아버지에게서 잡귀잡신을 몰아내기 위해 들어왔다. 잡귀잡신들은 신장님이 휘두르는 칼을 두려워한다. 옥경 엄마는 전씨 할아버지께서 이미 안방에 주무시러 들어가셨다고 속삭인다. 용수 엄마는 전씨 할아버지께서 잠깐만이라도 마루에 나오셨다가 들어가셔야 한다고 사람들을 향해 이야기한다. 전씨네 할머니가 전씨 할아버지를 마루 끝으로 모셔온다. 만신들이 전씨 할아버지에게 마당 쪽을 향해 무릎을 꿇고 앉으시라고 말하고, 잡귀에게 바치는 노란색 얇은 천뿐만 아니라 전씨 할아버지의 셔츠와 오방신장기를 전씨 할아버지의 머리 위에 덮어 놓는다. 또한 삼지창과 월도를 전씨 할아버지 쪽에 기대 놓는다.

용수 엄마는 전씨 할아버지 옆에 무릎을 꿇고 앉아 할아버지의 오른쪽 귓가에 제금을 가까이 대고 친다. 떠벌이만신이 뭐라고 소리를 지르면서 전씨 할아버지를 덮은 천들 위로 좁쌀을 뿌린다. 또한 전물의 일부를 전씨 할아버지 머리 위로 던진다. 금속으로 만든 사발이 마당에 쨍그랑거리며 떨어진다.

떠벌이만신이 "야아아아! 야아아아!" 소리를 지르면서 돼지 다리를 들어 전씨 할아버지의 주위에서 무언가를 쳐내듯이 돌리고, 돼지 발굽 부분으로 전씨 할아버지의 등을 콕콕 찌른 후 마당에 던진다. 이어서 큰 부엌칼을 들어 전씨 할아버지의 머리 주위에서 돌린다. 전씨 할아버지의 어깨에 걸쳐 앉아 주변의 허공을 찔러 대고, 칼날의 끝 부분을 전씨 할아버지의 등에 댄다. 떠벌이만신은 전씨 할아버지의 머리를 덮었던 것들을 벗겨낸 뒤 팔을 쭉 뻗어 전씨 할아버지의 몸을 감싸듯이 노란색 천을 두른 뒤 그 천을

신장에 실려 오방기를 흔들며
춤추는 무당(용수 엄마).
1978년 영송리.
© 산드라 마티엘리Sandra Mattielli

찢는다. 이제 떠벌이만신이 전씨 할아버지에게 오방신장기를 내민다. 전씨
할아버지가 깃대 중 하나를 가리키자 떠벌이만신이 그것을 뽑는다. 하얀
색 깃발이다. 이 깃발은 칠성신의 자비로움을 의미하며, 이 신령은 전씨 집
안의 만신전에서 상당히 중요한 존재이다. 만신이 "좋구나!"라고 말한다.
잡귀잡신이 성공적으로 내쳐졌으며, 무엇을 던지거나 쳐내는 행위를 더
이상 할 필요가 없다.

　이제 신장님이 오방신장기를 차례로 겹쳐서 바닥에 펼치고, 전씨 할아버
지에게 맨 위의 깃발에 돈을 올려놓으라는 몸짓을 한다. 전씨 할아버지 옆
에 서 있던 전씨네 할머니가 천 원짜리 지폐 몇 장을 내민다. 맨 위의 깃발

위에 놓인 돈에 만족한 신장님은 돈이 놓이기를 기다리는 또 다른 깃발이 드러나도록 맨 위의 깃발을 접는다. 신장님이 쉽사리 만족하지 않자 며느리가 조바심이 난다. 참지 못한 며느리가 직접 깃발 하나를 접으려고 하자 신장님이 그 깃발을 툭 쳐서 다시 원위치시켜 놓는다. 마침내 만족한 신장님이 굿상 위의 사과를 하나 내려서 전씨 할아버지에게 건네고 그를 안방으로 돌려보낸다.

신장님은 전씨네 할머니와 며느리에게도 오방신장기를 내민다. 이들은 사람들이 뽑고 싶어 하는 색깔의 깃발을 뽑아 좋은 내용의 공수를 받는다. 딸은 두 번이나 초록색 깃발을 뽑았는데, 이 깃발은 떠돌이 귀신(영산)이 따라다닌다는 것을 의미한다. 신장님은 그녀의 운세가 길하지 못하다는 공수를 내린다. 딸은 자기 집안의 대감신령을 위해 특별한 재물을 바쳐야 할 것이다. 신장님이 오방신장기를 딸의 몸 주위로 획획 돌리고 난 후 다시 깃발을 뽑게 한다. 이번에는 빨간색이다. 사람들이 가장 뽑고 싶어 하는 색깔이다. 딸은 신장님께 500원짜리 지폐를 내밀며, "결국은 돌아갈 버스비까지 다 가져가시네."라고 투덜댄다. 그러나 신장님은 지폐 한 장을 더 달라고 한다. 이번에는 신장님이 전씨네 할머니 쪽을 향하여 전씨 할아버지의 음식에 신경을 더 쓰라고 몇 마디 마지막 충고를 한다.

다음에는 신장님들을 따라다니는 욕심 많은 신장대감이 나타난다. 신장대감은 오만한 태도로 돼지 다리를 내팽개치고, 여자들에게서 지폐 몇 장을 더 걷어 낸다. 그러고는 자기를 자랑하는 타령을 부른다. 전씨네 할머니는 다른 모든 신령들에게 빌었던 것처럼 신장대감에게도 남편을 낮게 해주고 아들이 사업에 성공하게 해달라고 빈다. 이 거리는 간략하다. 이제 새벽 세 시다. 여성들은 두 온돌방에 담요를 깐다. 전씨네 할머니와 만신들은 사람들이 잠들기 전에 시내의 어떤 약국이 좋은지 이야기를 나눈다.

다음 날 아침 모두들 일찍 일어난다. 여자들은 설거지를 하고 아침식사를 준비한다. 아침식사는 아홉 시에 모두 마친다. 이웃 여성들 몇 명이 굿이 끝나는 것을 보려고 온다. 어떤 여성들은 떠벌이만신에게 상담을 한다. 떠벌이만신은 어떤 여자에게 이사하려는 방향에 대해 괜찮다고 이야기해 주고, 직업을 바꾸려는 어떤 여자의 남편에게는 보다 신중해야 한다고 말한다. 그리고 자잘한 집안의 의례들을 어떤 식으로 행해야 하는지에 대해서도 가르쳐 준다.

그동안 용수 엄마와 의정부만신 사이에 사소한 다툼이 있다. 용수 엄마는 의정부만신이 힘든 굿은 한 거리도 하지 않고 거의 장구와 제금만 친다고 불평한다. 용수 엄마는 의정부만신에게 다음 굿거리인 성주거리를 해야 한다고 말한다. 의정부만신은 "내가 3년 동안 굿을 한 적이 없어서 뭐라고 하는지 거의 다 잊어버렸네. 게다가 발도 다쳤고."라면서 한 발 뺀다.

"거짓말!" 용수 엄마가 소리를 지른다.

"나는 한복도 없다니깐~."

용수 엄마가 의정부만신에게 꾸러미 하나를 던진다. "이거 입어 봐. 아마 예쁠 거야."

의정부만신이 성주거리를 한다. 그녀는 성주신이 머무르는 대들보에 술을 몇 방울 뿌린다. 그리고 쌀알을 공중에 던졌다가 손으로 잡아 쌀알 개수가 짝수인지 세어 본다. 마지막으로, 성주신에게 굿을 한다는 것을 알리기 위해 전씨네 가족이 며칠 전 대들보에 붙여 놓았던 종이를 내려 불사른다.

떠벌이만신은 여자들에게 다시 무감을 서라고 한다. 전씨네 할머니가 대신할머니의 노란색 장삼을 입고 먼저 춤을 춘다. 전씨네 할머니가 춤을 추기 시작하자 떠벌이만신이 굿상 위에 올렸던 모든 술잔의 술을 그녀에게 건넨다. 장구 장단이 빨라지자 전씨네 할머니는 앞뒤로 몸을 흔든다. 전씨네 할머니가 빙글빙글 맴을 돌더니 돼지 다리를 집어 들고 안방으로 들어간다. 그녀는 남편에게 돼지 다리를 가볍게 문지른다. 여자들이 낄낄거리는 소리가 들린다. 다음으로 전씨네 할머니가 삼지창과 칼을 들고서 맴을 돈다. 조상 중 무당이었던 대신할머니가 그녀의 몸주가 되어 오른 것이다.

이모가 다시 춤을 춘다. 고모도 다시 춤을 춘다. 전씨네 할머니의 옛 친구도 고모 옆에서 춤을 추며 대중가요 몇 소절을 부른다. "좋네~ 좋아~ 차차차." 고모는 펄쩍펄쩍 뛰기 시작하더니 금세 그쳐 버린다.

"왜, 좀 더 길게 추지 그래?" 하고 여자들이 묻는다.

"머리가 아파서."

떠벌이만신이 고모 집에 계시는 불사가 오셨다고 말해 주면서, 내년에는 그 신령을 대접해야 할 것이라고 말한다.

초록색 원삼을 입은 떠벌이만신이 죽은 예인藝人들의 신령인 창부신('창부씨'라고도 함—옮긴이)을 청한다. 떠벌이만신이 창부거리 만수받이를 하는 동안 이모가 다시 춤을 추기 시작한다. 창부신이 부채로 이모를 툭 치고 가슴을 꼬집는다. 그러고는 전씨네 할머니에게 다른 신령들이 약속한 것처럼 모든 게 다 잘될 것이라는 공수를 준다. 창부신은 고모의 건강 문제와 돈에 대한 근심을 알고 있으며, 도와주겠다고 약속한다. 물론 고모가 창부신을 잘 대접해야만 한다. 창부신은 딸에게 남편 집안의 신령들을 위해 반드시 고사를 지내야 한다고 다시 확인시킨다. 마지막으로 이모에게는 이모의 환갑 잔칫날을 보다 길한 날로 바꿔 잡아야 하며, 잔치 전날에는 반드시 조상들에게 음식을 대접하는 여탐을 하라고 말한다. 이 신령은 마지막으로 이모의 옷을 넓게 펼쳐 벌리게 하고 부채로 복을 몰아다 준다. 이모가 다시 활짝 웃는다.

집 안에서의 굿(안굿—옮긴이)이 끝났다. 떠벌이만신이 집안의 신령들이 만족했는지를 알아보기 위해 쌀통 안의 쌀에 명두를 대고 눌러 본다. 한 톨도 달라붙지 않는다. 제금 한 짝으로 다시 해본다. 운이 없다. "젠장!" 하고 소리를 지르고 나서 떠벌이만신은 자기 단골들을 위해서는 절대로 이런 식으로 점을 칠 수 없다고 말한다. 용수 엄마가 명두를 쌀에 대고 누른다. 네 톨이 표면에 붙어 있다.[4] 그것을 전씨네 할머니의 치마에 쏟아 준다. 짝수(쌀알의 개수―옮긴이)는 바라던 표시다.

집 밖으로 이동하기

여자들이 굿상 위의 전물들을 내리는 동안 용수 엄마는 터줏대감을 청배할 준비를 한다. 그녀는 마루 위에서 재빠르게 만수받이와 춤을 끝내고 신발을 신더니 집 뒤편으로 달려간다. 그곳에는 쟁반 위에 놓인 떡시루가 터줏대감을 기다리고 있다.

"술!" 하고 대감이 손짓한다. "술! 술!" 며느리가 가득 찬 막걸리 주전자를 들고 뛰어온다. 만신은 떡시루를 머리에 이고, 만신 몸에 실린 터줏대감은 마당을 통해 나가 담장 바깥쪽을 돌면서 술과 떡 조각을 뿌린다. 집터의 경계를 확실하게 하기 위함이다. 며느리는 큰 막걸리 주전자를 들고 따라다니며 잔에 술을 채워 준다. 대감이 마당으로 들어와 마루 아래 서서 딸과 며느리에게 돈을 달라고 한다. 딸은 돈을 다 써버렸다고 항변하더니만 슬그머니 지폐 한 장을 끄집어낸다. 대감은 길한 달들을 말해 주고, 전씨네

---

4 일반적인 의례 상황에서는 홀수가 길한 것으로 간주되고 숫자 4는 운이 아주 안 좋음을 뜻한다. 하지만 굿을 하는 도중 신령이 잘 대접받았는지 혹은 흡족한지를 알아보기 위한 행위를 하는 상황에서는 짝수가 그 의례에 신령이 만족했다는 것을 의미한다.

할머니에게 전씨 할아버지를 위해 빨리 약과 침을 써보라는 공수를 준다. 대감이 떡시루를 전씨네 할머니에게 넘겨준다.

마당에서 용수 엄마가 집에 재물을 가져오는 걸립을 빠르게 청배한다. 그녀는 집 아래에 거주하는 지신地神을 달래기 위해 앞마당에 술을 동그라미 모양으로 붓는다. 대문의 문턱 앞으로 가서 서더니 수문장 대감을 위해서도 술을 붓는다.

마루로 돌아온 떠벌이만신은 굿을 하는 동안 모인 돈을 나눈다. 옥경 엄마와 의정부만신은 각각 1만 2천 원씩, 용수 엄마는 더 힘든 일을 했기 때문에 1만 4천 원을 받는다. 떠벌이만신에게는 1만 8천 원이 남는다. 그녀는 마지막 거리〔뒷전거리―옮긴이〕에서도 2천 원을 요구할 것이다.[5] 떠벌이만신은 자신이 이 굿의 당주이기 때문에 돼지 다리 하나와, 굿을 하는 도중 명두를 세우기 위해 놓았던 쌀을 자기 몫으로 가져간다. 만신들은 전물로 바쳤던 떡, 사탕, 과일의 일부를 자기 집으로 가져간다. 전씨네 할머니는 부엌에서 일을 도왔던 여자들에게도 떡을 나누어 준다. 만신들은 굿을 하는 도중에 모았던 돈〔별비―옮긴이〕에 만족한다. 여성들이 돈을 거침없이 썼으며, 특히 이모의 쏨쏨이가 후했다. 평소처럼 용수 엄마는 자신이 훨씬 더 힘든 대감거리를 맡아서 했음에도 불구하고 떠벌이만신이 너무 많은 몫을 가져간다고 느낀다.

전씨네 할머니를 포함한 모든 사람들이 대문 밖으로 움직인다. 만신들

---

5 전씨네 할머니는 굿을 하는 데 4만 원을 지불하기로 합의했다. 그리고 굿을 하기 며칠 전에 떠벌이만신에게 돈을 보냈다. 떠벌이만신은 굿을 시작하기 전에 전씨네 할머니에게 그 돈 대부분을 돌려주었으며, 전씨네 할머니는 굿이 진행되는 동안 신령과 조상의 요구에 따라 받은 돈을 조금씩 내놓았다. 나머지 돈은 복잔(복술)을 사고, 춤을 추고 공수를 받던 다른 여성들, 즉 친척과 이웃, 그리고 친구들이 냈다. 1978년 전씨네가 굿을 하던 당시 500원은 1달러 정도였다.

은 옷가지 몇 벌과 무구巫具 몇 개, 그리고 떡을 가지고 나와 조그마한 굿상을 차린다. 떠벌이만신이 첫 번째 거리에 나왔던 군웅대감을 청배한다. 떠벌이만신이 만수받이를 하는 동안 딸과 며느리가 자기들 몫의 떡을 싸 들고 서울행 버스를 타기 위해 큰길로 뛰어간다. 전씨네 할머니가 군웅대감에게 이렇게 빈다. "제 아들이 사업에 성공하게만 도와주시면 고사도 드리고 굿도 해드리겠습니다."

떠벌이만신은 정치적 음모에 희생당했거나 출세를 못해 자살한 옛날 양반 대감들의 혼령을 청배한다. 다음으로는 정체가 명확하지 않은 잡귀잡신들, 즉 제명을 못 살고 비명횡사한 혼령들이 온다. 떠벌이만신은 이 혼령들이 자기 눈앞을 스쳐가는 듯한 태도로 무가를 구송한다. "열병 걸려 죽은 사람, 길 위에서 죽은 사람, 교통사고로 죽은 사람, 물에 빠져 죽은 사람, 해산하다 죽은 사람."

마지막으로 떠벌이만신이 전씨 할아버지를 부른다. 전씨 할아버지가 바깥쪽을 향해 무릎을 꿇고 앉는다. 그녀는 전씨 할아버지의 머리 위에 노란색 천 조각과 전씨 할아버지의 셔츠를 올려놓는다. 전씨네 할머니는 미리 묶어 놓은 닭을 한 마리 가져온다. 떠벌이만신은 닭을 전씨 할아버지의 가슴에 대고 누르다가 등에도 대고 문지른다. 그러고는 닭을 들어 할아버지의 머리 위에서 돌리더니 바깥쪽으로 던진다. 이번에는 전씨 할아버지에게 좁쌀을 던진다. 굿상에 있던 술, 나물, 사탕 몇 개를 바가지에 담더니 전씨 할아버지의 어깨 너머로 바가지 안의 음식을 뿌린다. 이어서 부엌칼을 들고 전씨 할아버지 머리와 어깨 주위의 허공을 향해 휘두른다. 그의 가슴을 팔로 두른 후 얇은 노란색 천을 찢어내며 잡귀잡신들을 떼어낸다. 남은 음식은 바가지에 담아 들판으로 나가 내려놓는다. 집의 불운을 바깥으로 꾀어내기 위함이다. 떠벌이만신은 전씨네 할머니에게 마지막으로 해야 할

일을 가르쳐 준다. 전씨네 할머니는 다른 사람을 시켜 아까 썼던 닭을 마치 사람의 시체를 묻듯이 산등성이에 파묻어야 하며, 귀신을 쫓아낼 때 사용했던 노란색 천과 셔츠는 빨리 태워 버려야 한다.

만신들은 전씨네 할머니의 점심식사 초대를 공손히 사양하고는 버스를 잡기 위해 이른 오후 햇빛이 깃든 도로를 서둘러 내려간다.

에필로그

지금까지 나는 내가 이해한 대로 굿을 기술했다. 내가 묘사한 굿은 약간의 실수와 수많은 기교, 어색한 순간, 흘러넘치는 술과 웃음이 가득한 활기차고 왁자지껄한 행사이다. 나는 엄밀한 민속학자들이 작성하는 굿의 정밀묘사를 하지 않았다. 신령, 신복, 굿에 사용되는 전물祭物의 정확한 목록은 언제라도 다른 연구서들에서 찾아볼 수 있다.[6] 대신에, 나는 정통적인 방식과는 거리가 있는 묘사를 하면서 나의 현지조사 노트와 기억에 남아 있는 하나의 구체적인 굿—전씨네 굿—이 가진 풍취를 이끌어냈다. 제멋대로 보일지도 모르는 이 같은 묘사 방법을 선택한 데에는 이유가 있다.

굿은 기본적인 구조에 따라 진행된다. 이 구조는 집에 거주하는 신령과 조상들이 각각 적절한 장소와 순서에 따라 등장하는 장소인 집을 중심

---

6 장주근, 최길성(1967)은 내 조사지 근처의 마을에서 조사를 시행하여 굿의 주된 패턴과 변형들의 목록을 작성한 저서이다. 문화공보부 문화재관리국에서 작성한 『한국민속종합조사보고서』는 방대한 양의 무속 의례를 기술한 자료집이다. 두 저작 모두에 무가가 채록되어 있다. 김태곤(1971~)도 무가를 채록해 오고 있다.

으로 전개된다(부록 1을 보라). 집은 굿의 배경이자 동시에 핵심적인 은유 metaphor로서, '집'에는 인간 구성원뿐 아니라 만신이 집 이곳저곳을 다니며 드러내 보이는 신령들도 함께 거주한다. 만신은 떡시루, 신복神服, 돼지 다리를 마루와 방 쪽으로 식구들에게 건넨다. 신령들은 부채질을 통해서 주머니 안과 옷 속으로 복을 몰아다 준다. 또한 곡식, 밤, 여러 가지 씨앗으로 치마를 채워 준다. 가족은 좋은 운을 붙잡아 집 안에 간직한다. 만신은 부정, 잡귀잡신, 해로운 기운을 없애고 대수대명代壽代命을 위해 닭을 대문 밖으로 보낸다. 만신은 칼을 던져 칼끝이 대문 바깥쪽을 향하는지를 보고 부정한 기운이 집 밖으로 나갔는지를 확인한다.

그러나 굿의 체계적인 점에 치중해서 묘사하게 되면, 하나의 구체적이고 개별적인 굿 드라마에 나타나는 여러 가지 즉흥적이고 독특한 점들이 필연적으로 간과된다. 하지만 바로 이러한 즉흥적이고 독특한 점들이 굿을 무속의례로 만든다는 사실을 알아야 한다. 다시 말해, 한 가족이 사회적으로 처한 상황 및 초자연적 존재들과 관련된 문제들이—이것을 우리는 규범적 주제의 변주곡이라 할 수 있다.— 바로 그 가족과 무당 사이의 모든 거래와 굿이라는 드라마를 형성하고 채색하는 것이다. 집안의 신령들과 조상들이 가진 상대적 힘은 집집마다 굿마다 다양하다. 어떤 집에는 그 집안의 역사와 관련해서 집 안의 만신전에 특별히 강력한 영향력을 가진 신령이 존재한다. 전씨 집안의 경우 무녀였던 조상이 전씨네 굿에서 사람들을 성가시게도 하고 농담도 주고받던 대신할머니가 되었다. 무감을 서는 동안 대신할머니의 노란색 두루마기는 대신할머니 신령이 올라 춤을 추던 친척 여성들의 손을 이리저리 옮겨 다녔다. 칠성신에게 치성을 드렸던 한 여자 조상은 전씨 집안의 며느리가 흰색 칠성 장삼을 입고 무감을 서자 춤을 추면서 나타났다.

저승에 있는 가족인 조상들은 주제의 끝없는 변주곡 안에서 서성인다. 망자는 이미 죽었으며 살아 있는 사람들과 섞이지 않는다는 이유만으로 위험한 존재이다. 전씨네 굿에 온 구경꾼들은 전씨 할아버지가 병이 난 것은 전씨 할아버지 부모 탓이라며 힐난한다. 그러고는 전씨 할아버지의 병이 낫도록 조상들이 도울 것이라는 다짐을 받아낸 뒤, 점잖지만 확실하게 조상들을 원래의 자리로 돌려보냈다. 잠재적으로 전씨네에 의도적으로 해를 끼칠 수 있는 존재는 전씨 할아버지의 첫 번째 부인이었다. 그녀는 제명대로 살지 못했다고 억울해 했고, 남편이 재혼한 것을 질투했다. 그녀는 자신의 뒤를 이어 전씨 할아버지와 결혼한 전씨네 할머니와 맞대응했고 친자식들과는 함께 흐느꼈다. 그러고 난 후, 그녀의 불길한 힘은 '노잣돈'을 받으며 누그러졌고, 그녀는 마침내 떠났다.

샤먼으로서 한국의 만신은 신령과 조상들을 눈으로 보고 불러들여 그들의 말을 대신 할 수 있다고 한다. 만신은 자신의 단골과 그 집안의 초자연적 존재들 사이에 있는 역동적인 관계를 확인시킨다. 만신은 점을 치는 동안 경험하는 환시체험을 통해서 신령과 조상들이 무엇을 바라는지를 결정한다. 떠벌이만신은 전씨네 대신할머니의 뜻과 바라는 것을 전씨 가족에게 전달해 주는 연결고리다. 굿에서 초자연적 존재들은 살아 있는 인물로서 인식되고 만신은 트랜스에 빠진 채 정형화된 인물의 역할stock characters과 완성되지 않은 대본에 따른 대화semi-scripted exchange를 하면서 고객 가족의 전통을 환기시킨다. 만신들은 전씨 할아버지가 회복되고 아들은 성공할 것이며 손주들은 공부를 잘하게 될 것이라는 점을 확언하기 위해서 전씨 집안의 신령과 조상들의 권위를 사용했다.

전씨 가족 굿의 또 다른 특별한 점은, 이 굿이 재수를 비는 재수굿이나 망자를 저승으로 천도하기 위한 진오기굿과 구별되는 우환굿이란 것이다.

전씨 할아버지는 꼭 필요한 순간에만 마지못해 무대 중앙에 나왔다. 만신들이 제금을 치고 좁쌀을 뿌려대며 그를 위해 두 번의 축귀의례逐鬼儀禮를 행했다. 친척 여성들과 이웃 여성들이 그를 위해서 신령과 조상들에게 빌었으며, 신령과 조상들은 몸이 나아질 것이라고 낙관적인 말을 해주었다. 전씨 할아버지를 치료하는 의례 과정의 마지막으로서, 만신들은 전씨 할아버지의 몸을 떠나지 않고 있는 질병의 잔재를 흰 닭에게 전이하고, 그 닭을 던진 후 마치 사람의 시체를 묻는 것처럼 파묻게 하였다.

그러나 한 가지 놀라운 점은 전씨 할아버지를 위해 거행된 행사에서 전씨 할아버지가 최소한만 참여하고 있다는 것이다. 그 굿은 여성들의 잔치였다. 전씨네 할머니가 굿을 처음부터 준비하고 신령 및 조상과의 농담을 주도했다. 신령들 또한 며느리에게 많은 것을 요구했는데, 아들의 가정 역시 그 굿을 통해 복과 운을 받을 것이기 때문이다. 더욱 놀라운 점은 부계제patrilineal와 부거제patrilocal에 근거한 한국의 마을에서, 이미 출가한 전씨네 딸이 친정 집안의 신령과 연결되어 있다는 점이다. 그녀는 대신할머니가 올라 무감을 추었는데, 전씨 집안의 대신할머니가 그녀의 남편 가정에도 영향력을 행사했던 것이다. 그녀와 마찬가지로 전씨네 할머니도 전씨 집안으로 시집올 때 친정집 대신할머니의 영향력을 함께 가져왔다.[7]

전씨 집안 사람이 아닌 여성들도 굿을 보러 왔다. 전씨네 할머니의 여동생, 즉 신나게 춤을 추던 이모는 열성적인 참여자이자 씀씀이가 후한 재정적 기부자였다. 전씨 할아버지의 여동생, 즉 이미 출가한 또 한 명의 전씨 집안 여성 역시 무감을 서고 공수를 받았다. 이 모든 여성들은 종종 바쁘게

---

[7] 이것이 절대적 혈연관계가 아님을 유념할 필요가 있다. 아들과 딸은 전씨네 할머니의 친자식이 아니다.

왔다 갔다 하면서도 자신들이 바친 만큼의 재수를 신령들에게 받았다.

굿의 혜택은 이웃과 친구들에게도 미친다. 이들은 모두 공수를 받고 복술을 받을 때나 대신할머니가 주는 사탕을 받을 때에도 조금씩 돈을 썼으며, 무감을 서고 굿의 유쾌한 열기를 맛보았다. 이 여성들은 결코 소극적인 구경꾼이 아니었으며, 오히려 모두 애정을 가지고 하나의 코러스를 이루었다. 이들은 신령들이 성가실 정도로 조르기도 하고, 진행되던 굿 드라마의 비평자 역할을 하기도 했다. 또한 슬픈 분위기에서도 자신들을 울지 않게 할 만한 재미난 것들을 찾아냈다. 이 여성들은 일상에서 그러하듯이 신랄한 말투와 유머 그리고 눈물로써 신령과 조상들을 대했다.

한국의 여성의례에 대한 연구는
한국 지식인들이 토속문화에 대해
오랫동안 가져온 불편함과
유교 이념상 여성의 가치를 폄하해 온 점 때문에
제대로 이뤄지지 못했다.
엘리트라면 여성의례를 무시해야 한다는 생각은
한국인이 겪은 복잡한 종교적 경험의 결과이다.
그러나 여성들의 활동이 한국인의 의례 생활에서
필수적인 요소로 남아 있다는 사실 역시
그러한 종교적 경험의 결과이다.
그렇다면 우리는 이러한 사고방식에 내재한
사회적·역사적 토대를 살펴볼 필요가 있으며,
그리고 그 사고방식이 현대 학문에서는
어떻게 드러나는지를 검토할 필요가 있다.

유교적 가장과 활기 넘치는 여성

제2장

> 한국의 민담에는 다음과 같은 상황이 빈번히 등장한다.
> 병을 앓고 있는 한 선비가 자신의 병은 신과는 아무 상관 없다고 하지만,
> 의견이 다른 부인이 남편 모르게 무당이나 판수를 불러들여
> 병을 일으킨 귀신을 쫓아낸다.
> ─헐버트Homer B. Hulbert, 『대한제국 멸망사The Passing of Korea』 중에서

동아시아의 철학자들과 현대의 일부 인류학자들은 빛이 어둠과의 대조를 통해서(음/양, 여성/남성) 규정된다고 말한다. 여성들의 생각, 행동, 경험은 남성들이 규정해 놓은 사회 질서를 가능하게 한다. 여성의 시각으로 보면 중국의 가족이나 파푸아 뉴기니 하겐 산Mount Hagen의 돼지교환 혹은 아마손 사냥꾼의 허풍 등은 상이한 관점을 보여 준다(Murphy and Murphy 1974; Strathern 1972; M. Wolf 1972). 한국인의 우주관에 따르면 남성과 여성 그리고 그 밖의 많은 것들이 상보적 대립관계complementary opposition로 규정된다.[1] 하지만 여성 및 여성이 모시는 신령들은 남성 중심으로 정의된 한국

---

1 한국 사회를 연구하는 사람들은 거의 예외 없이 이분법에 집착하고 있는 것 같다. 많은 한국 학자들이─반드시 프랑스 구조주의 추종자들은 아니지만─모순적 주제와 상보적 해결책이라 부르는 다양한 문제들을 제기해 왔다. 예를 들어 마을 생활에 대한 브랜트(Brandt, 1970), 마을 종교에 대한 딕스(Dix, 1980), 정치 문화에 대한 가와시마(Kawashima, 1980), 상호작용

의 가족에 대해 다시 생각하게 한다. 이 장의 나머지 부분에서 나는 여성의 례의 관점에서 한국 사회를 다시 고찰해 보고자 한다.

전씨 가족의 굿에서 여러 종류의 신복神服을 입은 신령들이 나타난 곳은 여성의 세계이다. 여성 만신들이 신령을 청하여 신의 말을 전하고, 만신이 아닌 일반 여성들은 신령에게 소원을 빌고 흥정을 하거나 때로는 언쟁을 벌이기도 한다. 가정신령들household gods이 잠잠해지면[가정신령을 대접하는 굿거리가 끝나면—옮긴이], 일반 여성들은 만신의 옷을 입고 자신들의 몸주신에 실려 춤을 추면서 가벼운 희열 상태에 들어간다. 한국 여성들의 신들림에 대한 열광은 다른 수많은 민족지의 사례들과 부합하는데, I. M. 루이스는 이것을 "신령의 성적 편향성sexual bias of the spirits"이라고 부른다(Lewis 1966, 309). 1907년 보고라스의 기록에 따르면, 대부분의 척치 족Chuckchee 샤먼들은 여성이지만 척치 족 사람들은 여성이 남성보다 트랜스에 쉽게 빠진다고 믿기 때문에 남성 샤먼들이 더 많은 특권을 누린다고 한다(Bogoras 1907, 414). 이보다 50년이 지나 지구 반대편에서 행해진 트리니다드 샹고Shango 의례에 대한 기록에서 미셸과 미셸 역시 신이 들린 신자들의 75퍼센트가 여성이라고 밝혔다(Mischel and Mischel 1958, 251). 케냐의 와타이타 족Wataita의 신 사카saka(Harris 1957), 에티오피아의 신 자르zar(Messing 1958), 서아프리카 하우사 족Hausa의 신 보리bori(Onwuenjeongwu 1969)는 모두 여성에게만 내린다. 일본의 샤먼과 아프리카의 랑고 족Lango 점술사도 모두 여성이며, 나트nat 신을 모시는 버마의 영매도 대부분 예외 없이 여성이다(Fairchild 1962; Curley 1973; Spiro 1967).

의 스타일에 대한 맥브라이언(McBrian, 1977), 시조에 대한 매캔(McCann, 1983)의 연구를 보라.

인류학자들은 여성이 초자연적인 것에 이끌리는 현상의 원천으로서 이른바 여성의 히스테리 성향이나 '음陰-암흑'의 성질이 가지는 신비로운 힘, 그 외의 주술-과학적 설명을 배제하는 대신에 사회적 관계들에 주목한다. 루이스는 신들림에 대한 수많은 민족지들을 종합적으로 연구하여, 여러 신들림 사례들이 마법 송사witchcraft accusations[2]와 마찬가지로 특정한 사회적 틀 안에서 기능하고 있다고 주장한다(Lewis 1969, 27-28). 그는 여성 샤먼과 신들림 컬트possession cult〔신들림 의례에 기반을 둔 소규모 종교 공동체―옮긴이〕의 신도들이 남성의 옷을 입고 역할전도role reversals를 극화劇化하는 상황에 대해 "모방이야말로 가장 솔직한 형태의 아첨이 아닌가."라고 하면서, 남성의 지위와 권력, 그리고 그에 따른 여성의 상대적 박탈이 암묵적으로 승인되고 있음을 발견했다(앞의 책, 109). 루이스는 이것을 주기적으로 이루어지는 의례적 반란 이상의 것으로 해석한다(Gluckman 1954를 참고하라). 여성은 신들림을 일종의 전략으로 활용하는데, 평소에 말할 수 없었던 것들을 트랜스 상태에서 말하는 것이다. 치료 의례에서 제도화된 신들림은 "여성이―가끔은 여성 이외의 다른 주체가 될 수도 있다.― 고통을 통해서 …… 스스로의 이익을 보호하고 자신들의 주장과 포부를 드러낼 수 있는 수단"이 된다(Lewis 1966, 322). 신들림에 관한 많은 민족지들의 밑바탕에 이러한 가정들이 깔려 있지만, 그중에서도 루이스가 가장 대담한 주장을 펼치고 있다. 그에 따르면 신들림 컬트는 "페미니스트 하위문화"의 전위 조직으로

---

2 에번스프리처드Edward Evan Evans-Pritchard의 전통을 따라 마법witchcraft이라는 주제를 연구한 인류학자들은 경험에 기초한 법칙들을 발전시켰는데, 그 법칙에 따르면 초자연과 관련된 불안의 속성들은 사회적 긴장 관계에서 발생한다. 이와 관련해서는 단일 주거지에 함께 거주하는 부인들(LeVine 1962), 전 임차인과 전 임대인(Yoshida 1967), 늙은 어머니의 남자 형제들과 그들의 조카 상속인들(Nadel 1952), 급증하는 종족집단 내의 경쟁적 지파들(Marwick 1967)의 사례들을 참고하라.

서, 그 안에서 여성은 남성 세계에 완곡한 형태로 저항한다는 것이다(Lewis 1969, 89).

하위문화로서의 신들림 컬트라는 루이스의 정의는 "지배적 도덕성의 종교"와 "주변적 컬트"라는 이원론적 구분에 근거한다. 전자는 정치적 권위가 확연하게 구분되지 않는, 단순하고 동질적인 사회에서 나타난다. 여기서 샤먼은 지대한 영향력을 지니며 샤먼의 신령들은 도덕적 질서를 뒷받침한다. 반면 "주변적 컬트"는 복합 사회의 지배적인 도덕 종교 외부에 존재한다. 이 컬트의 신령들은 공식적으로는 폐기된 고대 신앙의 잔존물이며, 이제는 여성의 "주변적인" 사회적 위치에 대한 보상으로서 여성의 세계에 남아 있다(앞의 책, 34, 148). 이러한 이분법적 시각은 뒤르켐의 연구에서 비롯되는데, 뒤르켐은 공동체가 가진 열망이 가장 잘 표현된 것으로서의 "교회church"와 개인적 상황과 필요에 따른 주술의 구체적 적용들로서의 "컬트cult"를 구분한다(Durkheim (1915)1966, 59-62). 남성이 "중심 권력의 위치를 안정적으로 독점하고 여성의 법률적 권리를 인정하지 않는" 상황에서 여성은 "주변적"일 수밖에 없다(Lewis 1966, 321). 주변적 여성들은 주변적 신령들에게 고통받는데, 그 신령들은 "사회에서 주목받는다 하더라도 사회의 도덕적 규칙을 유지하는 데 아무런 역할을 하지 못한다. 신령들은 앙심과 적의로 가득 차 있지만, 희생자들의 도덕적 특성이나 행위와는 상관없이 단지 변덕이 심해 희생자들을 공격한다고 믿어진다"(Lewis 1969, 30-31).

이 책에 소개된 몇 가지 사례를 보면 한국에서 의례와 신들림trance은 한 맺힌 사람들이 분노를 표출하여 치료받을 수 있는 호의적인 분위기를 제공한다. 이러한 의례와 이 의례를 주관하는 여성들 역시 한국 사회에서 주변적이라 할 수 있을까? 나는 그와는 상반된 주장, 즉 전씨 가족의 굿에 등장한 신령과 혼령들이 한국의 가족과 마을 종교에 필수적인 요소임을 밝히고자 한다. 이 종교 체계에서 여성과 샤먼은 남성이 주도하는 의례들을 보완하는 대단히 중요한 의례들을 수행한다는 것이다.

한국의 여성의례에 대한 연구는 한국 지식인들이 토속문화를 오랫동안 불편해하고 유교 이념상 여성의 가치를 절하해 왔기 때문에 제대로 이루어지지 못했다. 엘리트라면 여성의례를 무시해야 한다는 생각은 한국인이 겪은 복잡한 종교적 경험의 결과이다. 그러나 여성들의 활동이 한국인의 의례생활에서 필수적인 요소로 남아 있다는 사실 역시 그러한 종교적 경험의 결과이다. 그렇다면 우리는 이러한 사고방식에 내재한 사회적·역사적 토대를 살펴볼 필요가 있으며, 그리고 그 사고방식이 현대 학문에서 어떻게 드러나는지를 검토할 필요가 있다.

한 지붕 아래
두 개의 전통

중국 문화에 익숙한 사람들은 누구나 한국에 관한 민족지를 읽을 때 풍부한 기시감^{déjà vu}을 느끼게 된다. 가족은 부계제, 결혼은 부거제에 기반한다. 조상숭배는 남아 출산을 도덕적 의무로 지우는데, 남자아이는 문중의 토지를 경작하고 결국에는 그 토지를 상속받게 되어 조상들을 모시게 된다. 부계친족 집단은 불천위^{不遷位}[예전에 큰 공훈을 세워 영원히 사당에 모시기를 나라에서 허락한 신위^{神位}―옮긴이] 남계친 조상에게 제사를 지낸다. 종족 조직에서는 장자^{長子} 우선을 존중하는데, 이것은 사실 오래된 중국 전통에 따른 것이다(Janelli & Janelli 1978). 한국과 중국의 사회조직에서 드러나는 명백한 차이점은 상속과 계승이 조직화되는 방식에 있다. 중국의 가정에서는 재산이 형제들 간에 동일하게 분배되는 반면, 한국인들은 장자우선권을 인정하기 때문에 장자가 집을 비롯해서 가족 재산의 가장 많은 부분을 상속한다. 장자 이외의 아들 부부들은 독립된 가정을 이룰 준비를 마치면 가족을 떠난다. 중국과 한국에서 드러나는 가정의 순환 원리domestic cycles상의 차이에 따라, 두 지역의 여성들이 각기 다른 것을 기대하며 가정 내 정치domestic politics에 들어가게 될 것이라는 점을 예상할 수 있다. 이러한 차이는 중국과 한국 여성의 행위 방식, 적응 전략, 그리고 남성이 여성을 대하는 방식에 영향을 끼치게 된다. 이 모든 것은 유교의 영향이 뚜렷한 두 사회, 즉 중국과 한국에서 여성에게 다르게 부과되는 상징적 제약과 의례적 임무를 통해 드러난다.

사회사학자들은 한국에서 '유교화'는 최근에 일어났으며 인위적 과정을 거쳤다고 주장한다. 15세기 초 건국된 조선왕조의 신유학 개혁가들은 한국 사회의 철저한 변화를 추구했는데, 이것은 매우 상이한 사회 질서를 위에서 아래로 강요하는 것이었다(Deuchler 1977, 1980). 현재 우리가 '전통적인 한국'이라고 연상하는 사회 패턴은 불과 16세기 혹은 17세기까지도 확고하게 뿌리내리지 못했다. 상당히 최근까지도 한국의 친족은 부계에 제한된다기보다는 방계를 포함했을 가능성이 높다. 양반 계층의 딸들은 땅과 노비를 상속받았고, 가끔은 부친 조상의 신위神位에 제사할 수 있는 권리까지도 상속받았다. 조상숭배는 아직까지 엄격하게 유교적인 의례가 아니었다. 딸의 자식들은 출가한 집안의 족보뿐 아니라 친정의 족보에도 기록되었다. 남편은 부인의 친정에 오랫동안 머물렀다. 여성은 남편의 친족에 어머니와 부인으로서 합류하여 시어머니의 자리를 계승하거나 혹은 여성 자신의 가정을 형성했다(박병호 1974, 323-354; Deuchler 1977; K. K. Lee 1977, 289-292; Peterson 1983; Wagner 1983). 최근에 한국학자들은 유교화의 범위와 정도에 대해 질문하기 시작했다. 한국 여성이 실천한 비유교적 의례들은, 비록 지금까지는 주목받지 못했지만 유교와 한국인 사이에 이루어진 타협을 이해하는 데 유리한 점들을 제공한다.

초기 민족지학자들은 한국의 가정 종교household religion가 가진 "이중 구조"에 대해 기술했다. 남성은 경건함 속에서 조상을 모시는데, 이것은 매우 엄숙한 의례다. 여성은 가정의 신령들을 모시며 잡귀들을 몰아낸다. 어떤 여성의례에서는 무당과 둥둥거리는 장구소리, 시끌벅적하고 화려한 분위기의 굿이 요구되기도 한다(Akamatsu and Akiba 1938, 1:192-194; Akiba 1957; T. H. Kim (1948)1969, 409). 남성의례는 보통 유교적이라고 서술된다. 여성의례는 영혼숭배, 샤머니즘, 민속신앙, 미신이라고 불리었다. 남성과 여성의 종교적 활동의 형식과 내용에 흐르는 분위기에서 둘의 차이점들이 드러나지만 이 차이점들은 유동적이며 결코 절대적이지 않다. 남성들은 가끔 공동체 차원의 의례를 수행하면서 진지한 요소들과 더불어 떠들썩하고 화려하며 무속적인 난장의 모습을 보이고(Dix n.d.), 여성들의 의례 역시 때때로 고요하고 경건한 행위와 어느 정도 금욕적인 요소를 가지고 있다. 미묘한 차이는 있지만, 남성들에게 적합한 의례와 여성들에게 적합한 의례는 여전히 남아 있다.

한국학자들은 여성을 억압하는 이데올로기와 사회적 관례가 뚜렷한 사회에서 어떻게 사제 역할을 하는 여성 무당이 두드러지는지에 대해 의문을 가질 수밖에 없다. 대부분의 만신은 여성이며, 모든 만신은 여성들에게 직접적인 도움을 준다. 한국에서 흔하지 않은 남성 샤먼(박수무당)은 굿을할 때 여성의 옷을 입으며, 속바지는 하늘거리는 치마와 속치마 속에 감춰져 있다. 여성(혹은 남성)은 정신적 외상에 버금가는traumatic 신병神病, 입무의례(내림굿—옮긴이), 그리고 도제식 학습을 통해서 좀 더 숙련된 샤먼이 되어 간다. 이후 그녀는 사람들 앞에서 노래하고 춤추며 자신에게 내린 신령들의 희극적이고 익살스러운 모습을 공연한다. 만신은 굿을 하는 것 외에도 손님들의 점을 봐주거나 수많은 소규모 의례들을 자신의 신당에서 혹은 손님의 집에서 행한다. 때때로 명산에 가서 하는 산치성에 손님을 데려가기도 한다.

한국의 여성의례 연구는 반드시 무당을 언급하는데,[3] 무속의례를 이해하려면 무당의 서비스를 필요로 하는 일반 여성들을 빼놓을 수 없다. 가정 신령 및 조상들과 여성의 관계는 대부분의 무속의례의 토대가 되는데, 이 것은 덕이 높은 조상의 제사를 지내는 효자가 남성의례의 기본적 토대를 제공하는 것과 마찬가지다. 이 책에 등장하는 무당들은 일종의 전문가로서, 여성들이 초자연적 존재들을 다루는 데 있어서 여러 가지 점들을 충고하고 의례적 지식을 상담해 주는 전문가이다. 무당은 신령과 귀신에 대한 지식을 명료하게 표현하고, [의례적] 절차를 참을성 있게 설명하며, 교훈적인 이야기들을 말하는 데 익숙한 사람으로서, 이 연구에 담긴 많은 정보들을 제공했다.

'무속(샤머니즘)'이라는 용어와 '무속적(샤머니즘적)인'이라는 형용사는 광범위한 스펙트럼을 지닌 한국인의 종교 활동에 폭넓게, 사실은 엉성하게 적용되어 왔다. 두 용어는 무당이 행하는 의례, 주부가 행하는 의례, 무당과 일반 여성들이 함께 거행하는 공동체 의례, 그리고 남성이 거행하는 공

---

3 서울시청의 보고에 따르면 1975년 수도에서 290명의 무당이 활동하고 있었다. 이는 도시 근린에 사무실을 갖추고 등록한 무당만 집계한 숫자이기 때문에 실제로는 훨씬 더 많을 것으로 생각된다. 경제기획원에 따르면 1963년 현재 전국에 6,040명의 무당이 있으며, 어림잡아 750가구당 한 명의 무당이 있는 것으로 보고되었다. 그러나 이 숫자 역시 실제 무당의 숫자보다 훨씬 밑도는 수치로 보인다. 1964년 한국통계연감과 1976년 서울통계연감은 바버라 영 Barbara Young의 호의로 볼 수 있었다. 무당이 얼마나 널리 퍼져 있는지에 대해 더 알아보려면 하비(Harvey 1972, 12)를 보라.

동체 의례 모두를 규정하는 데 사용되어 왔다. 사실상 불교적이라고 정확하게 명시하지 않거나, 혹은 유교 경전에 직접 기인하지 않은 모든 의례들이 무속적이라고 규정되는 경향이 있다. 학자가 아닌 일반 한국인들은 이러한 활동들을 미신이라고 부르는데, 이 용어는 문자 그대로 보면 '잘못된 신앙'이라는 뜻이다. 미신이라는 용어는 학자들에 의해 편견이 덜 가미된 채 사용되는 '무속적'이라는 용어와 마찬가지로 비교적 최근에 만들어진 신조어로서, 대략 19세기 말 동아시아에 기독교와 근대사상이 유입되던 때에 출현하였다. 원래 미신은 무속의례뿐만 아니라 조상숭배까지 포함해 모든 전통적 관습을 조롱하기 위한 용어였다. 오늘날의 중국이나 북한에서는 여전히 그러한 쓰임새가 남아 있는 것으로 생각된다. 하지만 남한에서는 정통 기독교에 매우 열성적인 신자들만이 조상의례에 대해 이 용어를 사용한다. 여성의례에 대한 고유언어가 없기 때문에 만신들은 미신이라는 용어를 사용한다. 여러 명의 무당들과 손님들이 가끔 이렇게 묻곤 했다. "미국에도 이런 미신이 있냐?" 한 만신은 자신의 손님을 "미신을 잘 지키는 집"이라고 칭찬했다.

어떤 종교사학자들은 시베리아에서 확산된 단일한 고대 전통을 지칭하는 데 샤머니즘이라는 용어를 사용한다(Eliade 1964를 보라). 종교사학 전통 내의 학자들은 한국 무속이 별개의 종교이며 역사적 변화의 단층을 이루고 있음을 강조한다. 임석재와 그의 주장을 따르는 연구자 그룹에서는 이러한 접근의 한계를 지적해 왔다. 한국에서 무당이라는 용어는 세습무와 강신무 모두를 지칭한다. 일본 오키나와에서처럼 세습무와 강신무는 동일한 의례적 기능을 수행하는 경우가 많지만, 그들 사이의 차이점은 샤머니즘(무속)이라는 용어를 일률적으로 사용함으로써 무시된다. 샤머니즘(무속)이라는 용어가 고대 신앙을 지칭하게 되면서, 이 용어는 한국 종교 전통들의 역사적 전개과정과 현재적 복잡성을 이해하는 데 장애물이 되고 있다 (임석재 1970, 특히 215-217쪽을 보라; 최길성 1978, 12-13).

인류학 문헌들에서 샤머니즘은 한 지역과 역사에 국한된 종교를 지칭하기보다는 비교문화적인 종교 현상을 지칭한다. 윌리엄 리브라는 샤먼에 대한 유용한 작업 정의working definition를 제공했는데, 그에 따르면 샤먼은 사회적으로 승인된 목적을 위해 초자연적이라고 인정되는 능력을 사용하고, 사회적으로 용인된 트랜스 상태에 자신의 의지로 빠져들 수 있는 사람이다(William P. Lebra n.d., Harvey 1979, 4쪽에서 재인용). 이 같은 샤먼의 자격 기준에 의하면 전씨 가족의 굿을 했던 만신들은 이에 정확히 부합한다. 떠벌이만신, 용수 엄마, 그 밖의 여러 만신 동료들은 초자연적 존재들과 적극적으로 관계한다. 만신들은 신령과 조상들을 불러 자신의 몸에 받아들이고 초자연적 이야기들을 전한다. 또한 신령들을 좌정시키고 해로운 기운들을 몰아내며 다양한 신들과 흥정하고 그들을 달랜다. 비록 만신이 모시는 어떤 신령들이 불교의 만신전萬神殿에서 기원한다거나, 만신들이 행하는 의례에 집안 조상들에 대한 유교적 관심이 표현된다 하더라도, 비교적 관점에서 봤을 때는 이러한 활동들을 샤머니즘이라고 부를 수 있다. 한국의 주부들은 만신의 도움 없이 스스로 많은 일상적 의례들을 수행하고 있으므로, 샤머니즘이라는 용어가 낭만주의적 시각으로 만들어진 고대적인 것이라는 의미라면, 이들의 행동을 샤머니즘적이라고 부를 만한 이유가 없어진다.

유교적인 것으로 규정된 남성의례는 최소한 기록 문헌 및 정통적 의례 자료들에 기반을 두고 있다. 조선왕조 초기, 신유학에 기반을 둔 개혁가들은 엘리트 관료의 가정에서 이루어지는 조상숭배를 유교화하고자 하였다. 신유학자들에게 있어서 잘 정돈된 사당과 신중하게 봉행된 의례는 조화로운 사회에서 윤리적이고 모범적인 행동으로 이해되었던 예禮를 드러내고 지속시키는 것이었다. 여러 법령들을 통해서 조상 제사의 형식과 내용을 구체화하였으며, 가족의 조상들을 달래기 위해 실천된 다른 방식의 의례들은 비록 완전히 근절하지는 못했다 할지라도 규제되었다(Deuchler 1980; n.d.). 비록 유교화가 진행되기 훨씬 이전부터 조상이라는 존재가 한국 민간 종교의 일부였음에도 불구하고, 한국인들은 제사를 유교식 의례로 생각한다. 한국의 몇몇 마을에서 찾아볼 수 있는 곡물을 넣은 단지나 바구니 혹은 한지로 만든 둥지는 집안의 조상을 표상하는데, 이는 유교 이전의 전통을 보여 준다(Chang 1974, 164-165; Guillemoz 1983, 150-151; 문화공보부 문화재관리국 「경북」, 158). 영송리 주민들이나 대부분의 현대 한국인들에게 조상을 모신다는 것은 제사를 지낸다는 의미로서, 아들과 손자들이 일정한 형식에 따라 술과 음식을 대접하는 것을 의미한다. 제사 절차는 의례 지침서들에 기술되어 있으며, 학자들에 의해 상세히 설명되고, 의례를 집전하는 집안의 덕망 있는 남성 친척들에 의해 신중하게 검토된다.

조상숭배의 영향력과 윤리적 중요성 때문에 한국을 연구 대상으로 삼은 사회과학자들은 남성의례 영역의 형태와 그 사회적 의의를 탐구해 왔다.[4] 그들은 여성의례에는 그다지 큰 관심을 기울이지 않았다. 조상숭배에는 충분히 관심을 가질 만하다. 조상숭배 의례들은 한국인들 스스로가 규정하는 한국 사회를 보여 주면서 사회구조의 골격을 드러낸다. 아들은 돌아가신 부모와 조부모께 술과 밥 그리고 진수성찬을 대접함으로써 부계율을 극화하는데, 이 원리는 가족과 혈통의 근간 원리이며, 통치자와 신하 사이의 비유적 관계를 통해서 국가의 근간 원리로 확장된다. 조상숭배는 구조

---

4 이와 관련해 중요한 설명이 담긴 영어 연구서들은 다음과 같다. Brandt(1971, 115-121), Biernatzki(1967), Dix(1977, 1979), R. Janelli(1975a, 1975b), Janelli and Janelli(1982), and K. K. Lee(n.d.).

적 원리들을 드러낼 뿐만 아니라 적절한 인간관계가 지녀야 할 윤리적 내용의 본보기를 제시한다. 이 의례를 통해서 남성들은 도덕적인 아들과 충성스런 신하의 특징인 효도를 보여 준다. 그들의 행동은 철학서적, 가례家禮 지침서, 학교 교육, 정부의 선전물을 통해 찬미된다. 남성의례는 한국인의 종교적 경험 중에서 가장 명시적이고 체계적이며 인정받을 만한 측면들을 표상한다. 그래서 남성의례는 한국인의 종교적 경험 중 가장 접근하기 용이한 측면이다.

남성들이 인류학자와 어린이들에게 조상숭배를 설명하면서 가지는 자부심과는 대조적으로, 마을 여성들은 자신들의 의례에 대한 민족지학자〔저자―옮긴이〕의 관심에 솔직히 혼란스러워했다. 그들은 이렇게 묻곤 했다. "그게 왜 알고 싶은데?" "그런 건 알아서 무슨 소용이 있다고?" 비교 연구의 가치를 설명하려고 노력했지만 허사였다. 나는 미국 여자들이 한국 여자들의 생활에 관심을 갖고 있다고 말해 보기도 했다. 결국 이 여성들이 고개를 끄덕이고 내 연구를 이해하게 된 것은 내가 다음과 같이 말했을 때였다. "한국의 제사를 연구할 때에는 남학생들을 보내요. 제가 여자라서, 여러분이 무엇을 하는지 연구하기 위해서 저를 보낸 거예요." 이 여성들은 자신들의 생활에 내재된 사회적·의례적 노동분화를 당연하게 여겼기 때문에 내 연구 관심이 나의 성sex에 적합하다고 생각했던 것이다.

선비와 무당

빈센트 브랜트는 한국 사회의 모순적인 모티프들에 대한 논의에서 "위엄 있는 선비에게 모범이 되는 …… 고요한 평정 상태와 신들린 무당의 거칠고 격정적인 활동"을 병렬하고 있다. 그는 이러한 대립이 "한국의 역사, 민속, 문학에서 지속적으로 나타나는 주제"라고 주장한다(Brandt 1971, 28). 선비와 무당의 대립은 남성과 여성, 엘리트와 일반인, 한학자漢學者와 토착 관습의 담지자라는 세 가지 형태로 나타난다. 지난 500년 동안 한학漢學에 정통한 엘리트 남성으로서 "위엄 있는 선비"들은 자신들을 무당의 적으로 선언해 왔다. 그 시기 동안 위엄 있는 선비의 부인들은 무당을 계속해서 후원해 왔다.

여성들의 의례에 대한 사대부들의 의심은 이중적이었다. 여성은 아들과 아버지의 도덕 질서 외부에 있는 예측 불허의 존재였다. 여성이 가정의 신령들에게 행하는 의례와 여성 무당의 자극적인 의례는 경전에서 인정된 올바른 의례가 아니었다. 1487년 중국(명나라)을 방문한 최부崔溥 (1454~1504)는 다음과 같은 질문을 받았다. "당신네 나라에서는 신령에게 제사를 지냅니까?" 그는 당당한 표정으로 다음과 같이 대답했다. "우리나라 사람들은 모두 사당을 짓고 조상에게 제사를 지냅니다. 우리는 섬겨야 할 신령들을 섬기며 정통을 따르지 않는 제사는 지내지 않습니다"(Meskill 1965, 83). 이것은 최부의 입장에서 희망사항이었을 뿐이지만, 그의 진술은 15세기 한국의 한 관료가 적절하다고 생각한 관습이 무엇이었는지, 그리고 그가 보기에 중국인들은 무엇을 적절하다고 생각했는지를 드러낸다. 그를 맞이한 중국인 관료 역시 비슷한 위선에 빠져 있었다.

조선 시대 유교적 개혁가들은 강신무와 세습무 모두를 지칭하는 무당의 활동을 금지하려 하였다. 이 여성들이 재물을 탐하며 사람들을 속이고 음란하다는 이유에서였다. 무당은 궁궐 내 야망이 가득 찬 여인들과 공모하여 주술을 행한다는 혐의를 받기도 했다. 정부에서는 주기적으로 도성에서 무당을 축출하려 했지만 큰 성공을 거두지는 못했다. 분개한 관리들은 요무^{妖巫}와 음사^{淫祀}를 비난하는 상소를 올렸다(이능화 1976). 그러나 전통사회의 모든 계층의 여성들, 즉 궁궐 내의 여인들과 농촌 가정의 여성들 못지않게 왕비들도 무당을 불러들였다(앞의 책, 45-56; Allen 1896, 193; T. H. Kim (1948)1969, 409).

조화를 우선시하는 행정원리와 실질적으로 제한된 지방관의 권위 때문에, 중앙에서 파견된 지방관은 그 지역의 관습을 존중했다(Kawashma 1980; Palais 1975, 12-13). 무당을 사기꾼이라 폭로하며 활동을 금지하고, 사람들에게 개혁된 형태의 유교적 의례방식으로 그 지역 수호신을 섬기는 법을 가르쳤던 열성적인 개혁가들의 이야기가 전해진다(Gale (1913)1963, 125-129; Hulbert (1906)1970, 420-421; 이능화 1976, 223-224, 233, 242). 하지만 다른 많은 지역들에서는 지방관들이 무속의례를 묵인했을 뿐만 아니라 마을 수호신에게 바치는 제사를 주관하기도 했다. 나의 현지조사 지역이었던 명주읍^{明州邑}(가명)을 포함해 많은 읍 단위 마을에서는 마을의 수호신에게 매해 제물을 바치고 해로운 기운들을 몰아내고자, 그리고 가뭄에는 용왕신에게 기원하고자 무당들을 고용했다(이능화 1976, 2장을 보라; Akamatsu and Akiba 1938, 1:148; Akiba 1957, 2-9). 존스에 따르면 "모든 지방관들도 그 지역 신령들의 사당에서 행해지는 의례를 유지할 의무가 있었다. 그리고 …… 유교적 의례를 행하기 위해 거둔 세미^{稅米}를 무속 신령들을 위한 공식 의례에도 사용하였다"(Jones 1902, 39). 오늘날 몇몇 시골마을에서는 지역 수호신을 대접하기 위해 단골 무당을 고용한다. 내가 아는 바로는 강릉 단오제가 지역 정부를 끌어들인 유일한 축제로 남아 있다. 강릉 단오제에서는 무당들로 꽉 찬 천막을 중심으로 거대한 축제마당이 열리며, 지역 공무원들이 옛 지방관과 수행원 복장을 하고서 참여한다.

한국에 온 19세기 기독교 선교사들은 무당을 "천민 중에서도 최하층 천민"으로 보는 엘리트적 인식을 쉽게 받아들였다. 왜냐하면 "무당은 도덕성을 완전히 결여하고 있다는 점 이외에도 사악한 영혼들과 거래하는 사람으로 여겨졌기 때문이다"(Hulbert (1906)1970, 358). 이 초기 관찰자들은 제보자들이 보이는 변덕스러움에 당혹해 했다. 선교사 무스는 "이 민족의 종교적 감정은 매우 강렬하기 때문에, 최상 계층의 사람들이나 최고의 교육을 받은 사람들조차도 자신들이 어려움에 처할 때면 무당을 초청하는 데 거리낌이 없다. 이 나라의 여성들 중에서 무당만큼 돈을 많이 버는 여성은 아마 없을 것이다"(Moose 1911, 192)라고 썼다.

"대부분의 한국 양반들은 신령들이 인간의 운명을 좌우한다는 생각을 비웃을 것이다. 그러나 자신들의 부인이 저급한 의례에 집착하는 것에는 전혀 간섭하지 않는다."는 점을 헐버트는 인식하였다. 헐버트는 겉으로 표현된 양반들의 냉소조차도 절대적이지 않음을 지적한다. "다음과 같은 남성들도 많다. 일상생활에서는 잡신을 조롱하지만 막상 자기가 병상에 눕거나 누군가가 고통스런 상황에 놓이게 되면 이 잡신에게 많은 뇌물을 지불함으로써 이전에 가졌던 회의적인 태도와 타협할 준비가 충분히 되어 있다"(Hulbert (1906)1970, 406). 또 다른 문서에는 다음과 같이 기록되어 있다. "병에 걸린 남성이 만약 자신의 병이 신령에게서 비롯되었다고 믿을 만한 이유를 알게 되면, 자신의 부인을 무당에게 보내 증상을 알리고 어떤 신령이 불행을 일으켰는지 알아내려 할 것이다"("Korean Mudang and Pansu" 1903, 147).

나도 현지에서 비슷한 일화들을 들었다. 자신이 곧 죽을 것 같다고 생각한 어떤 남편이 예전에 무당을 배척하던 태도와는 모순되게 부인에게 무당을 찾아가 굿을 해달라고 부탁했다. 파산의 위기를 가까스로 모면한 어떤 남편은 부인이 가장 신뢰하는 만신에게 개인적으로 감사를 전했다. 어떤 여성들은 남편의 불평에 대응하기보다는 비밀리에 만신을 방문한다. 헐버트는 다음과 같이 언급했다. "많은 사람들이 무당의 서비스를 이용하면서도 그 사실이 알려지는 것을 여전히 부끄러워한다. 그래서 무당의 집에서 아무도 모르게 의례를 치르는데, 아마 환자 본인조차도 모를 것이다"(앞의 책, 204). 1977년 딸의 결혼식을 앞둔 밤, 내가 머물렀던 집의 주인 아주머니는 조상을 대접하는 여탐이라는 특별한 의례를 하기 위해 용수 엄마의 신당으로 갔다. 용수 엄마의 집이 골목 바로 아래쪽에 있었기 때문에 주인 아주머니는 남편에게 들키지 않으려고 애썼다. 남편은 며칠째 딸의 결혼 비용에 대해 불평하고 있었고, 주인 아주머니는 또다시 남편의 잔소리를 듣기가 두려웠다. "미국인 딸"(저자)을 포함한 그 가정의 모든 딸들이 아주머니의 비밀을 공유했으며, 아주머니의 남편에게는 어떻게 말해야 한다는 주의를 받았다.

때때로 남성들의 반대는 공식적인 입장에 불과하다. 청춘만신의 손님들 중에 경찰관을 남편으로 둔 여성이 있다. 그녀는 남편이 법적 문제들로 인해 파면당할 위기에 처하자 청춘만신을 찾아왔다. 청춘만신은 그 가정의 신령들을 위해 고사를 지내자고 제안했지만 남편인 경찰관이 반대했다. 하급 공무원으로서 그는 '미신'에 반대해야만 했다. 하지만 부인은 단호했다. 마침내 청춘만신은 제금을 치면서 고사를 지냈고, 그 소리는 경찰관의 온 집안에 울려 퍼졌다.

그해에 경찰관과 부인의 일이 잘 해결되었다. 10개월 후 부인은 "집안의 신령님들을 위해서 고사를 다시 드려야 한다."고 남편에게 말했다. 남편은 "내가 돌아오기 전에 빨리 하고 끝내시오."라고 부인에게 당부했다. 하지만 고사가 예상보다 늦어지는 바람에 경찰관이 집에 들어섰을 때에도 청춘만신은 여전히 시끄럽게 신령들을 청배하고 있었다. 고사를 도와주러

온 용수 엄마는 얼른 술을 따라 경찰관에게 공손히 건네주었다. 경찰관은 말했다. "지금까지 우리가 잘되게 해주셨지요. 그저 재수 있고 부자만 되게 해주세요." 바로 다음 날 용수 엄마는 이 이야기를 나에게 해주면서 신이 나서 키득거렸다.

이 하급 경찰관의 이야기는 19세기 지방관인 정헌시鄭憲時가 보인 선례의 후속편이다. 정헌시가 일상복 차림으로 약간의 현금만 챙겨 들고 유명한 무당을 보러 갔다. 신들린 상태의 무당이 그를 발견하고는 "관리가 격식을 차리지 않고 군웅신령님 앞에 나타나는 것은 매우 무례한 행동이라고 야단을 쳤다. 그 지방관은 놀라서 얼른 돌아가 관복을 갖춰 입고 부조금 60달러를 가지고 돌아왔다"(*The Independent* 7 June 1898).

점잔을 떠는 태도와 관련한 한국과 중국의 유사성 때문에, 중국 종교연구의 발전이 한국학 연구에 도움이 되기도 한다. 중국학 연구자들은 엘리트집단의 구성원들이 공적公的으로 표현하는 올바르고 정통적인 행동에 대한 집착과, 사적私的으로 용인하는 다양한 믿음과 행동을 구분해야 한다고 주장한다(Welch 1970; Yang 1961, 275-277; Freedman 1974, 38). 한국의 경우 비유교적 의례들이 여성의례라는 사실 때문에 적절한 종교적 행위와 적절하지 못한 종교적 행위에 대한 엘리트의 차별이 강화된다.

학자와 무당, 20세기

한국의 모습을 희미하게나마 서양에 제일 먼저 소개한 선교사들은 유교 도학자道學者들을 혼란에 빠뜨렸다. 미신적 행동은 여성이 유교적 가부장제의 폭압 아래에서 억압받고 비참한 상태에 놓여 있음을 보여 주는 또 하나의 징후였다. 여성이 모시는 신령조차도 억압의 딱한 산물이었으며, 여성을 더욱더 억압하는 수단이었다. 기퍼드는 다음과 같이 탄식했다. "이들은 얼마나 좁은 세계에서 살고 있는가! 이 여성들은 대부분 신령 숭배자이고, 끊임없이 악령들의 공포 속에서 살고 있다. 이러한 사실들로 볼 때, 한국 여성의 습관적인 사고방식이 편협하다거나, 혹은 미신적이라거나, 아니면 천박하다고 생각할 수 있을까? 가엾구나!"(Gifford 1898).

현대의 사상가들은 한국의 주부 및 어머니들의 퇴행적 시각에 대한 좌절감을 표현하면서 이러한 정서를 되풀이한다. 한국행동과학연구소에서 후원한 연구에 따르면, "근대화의 영향을 고려할 때 대부분의 여성들에게 퇴행 과정은 결혼과 함께 시작한다." 그래서 여성은 "미신 신앙에 쉽게 빠진다"(Chung, Cha, and Lee 1974, 270, 184). 또 다른 학자는 무지한 시골 여성들이 수세기에 걸친 자랑스러운 종교적 유산인 샤머니즘을 오직 행운과 불운에만 관심을 두는 사소한 것으로 변질시켰다고 주장한다(장주근 1974, 137-138). 반면에 신학자들은 한국 기독교의 "샤머니즘화 현상"을 여성의 탓으로 돌린다(이효재 1977; EWUWSP 1977, 208).

어떤 학자들은 가정의 신령들에 대한 한국 주부들의 지속적인 열의와 무당에 대한 후원이 가족 내에서 계속된 여성의 취약성에 기인한다고 지적한다. 여성은 자신의 친족과 마을을 떠나 낯선 외부인으로서 남편의 가족에 들어간다. 여성들은 시집가서 아이를 못 낳으면 수치심을 안고 친정으로 되돌아갈 수 있다는 이야기를 들어 왔다. 아들 출산은 여성의 첫 번째 성공이며 자신이 쫓겨나지 않을 것임을 보장한다. 그러나 여성은 안정적인 노후와 조상 대접을 보장받기 위해서 자식들을 건강하게 양육해야 한다. 따라서 이런 압력에 시달리는 여성들은 신비한 수단을 통해서라도 아들 임신과 순산, 그리고 아들의 장수를 위해서 기이한 관습에 의존한다 (Akamatsu and Akiba 1938, 2:193; T. H. Kim (1948)1969, 145-146; Chung, Cha, and Lee 1977).

고상한 보수주의자들과 성급한 진보주의자들 양측 모두에게서 비롯된 경멸에도 불구하고 한국과 일본의 민속학자들은 여성과 무속의례에 대해 풍부하게 기술한 자료를 만들어 왔다. 현대 한국 민속학자들이 받아들인 시대정신은 유럽의 민속학 선구자들이 가졌던 시대정신을 떠올리게 한다. 전후戰後 한국이 급속하게 발전한 결과, 이제는 노스탤지어의 과잉이 발견된다. 민족 정체성과 한국 문화유산의 보존이라는 관념적 이슈가 지적 담론에 영향을 미치고 있다. 한때는 당연한 것으로 받아들여졌던 관습들이 민속이 된다. 민속학자들은 그다지 멀지 않은 과거가 사라져 버리기 전에 기록을 한다. 이 목적을 위해서 연구자들은 아주 멀리 떨어진 마을과 나이 많은 제보자들을 찾아 나서는데, 이런 맥락에서 그 제보자들은 가장 순수하고 진실한 관습의 담지자가 된다. 역설적이게도 무속의례는 유교화되지 않았다는 바로 그 이유 때문에 현재 가장 활발하게 기록되고 있다. 많은 지식인들이 샤머니즘을 일컬어 한국인의 독특한 종교적 경험의 자취라고 말한다. 극단적인 민족주의적 입장의 한 학자는 샤머니즘이 한국 사람들의 정신 에너지의 근원이라고 주장한다(Kim, T'ae-gon 1972a, 76).

민속학자들이 여성의례의 영역으로 들어갈 때에는 문화적 보존이 최우선이다. 의례 현장은 활기에 넘치고 의례 실천자들은 헌신적이다. 한국 민속학자들은 방대한 양의 자료들을 기록해 왔으며, 시골 지역에서 현지조사를 하려는 사람들은 이 자료들에서 도움을 얻을 것이다.[5] 더욱이 몇몇

---

5 한국인과 일본인 민족지학자들이 작성한 수많은 업적들의 목록을 정리하는 것은 불가능하

민속학자들은 개혁의 열망에 사로잡힌 지역 관료들에 의해 소멸될지도 모르는 민속 예술을 공식적으로 인정받고 정부의 지원을 얻어 내기 위해 적극적으로 활동해 왔다.

민속학자들이 수집한 자료들이 사회인류학자의 필요에 항상 부합하지는 않는다. 기록된 관습은 유형론적인 제목들, 예컨대 "무속의례", "불교의례", "가정신령" 등의 제목으로 범주화된다. 조직화된 유형론으로는 지역적 비교가 용이하지만, 한 마을 내의 종교적 삶 속에 복잡하게 통합된 신앙과 실천을 이해할 수는 없다. 마을 사람들은 구분된 범주category를 넘나든다. 동일한 제보자가 절에 가서 예불을 드리고, 무당의 신당을 방문하며, 가정의 신령들에게 떡을 대접한다. 민속학자들은 무당, 특히 나이든 무당을 고유신앙 및 전통문학의 살아 있는 보고寶庫로 간주한다. 과거의 관습들은 바로 그 제보자들을 통해서, 때때로 그들의 기억을 통해서 복원된다. 민속학자들은 의례 메커니즘을 세세하고 정확하게 묘사하지만, 오늘날 그 의례를 실천하는 여성들이나 의례를 실천하는 이유에 대해서는 그다지 설명하지 않는다.

한국의 과거 역시 종교사학자들에게 영감을 불어넣고 있다. 삼국시대 초기의 역사서들에는 국가에서 아낌없이 후원했던 무속의례와 '무속적인' 무사武士의례에 대한 기록이 있다. 여러 가지 고고학적 증거들은 고대의 왕―또는 고대의 여왕[6]―이 샤먼의 능력을 발휘했음을 암시한다. 많은 한국

며 적절하지도 않다. 나는 이러한 학문적 문헌들을 이 책 전체에 걸쳐 참고문헌으로 언급할 것이다. 한국과 일본에서 이루어진 중요한 연구들에 대해서는 최길성의 역사적 개괄을 보라 (최길성 1981, 22-48).

6 매큔Evelyn McCune이 30년 전에 미출간한 논문에서 이 가능성을 제시했다. 연이은 고고학적 발굴자료를 보건대, 진지하게 고려할 만한 주장이다.

학자들은 오늘날의 무당이 이 시대의 계승자이지만 6, 7세기 불교 유입에 의해, 그리고 가장 뚜렷하게는 15세기 성리학의 유입에 의해 영향력이 약화되었다고 본다(김득황 1963, 15-104; 장주근 1974, 134-139 등). 이와 관련하여 어떤 학자들은 엘리아데를 인용하면서, '진정한' 샤먼이 두 세계를 넘나들고 한국의 무당이 남성이었던 고대의 시간으로 비약한다. 어떤 종교사학자들은 박수무당이 고쟁이를 입는다는 사실과 자유로운 신화 해석을 바탕으로, 여성이 무당이 된 것은 외래 종교를 선호한 남성들이 고대 종교를 버린 후에 일어난 일일 뿐이라고 주장한다. 그리하여 여성이 고대 종교를 지금까지 이어진 하찮은 미신으로 변모시켰다는 것이다(J. Lee 1981, 1-21; Yu 1975, 164-169). 이러한 이론들은 여성에 대한 비관적 견해를 보여 준다.

한국의 정신의학자들은 무당과 그 단골들을 치료 중에 접하게 된다. 정신의학자들은 무당과 직접 연관된다는 점에서 민속학자나 종교사학자들과는 구별된다. 두 명의 정신분석학자가 직업적 겸손함 이상의 태도로 무당의 기술이 가지는 치료효과와 자신들의 치료 관념을 비교 평가한 바 있다. 이부영(Rhi 1970)은 굿에서 조상의 등장을 효과적인 사이코드라마로 설명한다. 김광일(K. I. Kim 1972b)은 카타르시스, 해제반응, 암시, 최면술, 전이 등과 같은 다양한 심리치료적 요소들이 굿에서 작용하고 있음을 인정한다. 굿은 "상호 협력과 상호의존성이 강조된 한국인의 기본 성향"에 잘 부합하는 훌륭한 "집단 치료"이다(K. I. Kim 1973, 45). 이부영과 김광일 모두는 무당이 가능한 해결책을 제시하지 못하면서 "투사의 악순환"을 조장한다는 결점을 지적한다. 그러나 이들은 무당의 치료가 "전통적 성향을 가진" 환자들의 욕구와 이해를 다룬다는 데에는 동의한다(앞의 책 및 Rhi 1970, 1977). 또한 여성이 전통적 의례에 빠지는 이유는 여성 스스로가 더 전통 지향적이며, 혹은 좀 더 직설적으로 말해 퇴행적 성향을 지니기 때문이라고 주장한다. 이부영은 한 걸음 더 나아가 융의 이분법적 신비주의를 적용한다. 그는 한국 무속을 "사회의 남성적 의식이 지배적인 곳에서 억압되었던 비합리적이고 여성적인 것을 담아내는 그릇"이라고 특징짓는다.

다양한 개별 학문의 관점에서 이뤄진 한국 샤머니즘 연구에서는 무당의 치료 효과와 관련하여 무당의 내적 심리경험을 굉장히 강조해 왔다. 민속학자들은 제보자들이 간략하게 설명한 삶의 경험들을 신중하게 기록한다. 한국 무당의 입무^{入巫} 경험에는 일정한 패턴이 있는데, 한국의 학자들은 자신들의 학문적 시각을 통해서 일련의 증상들을 설명한다. 민속학자 김태곤은 무당의 운명을 타고난 사람들의 증상으로서 "이유 없이 지속되는 병, 식욕 상실, 고기나 생선에 대한 거부감, 차가운 물만 찾는 행동, 손과 발에 나타나는 무기력증이나 통증, 잦은 꿈, 환각이나 발작 등"을 나열한다. 그는 이러한 경험들은 범세계적으로 샤머니즘에서 전형적인 현상이며, 입무 시기의 질병은 심리적 이상이라기보다는 종교적 경험으로 해석되어야 한다고 주장한다(T. G. Kim 1970, 1972a, 1972b). 김광일은 정신의학적 어휘들을 사용하여 이런 현상을 분류한다. 그는 자신이 접한 입무시기의 질병 사례들을 "전구증상前驅症狀, prodromal 단계"와 "인격해리 단계depersonalization phase"로 구분할 수 있다고 주장한다. 소위 입무 후보자는 전구증상 단계에서 "식욕부진, 허약, 불면증, 소화불량, 또는 수족 기능 마비와 같은 히스테리성 혹은 심신장애성 증상"을 보인다. 인격해리 단계에서는 이러한 증상들이 더 악화되며, "환각 경험, 계시나 예언을 동반한 꿈, 정신운동성 흥분이 동반될 수도, 그렇지 않을 수도 있는 착란 증상이 일반적으로 추가되어 나타난다"(K. I. Kim 1972a, 233). 한국의 정신의학자들은 무당이 입무 단계에서 겪게 되는 질병을 '신병神病'이라고 부른다. 김광일에 따르면 신병은 주체가 유아기적 소망을 성취하려는 일종의 퇴행적 상태로서, "문화적으로 허용된 인격해리 증상"이라고 설명된다. 즉, 그는 무속이 내적 갈등을 견뎌내는 수단을 제공한다는 점을 인정한다(앞의 책).

하비(Harvey 1979, 1980)는 여섯 명의 한국 무당들이 살아온 삶의 역사를 매우 상세하고 성실하게 묘사한 바 있다. 그녀는 무당의 집에서 여러 단골 및 가족과 함께 수개월 동안 서서히 친밀감을 형성하면서 각각의 여성들을 인터뷰했으며, 이를 통해 그 여성들이 직접 자신의 삶에 대해 말할 수 있었다. 여섯 명의 무당들이 쉽게 일반화될 수는 없다. 그들은 출신 배경이 다양하며, 전통과 근대가 각자의 삶에 끼친 영향도 서로 다르다. 또한 수십 년의 연령 차이뿐 아니라 유년기, 결혼, 전쟁, 그리고 이주에 대한 경험도 다양하다. 하비는 그 여성들이 수준 높은 지적 능력과 화술, 통찰력 및 강력한 자의식을 가지고 있음을 발견한다. 그녀는 여성들의 신병 경험과 만신으로서의 삶의 이력을 "여성으로서 그들에게 부과된 사회적 기대와 개인적 목표 및 이익" 사이에 놓인 갈등을 극복하는 길이었다고 주장한다(Harvey 1979, 237). 하비의 연구는 사회구조적 설명 방식—신병은 여성의 사회적 박탈감을 보상하는 황홀경의 경험이다.— 그리고 전통적인 생애사 분석—독특한 성격적 특성으로 인해 일부 사회구성원은 성공적인 샤먼이 된다.—을 따르고 있다.

영어 문화권의 인류학자들이 한국 무속의례의 내용과 무속신앙의 기반, 그리고 그러한 의례를 둘러싼 환경에 대해 설명하고 분석하기 시작한 것은 비교적 최근의 일이다. 하비(1976)는 무당을 단골 여성에게 점을 쳐주고 조언을 하는 "가정 치료사"로 기술한다. 자넬리와 자넬리(Janelli & Janelli, 1979; 1982, 148-176)는 무속의례인 굿에서 이루어지는 정신의 고양soul-raising에 대해 서술했다. 딕스(Dix 1980)는 신령의 존재와 깊은 관계를 가지는 무속신앙과 학자의 역서易書에 나타나는 운명에 대한 우주론적 설명의 관계를 분석했다. 윤순영(S. Y. Yoon 1976), 김과 지크(Kim & Sich 1977), 지크(Sich 1978)는 단골이 건강을 회복하는 데 무당의 서비스를 어떻게 활용하는지를 논했다. 나는 치료의례, 무감, 수태의례, 축귀의례에 나타난 상징들과 사회적 의미를 고찰한 바 있다(Kendall 1977a, 1977b, 1977c, 1981). 한국어로 발표된 연구로서 최길성(1978)은 세습무당이라 할 수 있는 당골 집단의 사회적 구조를 기술했다. 일본어로 써진 연구로는 결혼을 통해 형성된 여성들 사이의 억압적 관계가 굿에 참여하는 여성들 사이에서 어떻게 나타나는지를 설명한 시게마쓰 마유미(重松真由美 1980)의 연구가 있다. 프랑스어로 발표한 저술을 통해 기유모즈(Guillemoz 1983)는 마을 민족지의 맥락에서 가정 신령에 대한 의례를 기술했다.

요컨대, 특정 의례를 분석하는 데 초점을 두거나 무당의 인성을 분석하는 연구들이 없지는 않지만 대부분의 연구들이 순수하게 기술[description]에 그치고 있다. 여성의례가 누구에 의해, 언제, 어디서, 왜 이루어지는가에 대한 체계적인 민족지적 접근은 부족한 실정이며, 이러한 공백은 한국인의 종교 생활에서 여성과 무당의 역할에 대한 일반화를 방해하고 있다.

영송리와 그 주변 지역들은 오래전부터 그리고 현재에도
무당과 무속의례가 활발한 것으로 유명하다.
한국과 일본의 민속학자들은 이곳에서
유익한 정보를 얻을 수 있었다.
마을 주민들의 열광적인 '미신 활동'은
새마을운동의 지도자들과 그 지역 교회 목사들에게는
끊임없는 불만거리이다.
이 책에서 서술된 의례와 신념의 복합체는
고립된 채 보존된 과거의 자취가 아니라
여전히 변화 중인 공동체의 삶을 이루는 한 부분이다.
이곳에서 텔레비전 세트는 나무동법을 옮겨 와서
축귀의례의 원인이 되기도 하지만,
한편 휴대용 녹음기는
무당이 긴 무가를 익히는 데
도움이 되기도 한다.

영송리

제3장

춘풍春風 도리화桃李花들아 고온 양즈 쟈랑 말고
장송녹죽長松綠竹을 세한歲寒에 보려므나
정정亭亭코 낙락落落한 절節을 고칠 줄이 이시랴
김유기金裕器(17세기 말)
〔『청구영언』에 실린 김유기의 시조 중 하나—옮긴이〕

    전씨 가족의 굿에 참여한 만신 용수 엄마의 고향을 따라가 보자. 시골 버스 차창 너머로 보이는 영송리(가명)는 서울 북부의 많은 교외지역들의 모습과 유사하다. 몇 년 전까지 보였던 초가지붕은 사라지고 함석지붕이나 슬레이트 지붕이 그 자리를 대신하고 있다. 지붕 꼭대기에는 텔레비전 안테나가 솟아 있다. 확성기 탑과 게시판을 갖추고 위세 등등하게 들어선 콘크리트 건물인 새마을운동 본부는 도로 위쪽 언덕에 위치한 작은 흰색 교회 옆에 서 있다. 포장도로 건너편에는 영송리가 정부 장려로 수출용 가죽을 생산하는 '토끼 사육 마을'임을 알리는 표지판이 세워져 있다.

    또한 오래된 향교의 붉은색 대문이 길에서 보이는데, 시골 유림儒林들이 그곳에 안치된 성인들께 해마다 두 번씩 제사를 올린다. 향교의 관리인 부부는 서울의 종묘에서 지급되는 보조금으로 그곳을 관리한다. 여름에는 여성들이 마당의 나무 그늘 아래 모여 바느질을 한다.

주도로에서 벗어나면 옛 한국의 흔적들이 보다 많이 발견된다. 마을 길 옆에 놓인 비석 조각들, 경사진 지붕의 무게를 감당하고 있는 토담으로 둘러싸인 구식 기와집, 그리고 들판을 볼 수 있는 언덕 위에 서 있는 무덤 옆의 망주석望柱石들.

마을 뒤편의 언덕으로 더 올라가면 마을의 수호신(도당)이 사는 나무가 서 있다. 최근에 바친 것으로 보이는 낮은 나뭇가지에 매달린 얇은 지전들, 타다 남은 양초 조각과 향 부스러기는 명맥을 이어 가고 있으나 거의 보이지 않는 영역이 되어 버린 의례와 신앙의 빈약한 증거이다. 그중 눈에 띄는 것은 주도로 버스정류장 바로 옆에 있는 용수 엄마의 집이다. 제금 소리와 축원 소리가 빈번하게 밖으로 흘러나와 그곳에 만신의 신당이 있음을 나타낸다. 이러한 소리만이 유일한 단서일 뿐, 용수 엄마의 집은 마을의 여느 집들과 다름없이 생겼다. 그 집 지붕에도 역시 텔레비전 안테나가 솟아 있다.

영송리의 역사

영송리는 전형적 의미의 전통 마을이 아님에도 불구하고 풍부한 전통을 지니고 있다. 조선시대에 영송리는 하나의 리里, village 는 아니었지만 관아가 있던 명주(가명)의 중심지역이었다. 명주군은 고려와 조선 시대에도 여러 가지 이유로 유명한 곳이었지만, 언덕 위에 위치한 불교 사찰은 그 시기가 신라 시대까지 거슬러 올라갈 정도로 유명하다(장주근, 최길성 1967, 6). 수세기에 걸쳐 파괴와 중건을 거듭해 온 현재 모습의 사찰은 한국전쟁 당시 미군의 폭격으로 파괴되고 남은 것으로서, 한때 영화로웠던 사찰의 모습을 흐릿하게 반영할 뿐이다. 좌익 활동가들이 그 절

저자가 현지조사 기간에 살았던 집.
1988년 영송리.

의 주지를 총살했다고 전해진다.

　서울에서 하루 거리의 주요 교차로에 자리해 있었기 때문에 지난 세기 동안 명주군의 시장은 번성했으며 도로변의 주막들은 유명했다. 1911년의 총계에 따르면 전체 인구 2,600명, 540가구의 번성한 공동체였다. 마을에 전해 오는 이야기에 따르면 명주군에는 한때 1천여 채의 기와집이 있었다고 한다(앞의 책, 4; 이기석 1967, 15-16, 28; 이두현 1969, 205).

　다른 행정 중심지들처럼 명주군의 건립자 또한 풍수설의 원칙에 주의를 기울였다. 풍수설의 금언에 따르면 "행정 중심지를 수호산 아래 세우면 상서로운 기운이 쌓인다." 명주군의 여러 관청과 민가들은 한때 소나무로 빽빽했던 웅장한 화강암 언덕 아래에 자리 잡고 있었다. 관아는 다른 모든 건물 위쪽 언덕에 자리하여 관료집단에 대한 경외심을 이끌어내었다(이기석

1967, 11-12).

풍부하고 정교한 의례생활은 번성했던 읍내의 위상을 반영한다. 관아 뒤편의 수호산 위에는 사직단社稷壇이 서 있었고, 그곳에서 지방관은 왕이 서울의 사직단에서 제사를 드리던 시기에 맞춰 의례를 지냈다. 아울러 수도의 성균관에서 선비들이 의례를 지내던 시기에 맞춰 군 전역에 있는 지방의 선비들 역시 봄과 가을에 향교에서 제사를 지냈다.

매년 마을의 남성들은 산신각山神閣에서 산신을 모셨으며, 여성들은 3년에 한 번씩 도당都堂에서 굿을 했다. 그때처럼 지금도 마을 사람들은 각 가정에서 추렴한 돈으로 이런 의례들을 거행한다.

관청에서 만신이 진행하는 또 하나의 굿은 액막이를 하고 정화하는 것이었다(관청굿). 도당굿과 관청굿을 거행하는 만신들은 지방관에게 권한을 인정받았으며, 더불어 지정만신(안만신)이라는 칭호를 받았다. 가뭄이 들었을 때는 각 가정에서 돈과 곡식을 추렴해 만신을 고용하고 도당 나무 옆에 있는 용왕의 우물가에서 굿(기우제)을 했다(앞의 책, 21; 장주근, 최길성 1967, 4; 村山智順 1938, 319-320). 아직도 몇몇 사람들은 여름의 우박폭풍으로 중단되었던 기우제를 기억하고 있다. 1977년 여름 가뭄이 찾아왔을 때 노인들은 현재 마을에 펌프 시설이 갖추어져 있기 때문에 더 이상 굿이 필요하지 않다고 말했다.

양반 집성촌集姓村에 대한 민족지들에서 두드러지는, 종족 조상을 모시는 정교한 공동 제사를 명주군의 의례생활에서는 찾아볼 수 없다(이만갑 1960; 김택규 1964; Biernatzki 1969; Janelli and Janelli 1978, 1982; Pak and Gamble 1975). 양반이라는 용어의 작업 정의와 관련하여 한국사회 연구자들 사이에서 합의점이 발견되지는 않는다. 그렇지만 양반의 지위에 대한 가장 폭넓은 정의─벼슬을 한 사람과 족보상으로 가까운 관계이며, 그 가문의 합동 제사에 참여하고 주기적인 족보 수정작업을 통해서도 그 관계가 인정된 지파의 구성원—에 근거하더라도 명주군은 조선 시대에 양반 마을이 아니었다. "이 집은 양반인가?"라는 어떤 조사의 질문에 당시 마을 사람들 대부분은 "상놈은 아니다."라고 대답했다. 내가 머물렀던 집의 주인이자 나에게 어머니와도 같았던 여성의 대답은 신선하고 이례적이었다. 그녀는 집에 없던 남편을 대신해 대답하면서 이렇게 말했다. "양반? 그 양반이 무슨 양반!" 대부분의 마을 사람들은 자신들이 족보를 가지고 있다고 하거나, 혹은 족보 기록이 전쟁 중에 소실되었다고 말했다. 하지만 마을 노인들은 자신들이 길 아래 다른 마을의 진짜 양반들과 다르다고 솔직하게 이야기했다.

양반들이 군수와 같은 높은 지위의 관리로 임명되었지만, 관아에서 사무원이나 병사 업무를 주로 담당했던 낮은 등급의 아전은 그 지역의 엘리트들이었다. 지역 노인들의 말에 따르면, 고리대금업으로 부를 축적하고 "마치 양반인 양 행세했던" 아전들은 지역 유지로서 권력을 휘둘렀다고 한다. 그 노인들은 비꼬듯이 "그 사람들은 돈만 있으면 '양반'이라고 불렀다."라고 말해 주었다.

위의 서술이 피상적이긴 하지만, 한국의 역사 기술에 등장하는 하급관리로서 아전의 모습, 즉 부당한 착취와 부당 이득의 기회를 잘 이용했던 그들의 모습이 잘 드러난다. 실제로 대중의 상상 속 아전은 만신의 대감거리에서 어깨를 거들먹거리며 걷는 모습으로 나타난다(제1장 참조). 지방관을 보좌하는 아전처럼, 대감신령들은 좀 더 위엄 있는 산신, 장군, 또는 대신Great Spirit에게 봉사한다. 위격이 높은 이 신들은 품격을 떨어뜨리는 방식으로 제물을 요구하지 않는다. 다만, 부채를 펼쳐 자신들이 마땅히 받아야 할 것을 요구할 뿐이다. 위격이 낮은 대감신령들은 그런 제약에서 자유롭다. 그들의 욕심은 가히 전설적이라 할 만하다.

하씨, 이씨, 나씨, 이 세 성씨는 조선 시대에 명주에서 가장 유명했던 아전 집안이었다. 하씨 집안은 음악에, 나씨 집안은 서예에, 이씨 집안은 문장에 뛰어났다. 지금은 이씨 집안의 가정이 마을에 가장 많이 남아 있다. 8촌까지의 당내간 친척들이 서로 간의 조상제사에 참여한다. 조상제사는 결혼식이나 생일 혹은 평상시에 이루어지는 방문과 더불어, 이씨 가정의 구성원들에게는 마을의 가장 외진 곳에 거주하는 친척들까지도 방문할 수 있는 기회가 된다. 현재 서울에 거주하고 있는 이씨 집안의 여러 가정들도 가까운 친척들이 함께 지내는 조상제사와 성묘에 참석하기 위해 귀향한다.

하씨 집안과 나씨 집안은 영송리에서 거의 사라졌다. 나씨 집안의 종가宗家는 40년 전 인천으로 이사 갔으며, 이 연구 당시 마을에 남아 있던 나씨 집안의 네 가정들과도 연락이 끊겼다. 1977년에는 하씨 집안 가정 중 단 하나만이 남아 있었고, 그 집안의 직계를 제외하고서는 마을 내의 누구도 하씨 집안의 본관을 기억하지 못하는 것 같았다. 마을 사람들은 하씨 집안과 나씨 집안의 가족들이 뿔뿔이 흩어진 것을 일제 식민지 시기의 경제적 시련 탓으로 돌리는데, 이 시기는 명주군이 지리적 이점을 잃고 하락세에 들어서던 때이다.

수도와 북쪽을 잇는 철로가 명주군을 우회하면서 옛날 교차로로서 갖고 있던 전략적 입장이 약화되었다. 1920년대에 들어 군청은 새로운 철로가 통과하는 의정부로 이전하였으며, 시장도 따라갔다. 많은 옛 군청 소재지들이 같은 운명을 겪었다. 이기석은 이러한 쇠락의 과정을 다음과 같이 서

---

1 사실 아전은 "제도적으로 부패한 체계" 내에서 기능했다(Palais 1975, 13). 〔아전과 같은〕 지역 관리들은 정부의 급여대상자 명단에 포함되지 않았으며, 자신의 능력으로 생계를 유지해야 했다(앞의 책). 이런 현상에 대한 비판적 설명을 참고하려면 Hulbert〔(1906)1970, 55〕와 Griffis(1911, 232)를 보라.

술한다. 대토지 소유자들은 새로운 행정적·상업적 중심지로 이주했으며, 소작인들은 돈을 벌기 위해 그 땅을 떠나 다른 곳으로 향했다. 버려진 건물 터들은 밭이 되거나 혹은 황무지인 채로 남아 있다(이기석 1967, 28-29, 46).

명주군은 다른 '옛 군청 소재지들'보다는 상황이 나은 편이었다. 일본인들이 도입한 보다 낮은 단계의 행정 단위인 면 소재지로 남게 되었기 때문이다. 마을 사람들은 식민지 시기에 우체국, 국민학교, 인쇄소, 경찰서 등의 형태로 한국에 소개된 근대적 요소들과 제도적 변화를 경험했다(위의 책). 마을 사람들의 추정에 따르면 전쟁 폭격 전에는 300가구가 있었는데, 이는 1911년 가구수의 절반을 조금 넘는 수치다. 그 지역의 공식적 지위가 없어졌음에도 불구하고 사람들은 일상적인 대화에서 그곳을 여전히 읍내라고 불렀다. 사실, 지금도 그렇게 부르고 있다.

그 마을은 예전의 화려했던 일면을 여전히 간직하고 있었다. 의정부의 부잣집 딸이었던 한 여성은 자신이 명주로 시집가게 되었다는 이야기를 들었을 때 기쁘고 흥분되었다고 말해 주었다. "지금은 시골에 불과하지만 당시에는 모두들 명주를 알아줬지. 면사무소가 여기에 있었을 때는 허리에 넓은 띠를 두른 기모노를 입은 일본 여자들을 볼 수 있었어요. 그리고 '면장님이 오신다!' 하고 누군가 외치면 모두가 길가에서 절을 하곤 했지요." 이것이 1930년대의 명주군이었다.

비무장지대의 바로 남쪽에 위치해 있기에, 영송리는 한국전쟁의 첫 전투에서 무참히 파괴되었다. 한 생존자는 그에 대해 다음과 말한다. "별안간 총소리가 났고 우리는 냅다 뛰었지. 갑자기 그냥 뛰어야 했다니까. 그러니 어땠겠어?" 마을은 좌익의 거점으로 소문이 났다. 인천상륙작전 후에 미군 폭격기들이 명주군에 폭탄을 비 오듯이 투하했다. 마을 사람들은 계속해서 피난생활을 했다. "어떤 사람들은 부산으로 갔고 어떤 사람들은 충청

도로 갔지. 이 근방 모든 집들이 불타 버렸어. 피난생활은 엄청나게 고달팠지. 맨몸뚱이로 도망을 갔는데, 어떻게 먹고 살겠냐고!"

하지만 가장 멀리 피난을 가서 오랫동안 머물렀던 사람들은 대부분 남성이었다. 어떤 이들은 징집을 두려워했고, 또 어떤 사람들은 보복을 두려워했다. 영송리에 중공군이 들어왔을 때 마을에는 여성들과 어린아이들만 남아 있었다. 마을의 한 여성은 이렇게 말했다. "이렇게 말해서 미안하지만, 우리는 미군보다는 중공군이 더 좋았어. 미군들은 항상 색시, 색시, 색시만을 외쳐 댔지만 중공군은 안 그러더라고." 미군이 마을에 들어왔을 때 젊은 여자들은 몸을 숨겼다. 전쟁 당시 10대였던 한 여성은 이렇게 회상한다. "한번은 미군 하나가 집에 들어왔을 때였어. 나하고 두 친구들은 마루 밑에 숨었지. 마루가 낮아서 쿵쿵 하고 많이 부딪쳤어. 우리는 그때 미군이 바로 위에 서 있는지도 몰랐어. 그 사람이 가고 난 뒤에 누군가 그러더라고, '그 미국 사람은 한국에 지진이 일어났다고 생각할 거야.' 우리가 운이 좋았던 거지. 그렇게 위기를 모면했지."

전쟁이 끝난 후 어떤 이들은 돌아왔고 또 어떤 이들은 다른 곳에 정착했다. 북한에서 내려온 피난민들은 북에 남겨진 부인, 아이들, 친척들이 살았는지 죽었는지 모르는 채 이 지역에 정착하여 이곳 여성들과 결혼했고 새로운 삶을 시작했다. 불확실함, 그리고 헤어진 친척들에 대한 죄책감은 만신이 굿에서 망자들을 불러내고 달랠 때 쏟아져 나온다.

전쟁 중에 면사무소와 경찰서가 폭격을 맞았다. 전쟁이 끝나고 난 뒤 면사무소와 경찰서는 다른 곳에 영구히 자리를 잡았다. 마을 사람들 이야기 속에서 영송리는 "이제는 시골 마을일 뿐"이었다. 그리고 마을의 이름조차 바뀌었다.

영송리의 오늘

전쟁 전보다 절반 이상이 줄어든 136가구는 6개의 부락으로 분할된다. 총인구는 지난 10여 년간 꽤 일정하게 유지되었다. 1965년 군 연감에 따르면 880명, 마을 이장의 측정에 따르면 1978년에는 896명이었다. 그러나 이와 같은 규모의 인구수는 비유동적 인구수를 의미하지는 않는다. 마을 사람들은 의정부나 서울로 이사를 간다. 근처 군사기지의 군인들과 기지에 고용된 사람들이 이 마을에 가족들과 함께 거주한다. 퇴역을 앞둔 군인들이 퇴직금으로 땅이나 가축을 구입하고 마을에 거처를 정한다.

내가 거주하는 동안에도 항상 몇몇 가정들이 마을에서 이사를 나가고 들어왔다. 아들들은 도시에 있는 직장 근처에 가정을 꾸렸다. 통근해야 하는 남편들이 직장과 좀 더 가까운 곳에서 살고자 가족들을 도시로 이사시켰다. 새로 이사 왔던 어떤 사람들은 가게 운영이나 가축 사육 사업에서 만족할 만한 수익을 올리지 못했고, 다른 곳에서 또다시 운수를 걸어 보기 위해 마을을 떠났다. 옛 주민들 몇몇은 마을로 다시 돌아왔다. 한 남성은 다른 도에서 이사 와서 가게를 운영했지만 포기하고 떠난 사람의 가게를 인수하려고 가족과 함께 돌아왔다. 아버지와 양어머니를 모시던 어떤 아들은 부모와 다투고 난 후 떨어져 살았지만, 화해한 후 고향에 돌아오시라고 설득했다. 파산하기 직전이었던 한 여성은 남편만 방문 판매사원으로 계속 일하게 하고 자신은 아이들과 함께 친정으로 돌아왔다. 어떤 아들은 공장의 일자리를 그만두고 아버지가 하는 토끼 사육 사업에 합류했다.

현금 수입과 생계 유지의 중요한 수단이었던 쌀농사는 영송리에서 더 이상 주요 생계수단이 못 된다. 136가구 중 절반이 넘는 70가구가 비영농

가구로 등록되어 있다. 대부분의 비영농가구들은 채소 경작용 밭을 소유하거나 임대하고 있지만 쌀농사는 짓지 않으며, 일부 가정에서는 가축을 기르고 있다. 남성들 중 일부는 그 지역의 군사기지에서 일하고, 일부는 택시기사, 공장 노동자, 목수, 석공 같은 반숙련 노동자들로서 시장이 서는 도시에서 일한다. 이 마을 출신의 두 남자는 한국의 사우디아라비아 건설 현장의 운전사로 계약했다.

현대적인 식량 생산과 가축 생산 기술 그리고 마을과 수도를 잇는 포장도로는 마을에 새로운 수입 창출 기회를 가져왔다. 시장은 항상 주부들이 소소한 현금 수입을 올릴 수 있는 곳이었으며 오늘날에는 몇몇 가정들에 새로운 돈벌이의 기회를 제공하고 있다. 마을 내 스무 가정이 비닐하우스에서 계절에 상관없는 특용 채소를 재배하고 있다. 서른 가정에서 판매용 가금류를 기르고 있으며, 열다섯 가정에서 토끼를 사육하고 있다. 돼지와 가금류로 가득 찬 축사를 가진 대규모 상업용 축산업체가 몇 년 전 마을로 이전했다. 축사에 고용된 임금 노동자들은 가족과 함께 영송리에 살고 있다. 외부에서 온 또 다른 두 가정이 최근 마을에 정착했으며 돼지와 가금류를 기르는 가내 축산업을 시작했다. 이 새로운 사업을 하려면 상당한 초기 투자금과 어느 정도의 위험을 감수해야 한다. 비닐하우스를 세우는 데 2만 5천 원이 든다. 최상급 털을 가진 순종 토끼는 값이 10만 원 혹은 그 이상이다.

영송리 이장 부부는 외부에서 유입된 전형적인 새 이주민들로서, 농촌 경제에 혁신적인 면을 적용하고자 노력한다. 이장 부인은 이렇게 말했다. "우리는 원래 경상북도 사람이야. 남편이 군에 복무할 때는 몇 년 동안 이사를 다녔지. 그이가 전역했을 때는 잘 살지 못해서 고향에 돌아가기가 부끄러웠지. 그래서 여기에 자리를 잡았어. 퇴직금으로 받은 50만 원으로 여기에 정착해서 닭을 키우려고 했는데, 운이 없었지. 그러고 난 뒤에 소를 길렀는데 역시 안 되더라고." 마을 이장은 면사무소에서 향토예비군을 훈련하는 일을 하고 있다. 이장 부인은 비닐하우스에서 채소를 재배하며 돼지 두 마리를 친다. 장남과 딸은 서울에 있는 공장에서 일하며 기숙사에서 지내고 있다. 차남은 아직 학생이다. 그가 영송리를 이끄는 마을 이장이 되는 데에는 마을 사정에 정통한 것보다는 군대 경력과 면사무소가 직장이라는 점이 작용했는데, 이것은 변화하는 시대와 요구를 반영한다.

아이들의 수업료와 늘어나는 생활비 때문에 가정의 수입을 보충하고자 하는 여성들의 열망은 점점 더 커가지만 돈벌이 수단은 제한되어 있다. 주부들은 텃밭에서 생산된 여분의 농산물을 의정부 시장으로 가져간다. 대부분의 여성들이 직접 농산물을 팔러 다니기보다는 시장 상인들에게 도매로 넘긴다. 일부 여성들은 서울 공장에서 위탁 판매 형태로 가져온 잡화를 팔아 돈을 벌기도 한다. 한 여성은 주변 마을에 기성복을 팔러 다니고 있으며, 또 다른 여성은 마을 상점과 읍내 시장에 판매할 두부를 만든다.

지금까지 여성의 주 수입원으로서 가장 안정적이고 보편적인 것은 이 지역에서 가내 공업 형태로 이루어지는 삯바느질이다. 일본 수출용 수제 검도복을 제조하는 서울의 한 공장에서 마을에 있는 중앙 배급소에 옷감을 제공한다. 여성 한 명이 틈틈이 일했을 때 매월 5천 원에서 1만 원 정도의 수입을 올릴 수 있다. 매일 오후 함께 모여 열심히 일하는 여성들의 경우 매월 평균 2만 원의 수입을 가져간다. 바느질로 가장 많이 버는 여성은 남편이 군에 복무하는 동안 부모와 함께 지내고 있는 젊은 부인이다. 시간을 많이 소비하는 가사일로부터 자유롭기 때문에 이 여성은 매월 2만 5천 원의 수입을 올리고 있다. 누빔 작업은 전통적인 수공예라기보다는 일종의 소외된 노동이라 할 수 있다. 이 작업을 하는 여성들은 자신들이 완성한 제품을 어떤 종류의 무술을 수련하는 사람들이 입는지는 알지만, 자신들이 바느질한 부분이 완성된 제품의 어떤 부분을 구성하는지를 볼 수 없기 때문이다.

또한 여성들은 결혼식, 장례식, 굿이 있을 때면 부엌에서 일손을 도운 후 음식과 선물뿐만 아니라 1~2천 원 정도의 품삯을 받는다. 간혹 다른 가정의 밭에서 날품을 파는 경우도 있지만 대부분 꺼린다. 검게 탄 얼굴은 가난을 공공연히 드러내는 것이기 때문이다.

여성들은 자신들의 수입에 대해 이야기하고 싶어 하지 않는다. 여러 번의 인터뷰에서 여성들은 바느질이나 채소를 팔아 번 돈의 액수가 얼마 안 된다고 이야기했다. 수입은 가정 필수품, 화장품, 또는 아이들 학비를 충당하는 데 금세 지출된다. 그러나 여성들이 곗돈을 붓거나 이자를 받고 목돈을 빌려줄 만큼의 충분한 현금을 모은다는 것은 확실해 보인다. 가정에서 중요한 물품을 구매하거나 딸의 결혼식을 치르는 일은 주부가 곗돈을 탈 때쯤에 맞추어 이루어진다.

한국의 여느 시골 마을처럼 영송리도 새마을운동을 하고 있다. 마을은 정부가 원조하는 자재를 이용하여 공공사업을 실행한다. 각 가정에서는 매주 하루 한 사람이 이 일에 노동력을 제공한다. 새마을 작업은 모내기나 추수철에는 중지된다.

영송리 주민들은 모든 초가지붕을 타일이나 함석으로 교체했다. 또한 새마을운동 회관을 짓고, 교량 2개를 재건했으며, 관개수로를 개량하고, 콘크리트로 바닥을 깐 빨래터에 수도꼭지 3개를 설치했다. 앞으로는 여성들이 비를 맞지 않도록 빨래터에 지붕을 덮는 사업을 계획하고 있다.

좀 더 오래된 마을 협동의 형태로서, 각 가정에서는 해마다 산신제와 도당굿에 부조를 한다. 또한 결혼식이나 장례식을 치르는 가족들에게 쌀과 막걸리 또는 약간의 현금을 부조한다.[2] 공식적으로 반장들이 부조금을 걷고 그 내용을 기록해 놓는다.

마을에 있는 네 곳의 작은 가게들에서는 술, 음료수, 과자, 야채, 두부, 가정 잡화를 판매하고 있다. 이 가게들은 술집이자 마을 남자들의 일상적인 회합장소이기도 하다. 마을에는 이발소도 있다. 이웃 마을의 어린이들이 이 지역에 있는 초등학교에 다니고 있다. 영송리에 사는 아이들 중 몇 명은 버스로 15분 정도 걸리는 의정부의 중학교와 고등학교에 다닌다. 아이들은 하굣길에 시장에 들러서 음식이나 잡화를 사거나 혹은 약국에 들러 부모의 증상을 말하고 약을 사온다. 이렇게 하면 가족의 버스비를 아낄 수 있다.

마을 여성들은 장을 보러 매주 한두 번 의정부에 간다. 아플 때는 먼저 의정부에 있는 약국을 찾는다. 병이 좀 더 심한 경우에는 작은 개인병원을 가거나, 한의원을 찾아 한약을 짓거나 침을 맞는다. 이들은 종종 미장원, 목욕탕, 중국집, 영화관, 다방, 점집을 들르기도 한다. 마을에 거주하는 자녀들은 대부분 의정부에 있는 예식장 두 군데 중 한 곳에서 '신식' 결혼식을 거행한다.

절반은 족히 넘는 가정들에 텔레비전이 설치되어 있으며, 텔레비전 시청은 저녁시간의 주된 오락거리다. 텔레비전에서 보거나 들은 내용은 빼놓을 수 없는 대화 주제이다. 특히 버라이어티 쇼와 사극 시리즈가 인기가 높다.

---

2 두 공동체 의례에 얼마를 기부할지는 가정과 개인의 의향 및 능력에 달려 있다. 부조금이나 기부물품은 게시된다. 1977년 가을 산신제의 최소 부조금은 200원이었다. 그해에 결혼식이나 장례식 부조로 현금은 2,700원, 쌀은 두 되(한 되에 600원), 막걸리는 두 주전자(한 주전자에 150원) 정도면 충분했다.

서울까지는 한 시간 반 정도 걸리는데, 시골버스에서 시내버스로 한 번 갈아타면 된다. 서울에서 부모와 형제 혹은 아들 내외를 데리고 사는 가족의 경우, 생일과 제사 그리고 설날에는 고향을 방문해야 한다고 생각한다. 마을 아이들은 방학 중 며칠 동안을 결혼해서 도시에 살고 있는 형제의 집에서 보내기도 한다. 이 마을 출신의 남자아이들은—최근에는 많은 여자아이들이— 서울에 있는 공장이나 가게에서 일자리를 찾는다. 이들은 서울에서 배우자를 만나거나 마을로 돌아와 가족에게 중매를 부탁하기도 한다.

영송리와 무속

영송리는 근대화의 맹공이 접근하기 힘들 정도로 격리되거나 사회적으로 보수적인 특징을 가진 순박한 전통 마을이 아니다. 조선시대 군 소재지였던 이 마을은 수도(한양)에서 유입된 주류 문화에서 결코 멀어진 적이 없었으며, 상대적으로 쇠락의 시기였던 일제시대에도 이 지역의 중심지로서 근대화를 경험했다. 하지만 한국전쟁은 끔찍한 악몽이었다.

농업의 상업화와 임금에 대한 의존도 증가에 따라 오늘날 한반도 전역에 걸쳐 시골 공동체들이 변화하고 있다. 영송리에서도 역사적 성쇠 및 수도와의 근접성으로 말미암아 해체과정이 가속화되었다. 하지만 영송리는 지난 세기에조차 쌀과 대체작물을 경작하는 전통적인 생활환경을 가진 이른바 전형적인 농업 공동체는 아니었다. 장엄한 의식, 정치, 시장은 이 지역의 세계관이 가진 특징을 드러냈다.

그렇다 해도, 경기도 북부는 "서울의 보수적인 이면"이라는 별칭을 갖고 있다(이두현과 나눈 대화). 영송리와 그 주변 지역들은 오래전부터 그리고 현재에도 무당과 무속의례가 활발한 것으로 유명하다. 한국과 일본의 민속학자들은 이곳에서 유익한 정보를 얻을 수 있었다. 마을 주민들의 열광적인 '미신 활동'은 새마을운동의 지도자들과 그 지역 교회 목사들에게는 끊임없는 불만거리이다. 이 책에서 서술된 의례와 신념의 복합체(무속 혹은 민간신앙―옮긴이)는 고립된 채 보존된 과거의 자취가 아니라 여전히 변화 중인 공동체의 삶을 이루는 한 부분이다. 이곳에서 텔레비전 세트는 나무 동법('목신동법'이라고도 하며, 나무에 따라 드는 해로운 기운을 뜻한다.―옮긴이)을 옮겨 와서 축귀의례의 원인이 되기도 하지만 휴대용 녹음기는 무당이 긴 무가를 익히는 데 도움이 되기도 한다.

한국학자들은 영송리에서 발견되는 풍부한 민간전통이 그 지역에 토착 양반이 없었다는 사실에서 비롯되었는지 궁금하게 여길 것이다. 전통적인 엘리트의 시각이자 비교적 최근에 학자들 사이에서도 되풀이되고 있는 시각에 의하면, '무속'과 '미신'은 교육수준이 낮고 심하게 억압받는 하급 계층에서만 발견된다. 나는 이 주장이 두 가지 점에서 본질을 오도하고 있다고 생각한다. 첫째, 마을의 가족들 중에 '진짜 양반'이 없었더라도 그 지역 아전들은 자랑할 만한 교육 수준과 교양을 갖추고 있었다. 양반이 없이도 읍민들은 도회풍의 세련된 생활을 영위했을 것이다. 왕래가 빈번한 교차로에 자리한 이 공동체에서는 풍성한 의례생활이 가능했으며, 성리학의 원리와 공동체 관습의 타협 속에 지방관이 재가한 공동체적 무속의례들이 의례생활에 포함되었다.

둘째, 20세기 초반의 몇몇 관찰자들처럼 나 역시 경기도 북부의 여러 마을들에서 양반 가문임을 공언한 몇몇 가정에서 열린 성대한 굿을 여러 차례 관찰했다. 양반 집안에서 온 새 손님은 애써 망설이는 듯한 태도를 보이며, 단지 위급한 병과 좋지 못한 운세 때문에 굿을 의뢰하게 되었다고 이야기했다. 이 손님의 망설임이 무속과 별도로 '엘리트'의 종교 전통을 배후에 지니고 있음을 반드시 의미하지는 않는다. 그 손님의 시아버지가 만세력을 꼼꼼히 살피고 나서 굿을 시작하기 좋은 시간을 정해 주려고 방에서 나왔을 때 만신은 대단히 기뻐했다. 주저주저했던 며느리는 용수 엄마 신당의 단골이 되었다.

만신은 양반 가정에서 굿을 할 때에도 여느 다른 가정의 신령들을 다루듯이 그 가정의 신령들, 조상들, 귀신들을 다룬다. 이러한 신앙은 공통적이다. 여느 가정들에서처럼 양반 가정의 특정한 초자연적 역사가 약간 변형된 상태로 그 가정의 만신전에서 드러난다. 용수 엄마의 손님들 중 몇몇 가정은 어떤 양반 종족의 지파에 속해 있었다. 그 종족의 시조와 후손들 중 높은 벼슬에 올랐던 먼 조상들이 배우자들과 함께 이들 가정에서 벌어지는 굿에 온다. 이들은 그 종족에 속한 가정들의 만신전에서 특별한 대왕신이다. 그 종족의 지파들 역시 대왕굿이라 불리는 주기적인 굿을 후원하여 왕들을 대접하고 친족들 간의 평화를 증진한다.

경기도의 한 양반 마을에서 이루어진 자넬리의 연구에서도 무당이 전통적인 계급의 경계를 넘어서고 있음이 드러난다. 뒤성뒤 마을 사람들은 무당에 그다지 의존하지 않는다고 주장하지만, 필요할 때면 굿을 한다(Janelli and Janelli 1979; 1982, 148-176). "조상의 적대감"에 대한 자넬리와 자넬리의 연구는 조상과 귀신의 활동에 대해 내가 영송리에서 들었던 설명들과 유사한 개념적 해석을 보여 준다(Janelli and Janelli 1982).

무속이 영송리와 그 주변 마을에서 강세를 보인다는 사실은 전통시대 양반계급의 세련된 문화가 없다는 이유로 설명될 수 없으며, 오늘날 근대화의 영향에서 고립되었다는 이유로도 설명될 수 없다. 영송리는, 여전히 때 묻지 않고 전통적 생활양식을 고수하는 고립된 공동체가 오늘날 한국 어디엔가에 있다고 하더라도, 그러한 공동체에 대한 민족지학자의 낭만적인 상상에 부합하지 않는다. 그럼에도 불구하고 이 지역은 나의 연구를 시작하기에 흥미로운 곳이었다. 도시 근교 마을로 급격하게 변화하면서 동시에 무당 활동의 온상인 이곳에서 이루어지는 만신의 일은 현대인들의 실질적인 관심사들을 보여 준다.

마을, 만신, 인류학자

내가 경기도 북부지역의 시골마을을 처음 알게 된 때는 이 연구를 시작하기 5년 전으로 거슬러 올라간다. 서울에서 활동하는 평화봉사단의 일원으로서 나는 한국의 민속놀이에 관심이 있었다. 1971년, 서울대학교의 이두현 박사가 나에게 서울의 북쪽에 위치한 영송리에서 멀지 않은 한 마을의 탈춤패를 소개해 주었다. 한때는 그 시의 축제에서 공연되었던 이 탈춤은 오늘날 정부지정 무형문화재로 남아 있으며, 탈춤 공연자들은 탈춤 예술을 지속하고 전승자들을 훈련하는 명목으로 약간의 연금을 받는다. 이 탈춤 공연에는 탈을 쓰고 음담패설을 하는 파계승, 몰락한 양반, 무당, 서민들이 등장한다(이두현 1969, 201-276).

나는 이 탈춤 공연을 보기 위해 그곳에 여러 번 방문했으며, 내 한국어 실력이 허락하는 한에서 탈춤 전통에 대해 질문했다. 1976년 한국에 다시 돌아와 이두현 박사의 격려로 탈춤 공연자들을 다시 찾았을 때 다행히 그들은 나를 기억해 주었다. 나는 무속의례를 연구하고 마을 여성들과 이야기를 나누기 위해 돌아왔다고 이야기했다. 그들은 탈춤 공연에서 가끔 한

제석에 실린 무당이 저자에게 공수를 주는 모습.
1978년 영송리. © 산드라 마티엘리Sandra Mattielli

부분을 담당했던 영송리의 젊은 만신을 만나 보라고 제안했다.

12월 바람이 찬 어느 날 오후, 탈 제작자가 내가 이 책에서 '용수 엄마'라고 부르는 만신의 집으로 나를 데려갔다. 용수 엄마는 신당에서 일하던 중이었는데, 할머니 한 분이 두 손을 맞대고 기원하는 동안 전물奠物이 놓인 쟁반 위로 파닥거리는 하얀 닭을 흔들어 돌리면서 주문을 외우고 있었다.

경기도 지역 무속에 대한 장주근·최길성(1967)의 기록을 막 읽고 난 뒤였기 때문에 나는 이 의례가 소규모의 축귀의례인 푸닥거리가 아닐까 하는 생각이 들었고, 동행한 탈 제작자에게 귓속말로 물어보았다. 내가 푸닥거리라는 말을 알고 있다는 것에 그는 놀라고 즐거워했다. 그는 나중에 마치 천재 아이를 자랑하는 부모처럼 내 말을 용수 엄마에게 전했다. 당시 서울 지역에 사는 대부분의 한국인들은 가끔 외국 사람들을―그들 중 대부분은 미군이다.― 보아 왔고, 일반적으로 외국인들이 한국 생활에 대해 잘 모른다고 생각했다. 외국인으로서 이 연구가 가능한지를 증명해야 하는 것은 나의 책임이었고, 용수 엄마의 의례가 혹시 푸닥거리냐는 나의 질문은 내가 이미 어느 정도 지식이 있으며 더 배울 수 있는 능력이 있음을 증명해 주는 기막히게 운 좋은 사건이었다.

의례를 마친 뒤 용수 엄마는 막걸리 한 잔 내기 화투 놀이를 제안했다. 그녀는 내 어깨 너머로 내가 가진 패를 넘겨다보면서 어떤 패를 내야 하는지 훈수를 두거나, 다른 사람이 내 패를 훔쳐 본다며 마치 다 들으란 듯이 속삭여 주기도 했다. 화투 놀이는 나와 용수 엄마 사이의 작업 관계의 특징을 보여 주는데, 계속 쏟아지는 용수 엄마의 정보와 충고, 참을성, 호의에서 비롯된 것이긴 하지만 때로는 나를 응석받이처럼 보호하고 다루려는 과한 욕망, 짓궂은 유머감각 등이 그것이다.

용수 엄마는 내 이야기를 처음 들었을 때, 가족과 조국을 떠나 혼자서 방황해야 하는 여성에게 많은 동정심을 느꼈다고 나중에 말해 주었다. 용수 엄마는 비참한 삶을 살아 왔으며, 마흔한 살이었던 당시에도 외로운 과부였다. 그녀는 불행이 우리 사이의 인연이라 단언했으며, 연민에 찬 마음으로 내가 연구를 마칠 수 있도록 돕고자 했다.

어떤 감정과 동기에서 비롯되었든 간에 용수 엄마는 언제나 호의적인 제보자였다. 그녀는 통찰력과 명료한 표현력을 가지고 있어서, 복잡한 것도 명쾌하고 간단하게 설명했다. 신령과 귀신 이야기에 친숙하지 않은 도시 여성들을 상대해야 하는 만신으로서 용수 엄마의 이러한 특징은 성공한 만신이 갖추어야 하는 자질임에 틀림없다. 그녀는 따뜻한 마음을 가진 친구이기도 했다. 예의를 지키며 나를 이끌어 주었고, 또 내가 앞으로 어떤 남자와 결혼해야 하는지 충고해 주었다. 언젠가 내가 아팠을 때에는 약국에서 약을 사와서 먹여 주기도 했다.

처음에 나는 만신과 관련한 대부분의 일들이 만신이 거주하는 마을 내에서 벌어질 것이라 생각했다. 그래서 마을 내에 머물면서도 만신을 찾는 손님과 그 손님의 가정 및 이웃 친족들 사이의 관계들에 대해 내밀하고 일상적인 지식을 충분히 얻을 수 있을 것이라고 생각했다. 하지만 오래지 않아 나는 만신의 담당 영역이 하나의 마을을 넘어서 훨씬 광범위하다는 사실을 알게 되었다. 용수 엄마의 손님들 중 많은 사람들이 의정부에서 찾아왔으며, 단골들 중 상당수가 용수 엄마의 옛 고향 근처에 자리한 이웃 마을에서 찾아왔다. 이 지역에 거주하는 다섯 명의 만신들 역시 자신들의 굿에 용수 엄마를 자주 초청해 굿하는 것을 도와달라고 부탁했다. 나는 용수 엄마와 함께 시골 마을의 굿에 내려가거나, 의정부의 좁은 골목에 위치한 집들이나 서울에 있는 굿당으로 올라가기도 했다. 서울 남쪽에 위치해 있으며 당시 급성장 중이던 수도권 도시에도 지하철을 타고 갔다. 따라서 나의 관찰과 인터뷰 자료들은 다양하고 광범위한 출처에서 나온 것들이다.

첫 번째 출처는 다음과 같다. 나는 용수 엄마의 집에서 점사占事와 소규모 의례들을 관찰하면서 많은 시간을 보냈고, 그녀가 굿을 하러 다닐 때마다 함께 다녔다. 그녀가 바쁘지 않을 때는 내가 관찰했던 것들에 기초한 질문지 목록을 만들어 물어보았다. 용수 엄마는 자신의 손님들이나 아는 사람들의 사례를 통해 초자연적 현상이 초래한 심각한 결과나 적절한 의례적 치료의 효과를 이야기함으로써 구체적인 신령이나 우주론적 개념을 설명했다. 그녀는 만신으로서 자신의 판단을 손님에게 설명할 때에도 이와 동일한 일화적인 방법을 사용하곤 했다. 그녀의 '사례 자료'는 초자연적인 문제에서 비롯된 원인, 그와 관련한 사회현상, 그리고 의례적인 해결 사이의 관계를 이해하는 데 도움이 되었다. 나는 용수 엄마의 집에서 여러 손님들을 인터뷰했으며, 그 손님들의 집을 여러 번 방문하면서 각각의 사례를 이해해 나갔다.

또 하나의 출처는 나와 마을 여성들 간의 만남이었다. 나는 마을 여성들에게 그들 가정의 의례적 전통에 대해서 물어보았으며, 점이나 축귀의례, 굿과 관련한 경험에 대해 질문했다. 이들 가운데 몇 명은 용수 엄마의 단골이었지만 많은 이들은 아니었다. 서너 명은 기독교인이었으며, 다른 이들은 만신 혹은 '미신'과 자신은 무관하다고 이야기했다. 어떤 여성들은 만신과의 관계를 이미 끊었다고 말했으며, 또 어떤 여성들은 최근에 만신과 관계를 맺게 되었다고 이야기했다.

마지막 출처는 그 지역의 만신들이 하는 굿이었다. 나는 이들의 굿에 종종 초대되었다. 아울러 서울이나 다른 지역들에서 각 지역의 특성을 지닌 굿을 보고 그에 대한 자료를 읽었다. 그러나 이 연구는 내가 영송리와 영송리 주변에서 관찰한 여성들의 신앙과 실천에 대한 것일 뿐, 한반도 전역을 아우르는 한국 무속에 대한 명확한 설명은 아니다.

나는 이 글에 여러 사람들과의 인터뷰를 포함하고 참여관찰자로서 나의 경험과 관찰 내용을 삽입하여 균형을 맞추려고 노력했지만, 용수 엄마의 인식과 설명에 너무 많이 의존했다는 점 때문에 비판을 받을지도 모른다. 그러나 내가 선택한 것은 한 명의 특정한 만신과의 긴밀한 협력관계가 가지는 장점이었기 때문에 나는 기꺼이 그녀의 영역으로 들어갔고, 그 세계의 방식대로 탐구했다. 나와 용수 엄마 사이의 우정은 마치 어떤 단골이 용수 엄마의 신당에 모셔진 신령들인 "할아버지들과 할머니들"과 특별한 관계를 맺게 되고 점차 의례적 책임을 갖게 되는 점진적인 과정에서 쌓이는 신뢰와 같은 것이었다.

무감을 서는 저자.
1977년 의정부 꽃맞이굿.

　나는 굿에서 무감을 서기도 했으며, 나중에는 내 몸주신을 위해 장옷과
벙거지를 바치기까지 했다. 음력 7월과 설날에는 용수 엄마의 신당에서 제
물을 바쳤다. 학위를 성공적으로 마치기를 기원하는 굿을 했으며, 도당신
을 모신 곳에서 절을 하고 산으로 치성을 드리러 갔다. 마을을 떠날 때에는
용수 엄마의 신당에 모신 할아버지와 할머니들에게 마지막 제물을 바쳤는
데, 여러 신령님들이 용수 엄마에게 '나타나' 나에게 공수를 주었으며 불사
할머니는 서운함에 눈물을 흘리기도 했다.

신년이 되면 단골은 목욕을 하고 정갈한 옷을 입고서
쌀, 초, 과일, 향을 가지고
홍수매기라는 신년 의례를 하기 위해
만신의 신당에 온다.
만신이 부르면 그 가정에서 가장 영향력이 큰 신령과
안식을 찾지 못한 조상 및 영산들이 신당에 나타난다.
홍수매기 말미에 귀신들과 해로운 기운을 몰아내고 나면
위험한 운세를 지닌 가족 구성원들이 '깨끗해질' 수 있다.
마지막으로 만신은 소지를 올리는데,
단골의 식구들 한 명 한 명을 위해 한 장을 올리고,
또 출가한 아들의 가정을 위해 한 장을 올린다.
재가 공중으로 높이 떠올라야 좋은 징조이다.
만신은 꽃맞이굿이나 잎맞이굿을 할 때 모든 단골들을 초청한다.
이때 단골들이 바친 무구들을 사용하고
단골의 이름이 새겨진 신복을 입는다.
그녀는 모든 단골 가정의 신령들이 이 굿에서 대접을 받고 춤을 출 수 있도록
신복을 몇 겹씩 겹쳐 입는다.
또한 단골 가정의 자식들과 칠성신을 이어 주는 명다리를 모두 꺼내 놓는다.
칠성신이 나타나면 명다리를 바친 단골 가정의 아이들이
더 많이 복을 받을 수 있도록
명다리를 공중으로 들어 올린다.

신성한 관계: 만신과 단골

제4장

이 집단은 생계 문제나 천한 이유로 들어온 여자들뿐만 아니라
히스테리가 심하거나 어리석은 소녀들로 충원된다.
— 앨런H. N. Allen, 『한국인의 몇몇 관습』중에서

"아! 나는 무당이 거짓말쟁이인 줄 알았구나.
거짓 무당도 있을 테지만, 참된 무당도 있음을 이제는 알았도다."
이렇게 말한 지방관은 무녀에게 충분한 사례를 하고
안전하게 보내 주었으며 무당들에 대한 훈령을 취하하였다.
그리고 이후로는 무당들과 관련된 문제에 대해서는 어떤 간섭도 하지 않았다.
— 임방, 『천예록』중에서

용수 엄마의 집은 시골에 있는 여느 집들과 매우 비슷하다. 그녀는 바깥에 어떤 표식도 걸지 않는다. 여성들은 소문을 듣거나 친척이나 이웃의 소개로 용수 엄마의 집을 찾는다. 일단 집 안으로 들어가면 손님들은 따뜻한 방바닥에 앉아서 편안함을 느끼게 된다. 만신의 안방이 자기 집 안방과 비슷하기 때문일 것이다. 용수 엄마가 점을 보는 방은 마을의 여느 부유한 가정의 안방처럼 일상생활에 필요한 가재도구로 가득하다. 방 안에는 장롱과 장식장, 화장품 병들이 가지런히 놓인 화장대, 보온밥통, 그리고 여러 가지 고무인형과 분홍색 털 강아지 인형이 올려진 텔레비전이 있다.

신령과 신당

객실 미닫이 문 뒤편에 감추어진 용수 엄마의 신당은 시골에 있는 절을 닮았다. 제단의 전면에는 도금된 불상이 안치되어 있다. 용수 엄마가 모신 신령들이 선명히 그려진 탱화(무신도)가 벽면에 걸려 있다. 제단의 중앙과 옆쪽에는 여러 개의 향로, 놋 촛대, 알루미늄 쟁반, 옥수(정화수/정안수) 그릇, 그리고 제기祭器들이 빼곡하게 놓여 있다. 각각의 무구巫具와 제단 위에 매달아 놓은 3개의 놋쇠 종에는 고객의 이름과 함께 '소원성취'라는 문구가 새겨져 있는데, 단골들이 신령께 바친 선물이다. 만신은 적절한 제물을 특정한 신에게 바치면 제물을 바친 단골이 그 신령의 호의를 받을 수 있다고 조언한다. 향로 하나와 옥수 그릇 하나에는 내 이름도 새겨져 있다. 용수 엄마는 내가 불사와 산신 덕분으로 연구를 하고 있기 때문에 그 신령들이 나에게 선물을 요구하고 있다고 약간 난처해 하며 이야기해 주었다. 남편이 바람을 피울까 걱정하던 한 군인의 아내와 남편이 하는 사업이 잘될지를 걱정하는 젊은 부인에게는 놋쇠 종을 바치라고 말했다. 또 다른 젊은 부인에게는 산신이 남편을 돕고 있으니 옥수 그릇을 바치라고 했다. 다른 단골들은 만신에게 장구와 삼지창, 제금과 칼, 신복과 모자 등 그녀가 굿을 할 때 사용하는 여러 가지 무구들을 바쳤다. 용수 엄마는 이 무구들을 제단 밑 보이지 않는 곳에 보관한다. 제단 위에 놓인 무구들과 마찬가지로 제단 아래 놓인 무구와 신복들에도 고객들의 이름이 새겨져 있다. 방울, 정안수 그릇, 향로 들로 가득한 신당은 그 만신이 성공한 만신임을 알려 준다. 이른 아침, 용수 엄마는 초와 향을 피운 채 기도를 드리면서 고객들의 소원을 빌어 준다.

만신의 신당은 '신당' 혹은 불교 용어인 '법당'이라고 불린다. 일상적인 대화에서 용수 엄마는 자신의 신당을 '할아버지방'(할아버지들의 방)이라고 부른다. 내가 처음 용수 엄마를 방문했을 때 나는 할아버지라는 말을 단수형으로 오해하여 그녀가 어떤 노인에게 방을 임대해준 줄 알았다. '할머니'와 '할아버지'는 존칭어이지만 극존칭에 해당하는 용어는 아니다. 한국에서는 모든 늙은 남성과 여성을 세월이 그들에게 부여한 지위를 감안하여 할아버지 혹은 할머니라고 공손하게 부른다. 신령들 역시 어렴풋하게 친족의 의미를 가지고 있다. 신령들은 힘과 지위 면에서 모두 조상보다는 상위에 위치하지만, 전씨 가족의 대신할머니처럼 어떤 신령은 이름난 조상이기도 하다. 신령은 광범위한 의미의 할아버지, 할머니인 것이다. 존경할 만한 친척이었건 혹은 친척이 아닌 존경할 만한 연장자였건 간에, 용수 엄마는 자신이 모신 신령들을 존경하고 잘 대접한다. 그녀에게 신령들은 멀리 떨어져 있어서 두려움을 주는 존재가 아니다. 그녀는 신령들을 일반적인 호칭을 사용해 친근하게 대한다. 용수 엄마는 신령들의 분노를 두려워하며 그들의 뜻이 무엇인지 걱정하기도 하지만, 마치 한국의 어린아이가 조부모의 너그러움을 기대하듯이 신령들이 자신을 도와줄 것이라고 생각한다.

용수 엄마는 신당에 있는 신령들 앞에 서서 무언가를 애원하듯 눈을 크게 뜨고 반배反拜를 하면서 마치 어린아이처럼 일부러 우스운 태도를 취한다. 그리고 높고 부드러운 목소리로 이렇게 말한다. "할아버지, 저 장보러 가야 하니까 돈 좀 주세요." 그녀는 제단에서 지폐를 집어 자신의 지갑에 넣는다. "금방 돌아올게요."라고 말하면서 합장을 한 채 짧게 반배를 올린다.

용수 엄마는 원래 자신의 신령들을 현관 위에 있는 좁다란 벽장에 모셨고 빈방은 세를 주었다. 신령들이 벽장을 싫어한다고 생각하게 된 것은 그녀와 아들, 그리고 세입자의 아들이 동시에 아팠던 어느 겨울이었다. 어느 날 밤 죽은 남편이 꿈에 나타났다. 꿈 속에서 남편은 세입자들이 사는 방으로 태연하게 들어갔는데, 그때는 세입자들이 서울에 가 있던 참이었다. 용수 엄마가 그에게 소리쳤다. "아무도 없는 데를 왜 들어가요! 당신이 뭘 훔치러 들어갔다고 생각하면 어쩌려고 그래요!" 남편이 대답했다. "여기가 내 방이오. 앞으로 내가 방세를 주겠소." 용수 엄마는 잠에서 깰 때까지 계속 남편과 싸웠다.

바로 다음 날, 세입자들이 서울로 이사를 가게 되었다고 알려 왔다. 곧 그 방을 임대하겠다는 사람이 나타났지만 용수 엄마는 좀 더 생각해 보겠다고 대답했다. 그날 밤 꿈을 꾸었는데, 할머니와 할아버지들이 벽장에서 나와 용수 아빠를 따라 그 방으로 들어가며, "우리가 이제 방세를 주마, 우리가 이제 방세를 주마."라고 하면서 그녀를 지나쳐 갔다.

그 꿈 이야기를 들은 떠벌이만신은 용수 엄마가 생각한 것처럼 빈방을 반드시 신당으로 써야 할 것 같다고 했다. 용수 엄마는 그렇게 신당을 옮긴 후 만신으로서 성공했다. 그녀의 '할머니들'과 '할아버지들'이 방세를 준 것이다.

이 사건은 용수 엄마가 할아버지, 할머니들과 벌이는 계속되는 실랑이의 전형적인 모습이다. 신령들은 용수 엄마에게 잘 대접받고 있지만, 단골 가정의 신령들이 요구하는 것보다 훨씬 더 많은 것을 요구한다. 용수 엄마는 자신이 모신 신령들을 대접하기 위해 3년마다 굿을 할 생각이었다. 그러나 재수가 좋았던 초봄이 지나고, 신령들은 해마다 굿을 대접받고 싶다는 뜻을 알리기 위해 용수 엄마를 아프게 했다. 다음 해 가을, 용수 엄마는 수양 딸의 결혼식을 치르기 전에 할아버지와 할머니들을 위한 혼인 여탐을 해 주었다. 하지만 신령들은 그녀가 장구를 치며 자신들을 깨워 놓기만 하고 굿을 해주지 않았다며 화를 냈다. 수개월 동안 재수가 없었던 용수 엄마는 결국 장군님과 신장님의 새 신복을 짓기 위해 옷감을 구입하고 다음 해 봄에 굿을 한 번 더 하게 되었다.

용수 엄마의 아들 용수는 영송리의 다른 아이들처럼 의정부에 있는 기독교 계통의 사립 중학교에 다닌다. 그 학교는 등록금이 싼 편이고 입학도 비교적 쉽지만 개종의 압력이 상당히 높다. 신당에 모신 신령들은 용수가 매일 기독교와 접촉하는 것을 달가워하지 않으며, 이 때문에 용수는 학교에 마음을 붙이지 못하고 있다. 용수는 그저 집으로 달려오고만 싶은 충동을 느낀다고 한다. 용수 엄마는 교장을 찾아가 용수네 가족이 "오래전부터 부처님을 섬겨 왔으며" 용수가 기독교인이 될 수 없음을 이해해 달라고 부탁했다. 그러고 나서 신당으로 들어가 제금을 치면서 할아버지와 할머니들에게 하소연을 했다. "부디 이해해 주시고 용서해 주세요. 용수는 교육을 받아야지요. 그 아이가 졸업할 때까지만 거기 다니도록 해주세요."

신내림

만신은 무당으로서 경력을 시작하는 바로 그 순간부터 신령과 밀고 당기는 의지 싸움을 한다. 일반적으로 여성들은 신령의 부름에 저항하고 어쩔 수 없는 운명을 거부한다. 그러나 마을 여성들의 말에 따르면, 신령의 의지를 끝까지 거스르는 사람은 미쳐 날뛰다가 결국 죽게 된다. 이상하고 거친 행동은 만신의 운명임을 표시하는데, 용수 엄마는 이러한 거부의 몸짓을 다음과 같이 묘사한다.

그 사람들은 자기들이 무얼 하는지조차 몰라. "가자, 가자!"라고 소리치면서 어디론가 뛰어나가. 갑자기 부엌에서 음식을 집어 들고서는 길거리로 뛰쳐나가기도 하고. 신이 내린 사람은 물건을 훔쳐서 달아나기도 해. 사람을 때리고 막 욕도 한다니까.

만약 나한테 신이 내렸는데 남편이 나를 때리고 미친 년이라고 한다면 아마 이렇게 소리칠지도 몰라. "네 이놈! 넌 내가 누군 줄 모르느냐, 네 이놈!" 사실은 청춘 만신이 그랬었지. 그러고 나서 길가에 앉아서 닭들하고 이야기를 하더라니까. 진짜로 웃겨!

만신으로 예정된 사람 혹은 〔신〕 내린 사람은 다양한 증상을 경험할 수 있다. 용수 엄마에 따르면,

그 사람들한테는 정말 힘든 일이지. 몸도 아프고, 약을 먹는다고 해도 계속 아파. 그런데 약을 먹지 않아도 좋아지는 사람들도 있지. 음식 한 조각조차 입에 대지 못하는 사람들도 있고, 배만 곯지. 또 어떤 사람들은 눈을 뜨고 자거나 전혀 잠을 못 자. 그때는 몸이 정말 약해지지만 내림굿에서 신을 모시자마자 좋아져. 어떤 사람에게는 신령들이 점잖게 내리지만 또 어떤 사람한테는 전혀 그렇지 않아. 그럴 때는 미친 여자처럼 뛰어다닌다니까.

만신으로 예정된 사람이 "미친 여자"처럼 행동한다 할지라도, 용수 엄마는 신이 내린 사람과 가정신령들이나 조상들의 분노 때문에 일시적으로 미친 사람을 구분한다. "보기만 해도 그 차이를 알 수 있어. 미친 사람들은 그저 어디가 아픈 것처럼 보이지만, 신이 내린 사람은 여기저기를 다니면서 '나는 이 신령이다, 나는 저 신령이다'라고 소리를 지르고 다니지." 만신은 미친 사람에게 붙어 있는 귀신들이 그 사람을 괴롭히고 결국 그 사람이 죽을 수도 있다는 두려움 때문에 가능한 한 빨리 '미친굿'을 해서 귀신들을 몰아낸다. 만신은 문제를 일으키는 귀신들을 빨리 쫓아내기 위해 칼

과 불로 위협하거나 혹은 사정하기도 한다(Kendall 1977a). 하지만 내림굿을 할 때에는 굿을 주재하는 무당이 모든 신령들을 초청하여 선택받은 사람이 만신으로서 춤도 추고 노래도 할 수 있게 한다.

내림굿 이전에 여성이 받게 되는 고통은 엄청나다. 떠벌이만신의 이야기가 전형적이다. 신이 내렸을 당시 그녀는 젊은 부인이자 맏며느리로서 시어머니와 함께 살고 있었다. 또한 이미 두 명의 건강한 아들이 있었다. 그녀가 이상한 행동을 보이기 시작했을 무렵 공군이었던 남편은 멀리 있었다. 알아들을 수 없는 이야기를 주절거리며 그녀는 여기저기를 헤매고 다녔다. 걱정이 되었던 시어머니는 떠벌이의 여동생에게 사람을 보냈고, 여동생이 도착했을 때 그녀는 조용히 바느질을 하며 안방에 앉아 있었다. 그녀는 매일 밤 한 할머니가 찾아와 자신에게 함께 돌아다니자고 한다고 말했다.

여동생은 떠벌이가 낮에는 정상적이고 밤에만 이상하게 행동한다면 머지않아 좋아질 것이라고 생각했다. 그러나 며칠 후, 떠벌이는 손뼉을 치고 미친 사람처럼 소리를 지르며 친정에 찾아왔는데, 그 모습이 마치 누더기를 걸친 거지 같았다. 머리카락은 얽히고 뭉친 채 산발한 상태였고 얼굴은 지저분하기 그지 없었다. 시어머니가 그녀를 집으로 데려가기 위해 친정집에 왔을 때, 그녀는 마루에 앉아서 소리만 질러대고 있었다. 시어머니와 여동생이 떠벌이를 일으켜 세우려고 했지만 떠벌이의 다리가 금세 대청마루판에 붙어 버린 듯 떨어지지 않았다. 떠벌이는 물을 달라고 해서 자신의 몸에 쏟아부었다. 그날 밤 그녀는 먼 곳까지 헤매고 다녔으며, 어떤 집에 들어가서 불상을 훔쳤다. 떠벌이의 가족이 도대체 왜 그러냐고 묻자, 그녀는 "누가 그렇게 하라고 한다."고 대답했다. 그녀는 2주 동안이나 손뼉을 치며 여기저기 다니면서 이것저것을 훔치더니 그 후 완전히 모습을 감췄다.

가족들은 그녀가 죽었다고 생각했다. 오랜 시간이 지난 후 그들은 떠벌이가 이웃 군에 사는 큰무당인 옴뱅이만신의 신딸이 되어 있더라는 소식을 들었다. 옴뱅이만신이 그녀를 받아들여 내림굿을 해주었고 그녀가 굿을 할 수 있도록 가르치는 중이었다. 그 몇 년 동안 떠벌이는 무가와 춤, 그리고 의례에 필요한 일들을 배웠다.

그녀가 정신 없이 헤매고 다니던 동안 시어머니는 이혼수속을 시작했다. 떠벌이는 다시는 남편과 살지 못했고 아이들 역시 볼 수 없게 되었다. 그러나 슬픔이 온몸을 뒤덮을 때면 학교로 찾아가 두 아들이 운동장에서 뛰어노는 모습을 멀리서나마 바라보곤 했다. 계모와 아이들 사이에 다툼이 있었는데, 이 일은 큰아들이 시골에 살고 있던 떠벌이를 찾게 되는 계기가 되었다. 그 후 매년 여름마다 두 아들이 그녀를 찾아왔다.

떠벌이는 만신으로서 성공했으며 자신만의 단골들을 갖게 되었다. 신어머니와는 심하게 싸운 후 헤어졌는데, 신어머니가 일을 많이 시키면서도 돈을 너무 적게 준다는 것이 이유였다. 처음 신령이 내리고 20여 년이 지난 지금은 괴로움에 시달리던 젊은 부인의 모습은 남아 있지 않다. 서양식 정장을 잘 차려입은 떠벌이가 최근에 구입한 새집이 있는 군청 소재지의 거리를 걷는다. 요즘 그 지역 사람들은 떠벌이를 '큰무당'으로 여기고 있으며, 떠벌이의 신딸들은 그녀가 인색하다고 비난한다.

용수 엄마 스스로도 인정하듯이, 용수 엄마는 신 내린 사람으로서 비교적 수월한 경험을 했다. 결혼하고 난 뒤 2년 만에 과부가 된 그녀에게는 두 명의 의붓자식과 친아들만이 남았다. 그녀는 가족을 부양해야만 하는 여성들이 할 수 있었던 몇 안 되는 직업인 행상 일을 했다. 삼년상이 끝나갈 무렵, 그녀는 떠벌이의 신당에서 열린 굿에 갔다.

굿거리 사이에 여성들은 떠벌이만신의 신복을 입은 채 자신들의 몸주신을 놀리고 가족의 재수를 빌기 위해 무감을 섰다. 떠벌이만신이 용수 엄마에게도 기약 없는 장사가 잘될 수 있도록 춤이나 한 번 추라고 말했다.

내가 말했지, "무감? 무슨 무감을 서! 챙피해!" 그래도 떠벌이만신이 계속 그러더라고, "재수 있게! 춤을 추면 복을 받는다니까." 그래서 옷을 입자마자 미친 듯이 춰댔다. 춤을 계속 추면서 신당으로 뛰어 들어갔어. 그러고 나서 신장기를 집어들고서 "나는 오방신장이다."라고 소리치면서 돈을 달라고 했어. 여자들이 다 돈을 주더라고. 집에 올 때 내내 뛰어왔어. 심장이 미친 듯이 뛰더라고. 그냥 미친년처럼 죽어 버리고만 싶더라고. 그 일에 대해서 우리끼리 이렇게도 이야기해 보고 저렇게도 이야기해 보고 나서 다른 방법이 없다고 결정했지. 그래서 그 다음 해에 내림 굿을 받았어.

용수 엄마의 신들림이 갑작스럽고 비교적 고통 없이 이루어졌다는 점은 독특하지만, 삶 전반에 걸쳐 그녀가 만신이 될 것이라는 암시가 있었다.[1] 그녀는 한국전쟁이 있었던 10대 초반에 우익청년회의 일원으로 지목되어 퇴각 직전이던 인민군에 체포되었다. 북으로 압송되던 중, 꿈에 산신할아버지가 나타나 "인제 늦었다."라고 하던 날 밤 그녀는 대담하게 탈출을 감행했다.

10대 후반에는 놀라운 환상을 보았다. 친구가 일본에서 사다 준 조그만 불상이 방 가운데에서 불꽃을 내며 타버린 것이다. 그녀는 어머니의 얼굴이 호랑이 얼굴로 변하는 모습도 보았다. 또한 이웃 마을의 절 근처에 있는 석불 부처님에 끌려 밤새 헤매고 다녔다. 그녀의 어머니는 병굿을 해주었다. 굿이 진행되는 동안 소녀는 잠이 들었는데, "하얀 할머니와 할아버지"

---

1 하비의 제보자들 중 하나인 평양만신 역시 유사한 경험을 보고한 바 있다(Harvey 1979, 109).

가 나타나서 그녀에게 약이 든 사발을 주며 마시라고 했다. 깨어난 뒤 만신에게 꿈 이야기를 하자 만신은 기뻐했다. 만신은 그녀에게 자신의 신딸이 되어 만신이 되지 않겠느냐고 물었지만, 그녀와 어머니는 거절했다.

몇 년이 지난 후 그녀가 결혼식을 치른 날 밤, 시누이는 새신부가 안방에 앉아 북을 치는 꿈을 꾸었다. 머리 위에는 마치 굿이 진행될 때처럼 모든 신복들이 줄에 걸려 있었다. 나중에 남편이 심하게 아프자 용수 엄마는 푸닥거리를 하려고 만신집에 찾아갔다. 그녀가 제물을 다 차리자 만신은 무가를 구송하기 시작했다. 용수 엄마가 자기 머리 위로 손을 들어올려 절을 하려고 하자, 마치 누군가가 팔을 끌어내리는 것처럼 용수 엄마의 팔은 옆구리에서 떨어지지 않았다. 그녀는 팔을 움직일 수조차 없었다. 남편이 죽는다는 것과 그녀가 만신이 된다는 것은 운명이었다. 그녀가 할 수 있는 일은 아무것도 없었다.

신이 내렸을 때 용수 엄마는 경제적으로 어려움에 시달리는 젊은 과부였다. 떠벌이만신은 남편과 떨어져 있었지만 시어머니와 살고 있었다. 물론 시어머니가 나중에 이혼을 강요했지만. 두 입무자入巫者의 무의식적 동기에 대해 고찰하고 싶지는 않지만, 하비(Harvey, 1979, 1980)는 떠벌이만신과 용수 엄마 같은 여성들이 신들린 행동을 하게 되는 것은 역할에 따른 심각한 스트레스에서 비롯된다고 주장한다. 만신과 같은 여성들이 일반적인 한국의 주부들에게 부과된 사회적, 경제적 압박 면에서 훨씬 더 나은 입장에 서 있으며, 그들이 신복을 입고 신의 권위를 가지고 말한다는 것도 사실이다. 그러나 만신이 즐기는 개인적이고 경제적인 만족감이 무엇이든지 간에, 만신과 만신의 가족은 그에 해당하는 대가를 지불한다. 무당은 조선의 직업계층 체계에서 백정, 점쟁이, 광대, 승려, 기생과 함께 '천민'으로 분류되었다. 초기의 한 선교사에 따르면, "때때로 양반 가문의 딸이 무당이 될 수도 있다. 하지만 가족들은 딸이 무당이 되는 것보다 죽어 버리는 것이 낫다고 생각하기 때문에 양반의 딸이 무당이 되는 일은 드물다"(Allen 1896, 164).

여성 예능인이라 할 수 있는 기생과 마찬가지로 무당은 공적인 자리에서 춤추고 노래하는 일에 종사한다. 성性과 관련된 모호한 부분이 만신의 공연 주변에 존재한다. 무당은 민간전승과 문헌에서 "음탕한 여성"으로 묘사되며 종종 그렇게 생각된다(Wilson 1983). 만신 조영자는 군수가 점을 본다는 구실로 자기 집에 와서 잠자리를 요구했다고 장주근과 최길성에게 이야기했다. 역겨움을 느낀 그녀는 가까스로 그 상황을 모면했고 그 후로는 모든 면에서 군수와 냉담해졌다(장주근, 최길성 1967, 32-33)

만신은 주로 여성 관객들 앞에서 공연하지만, 대감신령이 '복잔'을 팔 때면 신복을 입은 만신이 남자 단골을 찾아 집안을 돌아다닌다. 남자들은 집 한쪽 편, 굿이 벌어지는 곳에서 최대한 먼 쪽에서 자기들끼리 술을 마신다. 그러다가 술기운 때문에 불그레해진 얼굴로 굿을 하는 대청에 나타나는데, 대담한 남자들은 대청 위에서 몇 걸음을 떼며 춤을 추기도 한다. 대감신령의 복잔을 살 때 남자들은 만신의 가슴띠 속에 지폐를 꽂아 넣는다. 하지만 남자들은 그선에 만신의 얼굴 앞에서 지폐를 흔들며 애를 먹인다. 넉살 좋은 남자는 돈을 만신의 가슴띠 속에 끼워 넣기 전에 만신의 가슴을 살짝 잡아 보려고도 한다.

만신은 두 가지 엇갈린 목적을 동시에 지니고 있다. 다시 말해, 내숭을 떨고 추파를 던지면서 남자들이 복잔을 더 비싸게 사도록 만들어야 하지만, 동시에 한 여성으로서 남자들의 짓궂은 행동에서 자신을 방어하고 명예를 지켜 내야 한다. 용수 엄마에게는 임기응변의 재주가 있다.

지금은 그런 일이 별로 없지만, 내가 처음 굿판에 갔을 때에는 남자들이 가끔 나를 귀찮게 했지. 촌에 있는 어떤 집에서 굿을 할 때였어. 대감님 잔을 팔면서 여기 저기 다니고 있는데 어떤 개자식이 내 젖가슴을 잡더라고. 내가 손을 뺐으니까 장구재비가 더 빨리 장단을 치더라. 그래서 얼른 손을 들어올려서 춤을 추기 시작했지. 그랬더니 그 남자가 내 손에 맞아 벌렁 넘어지더라고. 조금 있다가 그 남자가 "그게 뭔 짓이냐."고 하데. 그래서 "아, 그건 내가 그런 게 아니라 대감님이 그러신 것이오."라고 대답했지. 또 언젠가는 내가 장구를 치고 있는데 어떤 남자가 "아줌마, 아저씨는 어디 갔어? 아저씨는 지금 뭐 하셔?"라고 계속 묻더라고. 팔을 크게 휘둘러 장구를 더 빨리 쳐대면서 장구채로 그 남자를 때려 버렸지.

대문 밖에서 진오기굿이 열리면 남자들이 한쪽 옆으로 모여든다. 그리고 우아하게 장구를 치면서 공주 옷을 입고 바리공주 무가를 부르는 만신을 바라본다. 내가 살던 집의 여주인은 지금은 늙었지만 한때 대단히 아름다웠던 유명한 만신에 대해 이야기해 주었다. "만신이 망자를 위해 바리공주거리를 하면 끝이 없어. 이 사람이 만신을 업고 나면, 또 저 사람이 껴안고."

유교적 가치규범으로 보자면 만신이 대중 앞에서 춤을 추는 행위만으로도 규범을 어기는 것이다. 영송리에서 벌어지고 있던 굿을 멈추고자 파출소에서 나온 경찰관은 "저 사람들이 장구 장단에 맞춰 학생들 앞에서 춤을 추고 있었다."는 이유만으로 만신을 체포하겠다고 위협했다. 젊은이들의 도덕교육을 망친다는 것이었다. 하지만 결국에는 "담뱃값"이 담긴 돈봉투가 그 이상적인 규범을 잠재웠다.

경기도 북부에서 내가 알고 지냈던 만신들을 사회적으로 따돌림당하는 사람으로 묘사하는 것은 잘못이다. 남편이 없기 때문에 용수 엄마의 집은 마을 여자들이 가장 좋아하는 모임장소다. 그들은 틈날 때마다 용수 엄마의 집에 들러 학교 등록금, 허술한 마을 치안, 이웃마을의 계 모임에 대해 수다를 떨거나 한담을 나눈다. 심지어 '미신'을 경멸하고 진보적인 성향을 지닌 이장 부인조차 각자 자기 생각을 분명하게 말할 수 있고 수다스런 이 모임을 찾는다. 용수 엄마는 생일잔치에서 가장 인기 있는 손님이다. 그녀가 노래하기 좋은 분위기를 돋우고 사람들을 흥겹게 만들기 때문이다. 가끔은 여자들이 춤추게 장구를 가져오라는 부탁을 받기도 한다.

그러나 용수 엄마의 삶은 늘 잠재적인 모욕의 그늘 아래 놓여 있다. 마을 사람들의 말에 따르면, "얼마 전까지는 아이들조차 무당에게 반말을 할 수 있었다." 이제는 더 이상 그렇지 않지만, 싸움이 날 때면 용수 엄마의 직업이 여전히 들먹여진다. 용수 엄마와 홀아비 윤씨는 좋은 친구 사이였다. 마을에는 둘이 결혼할 것이라는 소문이 났다. 윤씨의 며느리는 두 사람이 결혼할 수도 있다는 생각에 심란해졌고 결국 참지 못하고 용수 엄마에게 소리를 질렀다. "우리 집에 들락거리지 말아 줬으면 해요! 나는 우리 집에 무당이 오는 게 싫어요! 무당이 집에 오면 재수가 없잖아요." 자존심에 깊은 상처를 입은 용수 엄마는 윤씨 가족을 피했고 더 이상 결혼 이야기는 나오지 않았다.

수양딸이 결혼한 후에 용수 엄마는 사위가 자신의 직업을 알아채지 못하도록 주의했다. 그녀는 정월 초이튿날 단골들을 위한 홍수매기를 서둘러서 끝냈다. 왜냐하면 바로 그날 신혼부부가 인사를 드리러 오기 때문이었다. 수양딸 부부가 집에 와서 신당에서 제금을 치고 있는 자기를 볼지도 모른다는 생각에 걱정스러웠던 것이다.

떠벌이만신의 올케는 자기 아이들이 굿판에서 장구 장단에 맞춰서 춤추고 있는 모습을 보았다. 그녀는 아이들을 소리가 날 정도로 때리고 난 뒤 무당 집으로 시집온 자신의 불행을 원망하며 울었다. 이런 일은 떠벌이만신의 가족에게 일상적인 일이었다. 하지만 떠벌이만신은 어떤 상황에서도 당황해서 말을 잃어버리는 법이 없었기에 다음과 같이 맞받아쳤다. "그래? 원래 너도 여기가 무당 집인 걸 알고 있었잖아. 그러면 내 동생하고 결혼할 필요도 없었고 여기 살러 오지 말았어야지."

만신은 매혹적이지만 도덕적으로는 애매한 여성 주변인들, 즉 여배우, 여성 연예인, 창녀에게 주어진 불명확한 신분의 고통을 함께한다. 이른바 참한 여성은 집에 머물러야 한다는 관념을 가진 사회에서 만신은 다른 여성 주변인들처럼 공연을 통해 생계를—때때로 아주 편안한 생활을— 유지한다. 그러나 만신은 여배우도 아니며 고급창녀도 아니다. 만신은 주부들을 위한 의례 전문가이기에 집안에 머무는 참한 여성들에게 필요한 존재이다. 만신은 참한 여성들 가운데에서 나와 그들처럼 살아가며 그들이 가진 근심과 희망을 이야기한다.

한 여성을 무당으로 만든 신령들은 그녀가 조금이나마 체면치레를 할 수 있는 여지를 남겨 둔다. 신의 부름에 의해서만 무당이 될 수 있다는 것, 그리고 그것이 저항할 수 없는 강제된 운명이라는 것은 잘 알려져 있다.[2] 만신의 이웃들은 그녀가 만신이 되기를 바라지 않았다고 생각한다. 만신은 단골들에게 자기 이야기를 할 때면, 자기가 젖 먹던 힘까지 들여서 그 소명에 저항했지만 심한 고통과 목숨의 위협을 느끼고 난 뒤 결국 굴복하게 되었다고 설명한다.

대부분의 점잖은 주부들처럼 용수 엄마도 굿에서 무감을 서는 것조차 구슬려야 되는 사람이었다. 그녀는 남들 앞에서 제멋대로 춤추는 것이 부끄러운 일이라 생각했다. 그러나 만신의 옷을 입자, 다른 여성들처럼 지칠

---

2 한국의 남쪽 지역에는 세습무 가족들이 있다. 하지만 출생에 의해서건 신의 의지로 무당이 되건 간에 요점은 동일하다. 즉, 무당이 자기의 의지로 무당이 되지는 않는다는 것이다.

때까지 춤추는 대신 그녀에게는 신령들이 내렸다. 그녀가 한 일은 아무것도 없었다. 몇 년 동안의 경고를 외면한 후, 결국 용수 엄마는 만신이 되어야 했다.

무당은 사기꾼이며 탐욕스럽다는 오해로 고통받기도 한다. 만신은 신령의 뜻을 해석하고 그 존재를 드러내 보여 줌으로써 생계를 유지한다. 신령들이 보내는 최후통첩으로 인해 만신의 주머니는 현금으로 두둑해진다. 굿의 희극적인 부분은, 좀 더 많은 돈을 바라는 탐심 많고 욕심 많은 신령들과, 이에 고집스럽게 저항하고 반박하며 마지못해 항복하고 마는 주부 사이의 밀고 당기는 싸움들로 이루어져 있다. 신령들은 돈을 찾기 위해 주머니를 흘끗 들여다보기도 하고 치마를 들춰 보기도 한다. 여성들은 이미 돈을 다 써버렸다고 소리치고, 낄낄대면서 달아나거나 집안으로 몸을 숨겨 버린다. 그리고 나서는 또 다른 욕심 많은 신령과 한판을 벌이기 위해 지폐가 더 들어 있는 주머니를 차고서 나타난다.

이것은 놀이이며, 이 놀이의 규칙은 이미 모두가 알고 있다. 경기도 북부에서는 만신과 손님이 굿의 비용을 미리 정한다. 손님은 굿을 하기 며칠 전에 한 다발의 돈을 만신의 신당으로 가져온다. 굿을 하는 날 만신은 장구에 붙은 전 주머니에 기본 금액을 넣는다. 나머지 돈은 주부에게 돌려주는데, 주부는 굿이 시작할 때부터 끝날 때까지 그 돈을 별비로 삼아 끊임없이 요구하는 신령과 조상들에게 조금씩 지불한다. 주부가 이런 놀이에 전투적인 자세로 참여하지 않는 경우, 만신은 그 굿 "맛이 심심하다"고 말한다. 용수 엄마는 넌더리를 내며 이렇게 말했다. "저번에 안양 어디 마을에서 굿을 했는데, 그 집 안주인이 달래(이 책의 지은이인 로렐 켄달의 한국식 이름은 경달래이다.—옮긴이) 너보다도 몰라. 우리가 돈을 내놓으라고 하니까, 얼굴 표정 하나 변하지 않고 그냥 내놓더라고."

그럼에도 불구하고 만신의 의례는 많은 비용이 든다. 굿은 가족 예산에서 엄청난 부분을 차지하는데, 가족이 이웃과 친척들에게 아침식사와 술을 정성껏 대접하는 백일잔치나 돌잔치 비용과 맞먹는다. 만신은 신령의 권위로 그 가족에게 푸닥거리, 신당치성, 굿을 하는 데 돈을 쓰라고 충고한다. 또한 신령의 요구가 있으면 단골에게 신복, 방울, 신칼, 악기 등을 바치라고 이야기해 준다. 문제는 여기에 있다. 신령의 말을 전달하는 것과 사기를 칠 수 있다는 가능성이 공존하는데, 특히 신령의 요구가 무당의 수입과 위신을 올려 주는 경우에 그렇다. 만신은 생계를 유지해야 하지만, 그렇다고 단골에게 너무 무리한 요구를 할 수 없다는 것을 알고 있다. 신령들은 많은 것을 요구하지만 만신은 자신의 이미지를 염려한다. 용수 엄마는 자신이 모시고 있는 탐심 많은 신령들과 자신을 구분하려고 노력한다. 그녀는 단골들이 신당에 가져온 과일과 사탕 일부를 되돌려 보낸다. 또한 굿 비용에 대해 있을 수 있는 잠재적인 불만을 억제하기 위해 굿하는 집 가장의 호주머니에 술값을 찔러 넣어 주기도 한다. 그녀는 이렇게 불평한다.

어떨 때는 할아버지들이 다 미워. 할아버지들이 불쌍한 사람들은 품어 줘야 하는데, 야단을 치시는 거야. 어떤 가난한 사람이 신당에 와서 일[의례]을 해야 할 때면 나는 제물을 조금만 가지고 오라고 해. 나는 그 사람들한테 그러면 됐다고 말하거든. 그러고 나서 할아버지 방으로 들어가. 할아버지들이 공수를 줄 때 이러시지. "이게 뭐냐? 이 사람은 너무 적게 차렸구나."라고 하시면서 호통을 치신다니까. 그렇게 말하는 건 내 감정하고는 반대야. 그렇지만 내가 뭘 어떻게 하겠어. 할아버지들이 그렇게 말하게 하시는데.

거짓되고 욕심 많은 무당은 민속문학에서나 현대 한국의 텔레비전 드라마에서 풍자의 대상이다. 게일이 번역한 17세기 문인文人의 야담집에 있는

「정직한 무당」에서는 독특한 내용이 전개된다. 개혁적 성향을 가진 한 지방관이 자기 관할 아래에 있는 모든 거짓 무당들의 활동을 금지하고, 이를 위반하면 사형하겠다는 법령을 선포한다. 어떤 용기 있는 무당이 그 법령은 '거짓 무당'에게만 적용되어야 한다고 주장하면서 이의를 제기한다. 무녀는 자기 직업의 진실성을 입증하기 위해 지방관의 죽은 친구를 불러내었고, 그 친구는 무당을 통해서 그들이 과거에 나누었던 세세한 우정의 사연들을 상기시킨다. 이에 납득한 지방관은 그 무당에게 보상을 하고 자신의 법령을 철회한다(Gale (1913)1963, 125-129). 이 지방관의 이야기는, 예전에는 믿지 않았지만 죽은 친척이 굿에 나타나 당황했다고 나에게 고백한 대도시의 여러 한국인들의 이야기와 닮아 있다.

영송리 여성들은 참된 무당이 있다는 것을 인정하면서도 동시에 돈이 되는 곳에는 사기꾼과 허접한 연기자들이 모인다고 생각한다. 만신들 내부에서도 자기들끼리 서로 비난의 화살을 겨누기도 하며, 마을의 여성들 역시 각자 그들을 평가한다. 극적인 신내림과 신들린 여성의 고통스러운 저항은 그 만신의 정당성을 높여 준다. 여성이 가질 수 있는 얼마 안 되는 직업 중에서 무업巫業이 수익성 높은 직업이라 할지라도, 자의로 혹은 비교적 쉽게 무당이 된 여성들은 의심받기 쉽다. 한 무당이 겪었던 극도의 저항과 고통은 그 무당이 받은 소명의 진실성과 그녀에게 내린 신령이 가진 힘을 사람들에게 입증한다.

내림굿과 학습

내림굿을 할 때 만신들은 각각의 거리마다 굿에 나타

나는 신령들의 옷을 '내린 사람'에게 입힌다. 한 만신은 '내린 사람'의 옆에 서서 신령들이 내려오도록 빈다. 장구소리가 강하게 울려 퍼진다. '내린 사람'은 신령들이 자신에게 내려올 때마다 어떤 신령이 내려왔는지 소리치며 격렬하게 춤을 춘다. "나는 산신불사 승려불사다! 나는 미륵불사!" 혹은 신장의 의복을 입고서 "나는 백마를 타고 오신 백마신장이다! 나는 활옹신장이다! 나는 불사신장이다!" 만신은 '내린 사람'이 신령의 이름을 외칠 때마다 신령들의 이름을 휘갈겨 써 목록을 만든다. 벽에 걸린 신령들의 이름 목록은 새만신이 앞으로 자신의 신당에 모시고 굿을 할 때 불러낼 수 있는 신령들을 새만신에게 보여 주기 위한 것이다.

내가 관찰했던 어떤 내림굿은 만신들이 보기에 실패한 굿이었다. 신령들이 '내린 사람'에게 완전히 내리지 않고 다만 "왔다갔다" 했을 뿐이었다. 만신들은 신이 내린 여성에게 불사신장의 복장을 입혀 주고 빌었다. '내린 사람'은 춤을 추기 시작하더니 오방신장기를 잡고서 춤을 추었다. 그리고 물동이 위에 올라섰다. 물동이 위에 서서 용수 엄마에게 전할 공수가 있노라 이야기했다. 지금 용수 엄마의 마음이 편치 않은 까닭은, 명산에 다녀올 때 함께 간 언니가 불만이 많았기 때문이라고 했다. 신이 내린 여성은 이처럼 성의 없는 공수를 내린 후 신복을 벗었다. 그러고 나서는 만신들끼리 굿을 계속했다.

이 굿은 청춘만신이 신내린 여성을 위해 치른 두 번째 내림굿이었다. 1년 전에 했던 굿도 실패했다. 용수 엄마의 생각에는 경비도 노력도 부족했다. 신령들이 내려올 준비가 안 된 것이다. 용수 엄마는 제대로 신이 내린 사람의 굿과 이 여성의 굿을 다음과 같이 대비했다.

그 여자는 미친 듯이 춤췄어야 돼. 내린 사람들은 장구소리를 들으면 팔을 흔들며 춤을 추게 돼 있어. 그러면서 이렇게 소리 쳐. "내가 이 신령이다, 나는 저 신령이다."라고 말이지. 또 그 여자는 이렇게 말했어야 돼. "너는 월경이라서 부정한데, 여기 왜 왔느냐? 음, 상문이 낀 사람이 있구나!" 그런데 그 여자는 이런 말을 전혀 안 하더라고. 또 "여기 남편하고 싸우고 온 여자도 있구나."라고 할 수 있었는데 그 말도 안 했지. 그리고 그 여자가 불사옷을 입고 신장기를 들었지? 그러면 안 되는 거야. 불사신장은 나중에 오거든. 또 그 여자가 나한테 내가 언니하고 산에 갔었다고 말했는데, 그게 뭐가 중요해? 그 이야기는 청춘만신한테 들었을 테지. 불사가 내려온 게 아냐. 그 집안의 조상할머니가 오르기는 했지. 그게 다야.

조상할머니가 몸주신으로 올랐는데, 이 신은 누구에게라도 오를 수 있는 그다지 중요하지 않은 신이다. 그 '내린 사람'의 행동은 굿에서 무감을 서는 평범한 여성과 비슷했지, 직업적인 만신의 행동은 아니었다.

내림굿이 성공적으로 이루어지고 난 후에 만신은 의지에 따라 신령들이 보내는 환영visions을 볼 수 있다. 그녀는 이제 동전과 생미生米로 무꾸리를 할 수 있다. 용수 엄마가 내림굿을 한 지 3일 후에 한 여성이 점을 보러 그녀를 찾아왔다. 새로운 역할에 아직 익숙지 못했던 용수 엄마는 쌀과 동전을 담을 쟁반을 빌리기 위해 친척집으로 달려가야 했다. 그 후 손님들이 끊임없이 용수 엄마의 집을 찾았다. 행상 일은 점점 하지 않게 되었으며, 점을 치는 일로 만족할 만한 수입을 올리기 시작했다.

여성들은 새 만신에 대해 들으면 호기심으로 그 만신의 신당을 찾는다. 어떤 사람들은 그 만신의 점괘가 정확하고 의례적인 조언이 성공적이었다는 데 감명을 받아 단골로 남게 된다. 또 다른 사람들은 호기심을 채우고 나면 원래 자기의 단골 만신에게 돌아가거나, 다른 무당을 찾아 이곳저곳을 다닌다. 용수 엄마는 만신이 된 후 처음 맞은 정신 없이 바빴던 첫 정월을 다음과 같이 묘사했다. "집이 사람들로 꽉 들어찼어. 다들 운세를 보고

싫어 했지. 밥 먹을 시간도 없더라고. 오줌 싸러 갈 시간도 없었다니까. 몸이 약해지더니, 그해 봄에 꽤 오래 앓았어."

갓 내린 만신은 아직 배워야 할 것들이 많다. 여러 가지 긴 청배무가, 타령, 그리고 굿의 절차를 습득해야만 한다. 새만신에게 내림굿을 해준 무당, 즉 신어머니는 그녀를 굿에 데리고 다니는데, 거기에서 그녀는 제금을 치고 굿상을 차리며, 수고비로 몇천 원을 받는다. 자기 단골을 위해 굿을 할 때는 좀 더 경험 많은 만신을 초청하지만, 이런 굿에서는 새만신이 다른 때보다 쌀과 몫을 더 많이 가져간다.

만신은 굿을 할 때 삼신할머니와 불사를 놀리면서 신령들을 드러내 보이기 시작한다. 옥경 엄마는 내림굿을 한 지 3년이 되었는데도 이런 비교적 간단한 거리조차 어려워한다. 부채를 드는 것을 깜빡하거나 청배무가 전체를 잊어 먹기도 하며, 자기 고향인 경상도 사투리로 알아들을 수 없는 말을 하기도 한다.

불교에서 영감을 받은 이러한 신령들을 놀리는 거리들을 습득한 후, 만신은 대감과 터줏대감을 드러내 보이게 된다. 그리고 점차 확신이 더해져 마침내 모든 굿거리에서 놀려야 하는 신령들을 불러내게 된다. 내가 관찰한 굿에서는 나이 많고 경험 많은 만신들─떠벌이만신, 청춘만신, 방울만신─만이 긴 시간 동안 장구를 치면서 무가를 부르는 부정청배거리를 했다. 내가 조사지역을 떠날 당시 용수 엄마는 무가집巫歌集에 있는 「회심곡」의 '저승사자' 부분을 열심히 배우고 있었다. 만약 그녀가 저승사자를 불러서 몸에 실을 수 있다면, 만신들이 죽은 영혼을 천도하는 진오기굿에서 회심곡 무가를 더 많이 불러줄 것이다.

만신은 실습을 통해서 공연기술을 발전시키지만, 집에서도 연습하고 공부한다. 만신을 가르치는 이는 신어머니인데, 신어머니는 만신이 제금 치는 수준 이상의 일을 시작하기 전에 많은 굿을 보게 한다. 용수 엄마는 이 배움의 과정을 내가 굿을 서서히 알아가는 과정에 비유했다. 그러나 만신들은 자기들의 숙련된 공연은 재능과 노력에 더하여 신의 의지가 혼합된 것이라고 생각한다. 용수 엄마는 이렇게 말해 주었다. "처음 내가 굿에 가기 시작했을 때는 '어떻게 내가 저걸 다 할 수 있을까? 사람들 앞에서 당황하지는 않을까?'라고 생각했지. 하지만 할아버지들이 '이것이 옳다, 이것은 다음에 해라.'라 말해 주시더라고."

만신의 특별한 재주는 궁극적으로 할아버지들의 뜻을 통해서만 숙달된다. 용수 엄마는 집에서 끊임없이 굿의 장구 장단을 연습하다가도 뜻대로 안 되면 장구채를 던져 버리곤 했다. 어느 날 밤, 그녀는 꿈속에서 올바른 장단을 듣게 되었고, 그때부터 장구를 잘 칠 수 있게 되었다. 만신은 신령의 도움을 조급하게 바라서는 안 된다. 옥경 엄마는 불사신령의 탱화를 모시라는 선몽을 받기도 전에 신당에 그 탱화를 모셨다. 그러고는 재수가 없어졌다. 점차 손님이 끊겼으며, 시부모는 그녀와 다투고 나서 시골로 내려가 버렸다. 남편 역시 해고당해 새 직업을 찾아야 했다. 옥경 엄마는 결국 용수 엄마의 조언에 따라 불사신령의 탱화를 신당에서 치우고, 불사신령의 이름이 적힌 종이만을 남겨 두었다.

어떤 만신들은 경력을 쌓아 가면서 신령을 추가로 모시고 그에 따르는 부차적인 능력을 갖게 된다. 용수 엄마가 만신이 되었을 당시 청춘만신은 이미 10년 경력의 무당이었지만 여전히 가난했으며 셋방살이를 하고 있었다. 한번은 청춘만신이 앓아 누운 적이 있었는데, 그녀는 용수 엄마에게 푸닥거리를 부탁했다. 용수 엄마는 푸닥거리 도중 청춘만신의 죽은 아버지가 청춘만신의 의술신장으로 들어와 있다는 것을 알게 되었다. 청춘만신의 아버지는 생전에 약초학과 침술에 뛰어난 한의사였다. 의술신장으로서 그는 자기 딸의 신당에서 특별히 침술을 후원하는 담당자이다. 청춘만신은 아버지가 신적인 영향력을 미치고 있다는 것을 알고 나서 신당에 특별히 의술신장 탱화를 모셨다. 용수 엄마는 청춘만신이 현재 부유해진 것이 강한 힘을 가진 의술신장 덕택이라고 생각한다. 청춘만신은 비록 전문적인 훈련을 받지 않았지만 한의사였던 아버지의 신적인 영향력을 통해 맥을 읽을 수 있다.

청춘만신의 신당에서 행한 굿에서 의술신장이 용수 엄마에게 실렸을 때 "잘 논" 까닭은 용수 엄마가 의술신장의 존재를 처음 밝혔기 때문이다. 용수 엄마는 의술신장이 자기를 좋아한다고 말하지만, 의술신장 역시 요구하는 게 있다. 청춘만신의 굿에서 용수 엄마는 값비싼 술을 마시자 마자 심한 복통을 느꼈다. 심한 통증에도 불구하고 다른 만신들은 용수 엄마에게 터줏대감 거리를 하라고 했다. 그녀가 터줏대감 거리를 하기 위해 일어섰을 때 터줏대감 대신에 의술신장이 나타났다. 의술신장은 자기에게 술을 바치기 전에 먼저 술을 마셨다고 용수 엄마를 야단쳤다. 용수 엄마의 복통은 일종의 벌이었지만, 청춘만신이 젊은 동료에게 빚을 진 관계라는 점을 공식적으로 상기시키고 인정하는 것이기도 했다. 용수 엄마의 복통은 용수 엄마가 의술신장을 위해 술을 사고 용서를 구하자 바로 멈췄다.

굿을 함께 하는 만신들

어떤 만신이 경험을 쌓아 가면서 굿을 잘한다는 명성이 알려지면 다른 만신들이 굿을 할 때 그 만신을 자신들의 팀에 끌어들인다. 나는 만신 세 명만 모여서, 사람들로 빽빽하게 들어 찬 셋방에서 싼 가격의 굿을 짧게 하는 것을 본 적이 있다. 여섯 명의 만신들이 모여서 한 굿은 한 총각의 영혼을 천도하고, 두통으로 점점 쇠약해 가는 총각의 사촌을 치료하는 굿이었다. 총각의 가족은 경비를 아끼지 않았고 집안에는 손님들로 가득했다. 망자의 영혼을 천도하는 마지막 굿거리가 둘째 날 오후 늦은 시간까지 진행되었다.

한 만신이 굿에서 받는 돈은 굿당 1만~1만 5천 원이다. 다른 만신들에게 초청받는 횟수는 그 만신의 기량과 다른 만신들과 일을 잘하는 능력에 달려 있다. 만신들은 대감신령과 신장이 용수 엄마와 "잘 놀기" 때문에 그녀를 초대하여, 힘들지만 볼거리가 많고 재밌으며 별비도 많이 모이는 굿거리를 맡긴다. 저승사자는 성내만신과 잘 노는데, 너무 잘 놀아서 그녀의 공연에 나는 겁을 먹기도 했다. 용수 엄마도 죽은 영혼을 천도하는 굿을 할 때 성내만신을 초청한다.

굿을 함께 하는 팀은 미묘한 호혜성의 규칙에 따라 형성된다. 만약 한 만신이 다른 만신을 초청했는데 그 호의가 되돌아오지 않는다면 나중에 다른 사람을 부른다. 또한 초청을 받아 가게 된 굿에서 자기 노력을 적절히 보답받지 못했다고 느끼면, 자신이 당주 역할을 맡은 굿에서는 자신을 초청했던 만신을 부르지 않으며 추후에 있을 그 만신의 굿에도 참여하고 싶어 하지 않는다.

용수 엄마의 말에 따르면, 떠벌이만신은 욕심이 너무 많다. 떠벌이만신은 자신이 장구를 치면서 무가를 부르고 굿을 시작할 때면 항상 제갓집 기주祈主에게 2천 원을 장구 줄에 매어 놓으라고 한다. 이 돈은 장구에 달려 있는 공용가방으로 들어가지 않고 뒷전거리가 끝나면 떠벌이만신이 챙겨간다. 떠벌이만신은 굿에 초청한 만신들과 몫을 나눌 때도 인색하다. 용수 엄마는 여러 만신들이 먼 데서도 떠벌이만신을 굿판에 부르곤 했지만 이제는 그러지 않는다고 말한다. 하지만 떠벌이만신은 무당으로서 성공을 거두었기 때문에 다른 만신들의 호의에 의존할 필요가 없다. 그녀에게는 20년 동안 무업을 하면서 생긴 많은 단골들이 있으며, 자신이 내림굿을 해준 두 만신 옥경 엄마와 용수 엄마가 마지못해 충성하고 있다. 떠벌이만신의 단골 굿과 두 신딸의 단골 굿으로도 충분히 바쁘고 부유하다. 내가 떠벌이만신을 알고 지낼 때 그녀는 의정부에 새 집을 구입하여 버드나무시장에서 이사를 했다.

용수 엄마는 음력으로 1977년 2월부터 굿을 시작해서 총 35회의 굿을 했다. 그중 여덟 번은 용수 엄마의 단골 굿이었고, 이 굿에 다른 만신들을 초청했다. 봄에는 자기 신당의 신령들을 대접하기 위해 굿을 했는데, 세 명의 만신을 초청했다. 옥경 엄마의 굿에는 열한 차례 초청을 받아 갔다. 경험이 많지 않은 옥경 엄마는 서울 주변의 신흥 도시인 안양에 살고 있는 도시 이주민들 사이에서 바쁜 나날을 보내는 중이었다. 옥경 엄마의 동생이 그곳에 살고 있었는데, 최근에 이사를 들어온 이웃들이 점을 봐야 할 필요가 있을 때면 옥경 엄마를 불렀다.[3] 옥경 엄마, 용수 엄마, 떠벌이만신은 안양에 있는 여러 집들의 좁은 방에서 여러 번 굿을 했다.

떠벌이만신과 청춘만신이 각각 다섯 번의 굿에 용수 엄마를 초청했으며, 이 외에도 용수 엄마는 다른 만신들이 조직한 여섯 번의 굿에 참여했다. 용수 엄마가 당주무당이 되어 굿을 할 때에는 떠벌이만신, 청춘만신, 옥경 엄

---

3 옥경 엄마는 내가 조사지를 떠난 이후 안양으로 이사했다. 그녀의 열성 단골이 옥경 엄마 남편의 직장을 안양에서 알아봐 주고 있었다. 한국에서 급속하게 팽창하고 있는 시에 거주하는 사람들 중 많은 이들이 최근 시골에서 이사 온 사람들인데, 그들은 여전히 친척 및 친구들과의 관계망을 유지하고 있다. 안양에 살고 있던 상점 주인들이나 도시 이주민 아내들은 위기를 해결하기 위해 시골 마을에 있는 무당을 불렀다. 어떤 무당들은 이후에 그곳에 정착하기도 했다.

마를 초대한다. 망자의 혼을 저승으로 천도하는 진오기굿을 할 때는 성내 만신을 초청한다. 그해 초, 용수 엄마는 옥경 엄마의 어설픈 굿에 정이 떨어져 몇 차례의 굿에 그녀를 부르지 않았다. 하지만 나중에 옥경 엄마의 굿 실력이 향상되고 두 사람 모두가 떠벌이만신에게 불만을 갖고 있다는 점 때문에 다시 어울렸다. 생기발랄한 유머감각도 서로 맞았다. 여학생들처럼 낄낄거리면서, "달래야, 미국으로 돌아가면 용수 엄마한테 맞는 코 크고 성격 좋은 홀아비나 한번 찾아봐."라며 서로를 놀리곤 했다. 만신이 자기 점을 칠 수는 없기에 두 사람은 마음이 무거울 때면 서로에게 점을 쳐달라고 부탁했다.

같은 해, 용수 엄마는 자기보다 나이가 많은 청춘만신과도 가까워졌다. 청춘만신은 그녀에게 떠벌이만신과 관계를 끊으라고 충고했다. 그러면 용수 엄마의 신령들이 더 좋아할 것이라는 공수를 주었다. 청춘만신의 아들이 다리를 다친 후 잘 낫지 않자 용수 엄마가 푸닥거리를 해주었으며, 용수 엄마가 아팠을 때에는 청춘만신이 맥을 짚어 보고 한의사를 추천해 주었다. 같은 해, 청춘만신은 신딸과 심하게 다툰 후 관계를 끊었다. 그 다툼은 신딸이 굿을 하는 동안 모인 돈의 일부를 몰래 가져가는 것을 용수 엄마에게 들킨 데에서 비롯되었다.

굿에서 만신들이 이루는 조합은 개방적이고 유동적이다. 이 조합은 굿에 따라서 새롭게 형성되며, 한 명의 만신은 1년 동안 여러 다양한 만신들과 함께 일한다. 그러나 만신들은 오랫동안의 의리 때문에 동료들 가운데 특정한 만신을 선호하거나 호혜관계를 유지하는 경향이 있다. 자주 협력하여 일하는 만신들은 서로 간의 긴밀한 유대관계를 형성한다. 그들은 서로의 점을 쳐주고 서로의 신령들을 불러내기도 한다. 그러나 이 관계는 임의적인 수고비 분배를 둘러싸고 형성되는, 잠재적으로 불안한 직업적 관계이기도 하다. 질투와 뒷담화는 언제든 일어날 수 있다.

만신 집에 오는
여성들

　　무당의 점(무꾸리)은 어떠한 의례적 치료를 하는 데 있어서 첫 번째 단계에 해당한다. 전씨네 할머니와 같은 여성들은 병이 갑자기 생기거나 그 병이 지속될 때 혹은 가정불화가 생겼을 때, 어떤 악의적인 기운이 그 문제들 배후에 잠복해 있다는 의심이 들면 만신의 집을 찾아간다. 용수 엄마의 신당에서 내가 들었던 하소연의 내용은 폐렴, 세균에 감염되어 다리에 생긴 질병, 귀신에 들려서 "미쳐" 발작하는 문제, 알코올 중독 문제, 꿈을 자주 꾸고 마음이 안정되지 못하고 심란한 상태 등이었다. 이 가운데 마지막 경우에 해당한 한 여성은 자기에게 신이 내린 건 아닌지 걱정했다. 그러나 용수 엄마는 그녀의 걱정을 웃어 넘기면서, 그녀가 겪고 있는 문제의 원인은 흔히 있는 신령의 불만 때문이라는 점괘를 말해 주었다. 용수 엄마의 신당을 찾았던 여자들은 남편이나 아들의 직업 전망, 갑자기 닥친 경제적 문제 등을 걱정했다. 남편이 직업을 바꿔야 할까요? 아들이 사우디아라비아에서 일하는 데 필요한 신원보증을 받을 수 있을까요? 가족이 운영하는 쌀가게에 도둑이 들었는데, 이것은 무슨 조짐인가요? 어떤 여자들은 바람기 많은 남편이 자신을 버릴지도 모른다고 걱정했다. 이들 가운데에는 배우자가 "바람을 피운다"고 막연하게 의심하는 여성들도 있었지만, 한 젊은 여자는 시골에서 보낸 쌀을 남편이 정부에게 나눠 주고 있다고 확신했다. 바람을 피우다 들킨 어떤 여자는 화가 잔뜩 난 남편에게서 생명의 위협을 느끼자 민망한 차림으로 만신 집으로 도망쳐 오기도 했다. 이 외에도 사소한 반항에서부터 기독교에 대한 광신, 소소한 도둑질, 갖가지 비행에 이르기까지 제멋대로 행동하는 자식들, 의붓자녀, 혹은 손자들에 대해 물어보는 여성들도 있었다. 어떤 시어머니는 집 나간 며느리를 어떻게 하면 좋을지 물었다. 집을 나온 어떤 며느리는 남편과 이혼을 해야 할지 말아야 할지 궁금해했다. 나이 많은 한 여자는 자기가 결혼한 아들 집에 가서 살아야 할지를 물어보았다(부록 2를 참조).

만신은 점상占床을 가져와 그 앞에 앉기 전에 방문한 여자 손님들과 잡담을 나눈다. 실제로 점을 보기 전에 걱정거리를 털어놓는 사람들도 있는데 대개 오랜 단골들의 경우에 그러하다. 만신을 처음 찾아온 손님들은 자신의 걱정거리를 숨긴 채 만신이 점을 통해 얼마나 많은 것을 알아내는가를 보려는 경향이 있다.

만신이 점상을 내온다. 점상은 한국 가정에서 음식을 내놓을 때 쓰는 평범한 낮은 상과 똑같다. 점상 위에는 한 무더기의 생미生米와 엽전, 그리고 만신의 예지력을 일깨우는 놋쇠 방울이 놓여 있다.

"자 이제, 볼까요."라고 만신은 말하면서 점상 뒤편에 무릎을 꿇고 앉는다. 손님은 지폐를 상 위에 있는 쌀더미 아래쪽에 올려놓는다. 1977년과 1978년, 용수 엄마의 신당에서 점을 보는 비용은 보통 500원이나 1천 원이었다. 만신은 이제 귓가에서 방울을 흔들며 신령들에게 "정확한 공수"를 보내 달라는 주문을 외운다. 손님 가족 각각에 해당하는 공수를 받는데, 만약 손님의 남편이 살아 있다면 남편의 점괘가 먼저 나온다. 만신은 점괘의 대상인 식구들의 이름과 나이를 신령들에게 고하고 엽전을 상 위에 던진 후 마찬가지로 쌀을 한 줌 집어서 던진다. 그러면 대신할머니가 무언가를 말해 주고 어떤 환영을 보여줄 것이다.

엽전과 쌀이 배열된 모양은 고객의 걱정거리에 대한 실마리를 제공한다.

엽전이 넓게 퍼진 모습은 부부 간 혹은 부모 자식 간에 다툼이 있거나 재정적 손실이 있음을 나타낸다. 엽전들이 길게 늘어서 있고 마지막에 엽전 한두 개가 이탈해 있으면 누군가가 집을 떠나거나 직업에 변동이 있음을, 혹은 누가 죽거나 객사한 조상이 불길한 영향을 끼칠 수도 있음을 의미한다. 쌀이 바닥에 조금 떨어진 것을 재정적으로 신중을 기해야 함을 경고한다. 이럴 경우, 그 손님은 직업을 바꾸거나 집을 사는 일을 연기해야 한다.

만신은 상황을 설명하면서 그것이 맞는지 아닌지를 확인한다. "남편이 감기나 뭔가에 걸린 것 같은데, 그런가요?" "열세 살짜리 딸이 아버지랑 잘 지내지 못하는 것 같은데, 맞아요?" 만신은 자신이 본 환영을 고객이 제공하는 정보와 섞어 가면서 주제를 발전시켜 나간다. 엽전과 쌀을 좀 더 많이 던지면 대신할머니가 좀 더 구체적인 환영을 보낸다. "커다란 둑이 보이네. 혹시 집 근처에 그렇게 생긴 것이 있어요?" 여성 손님과 이웃들이 고개를 끄덕이면서 긍정한다. "그 자리를 조심해야겠어요." 또 다른 여자에게는 이렇게 말한다. "당신 딸한테 남자가 둘 있는데, 하나는 꽤 멋있고 다른 하나는 똑똑하기는 한데 너무 꼼꼼해. 당신 딸이 특별히 똑똑하지는 않으니 만약 두 번째 남자와 결혼하면 더 행복하기는 하겠지만, 그래도 매사에 조심하고 가정을 신중하게 이끌어야겠어."

때때로 만신은 고객 가정에 불만을 가진 신령과 조상들이 있음을 본다. "당신 가족 중에 칼을 차고서 궁에서 봉사하던 먼 친척 할아버지가 있었어요?" "당신 집안에 집 밖에서 피를 흘리며 죽은 사람이 있었어요?" 만신은 손님이 가진 문제의 초자연적 원인들을 밝혀내면서 욕심 많은 신령의 요구를 진정시키거나, 비참한 상태에 있기에 위험한 영혼을 "좋은 곳으로 멀리" 보내기 위해 적절한 의례를 제안한다.

주부가 만신의 점괘를 평가하고 신뢰하려면 주부 스스로 남편의 가족이나 친정 쪽 친척들의 초자연적인 역사를 알아야 한다. 만약 만신이 손님의 집안에 "부처를 공경했던 할머니"나 "애를 낳다가 죽은 색시"가 있었다고 확신할 때에는 손님에게 이렇게 말한다. "집에 가서 나이든 사람들에게 물어봐요. 그 사람들은 이런 것을 알고 있을 테니까."

　외국인인 나는 손님으로서 암담했다. 용수 엄마가 나에게 "젊어서 죽은 삼촌이나 숙모"가 있는지를 물었을 때, 약간의 가족사를 해명할 수 있으리라는 기대를 걸고서 집에 편지를 보냈다. 어머니는 "만약 네 할머니들이 비밀생활을 했던 게 아니라면" 그런 혼령은 없다고 답장을 보냈다. 용수 엄마는 "우리는 너 같은 외국인들이 미국에서는 어떻게들 하는지 모르지."라고 말했다. 내가 중국계 미국인 친구를 데리고 점을 보러 갔을 때, 용수 엄마는 동양사람끼리 느끼는 친근감을 가졌으며, 정체불명의 혼령들도 무심결에 넘겨 버리지 않았다. 용수 엄마는 내 친구의 가족 중에 집 밖에서 죽거나 애를 낳다가 죽은 누군가가 있는지 혹은 관직에 있었던 조상이 있었는지 물었다. 내 친구는 아버지가 어렸을 때 중국에서 유괴되어 양부모가 키웠기 때문에 아버지 가족에 대해 전혀 아는 바가 없다고 설명했다. 용수 엄마는 이 설명을 있는 그대로 인정하지 않았다. "집에 들렀을 때 어머니에게 물어봐요. 두 사람이 이런저런 이야기를 하다 보면 어머니가 이런 일들에 대해 이야기해줄 테니까." 내 친구는 어머니가 가족에 대해 아는 바를 모두 자신에게 이야기해 주었다고 다시 말했다. 친구 아버지의 뿌리는 수수께끼였다. 용수 엄마는 친구 어머니가 결혼한 딸에게 자기 가족의 신령과 조상들에 대해 말해 주지도 않고서 외국 땅에서 가정을 꾸리도록 보냈다는 사실에 질겁하면서 내 친구를 더욱 걱정했다.

1년 신수 보기

음력으로 한 해가 시작되는 첫 두 주 동안 여성들은 "1년 신수를 보기" 위해 만신의 집으로 몰려든다. 설은 각 가정에 있어서 새롭고 경사스러운 출발점이다. 여성들은 가족 구성원 각각에 대한 공수를 받는다. 만약 해로운 어떤 것이 자신이 책임지고 있는 누군가를 위협한다면, 여성들은 정월 보름달 아래에서 간단한 의례를 함으로써 "그것을 정화"할 수 있다.

이 시기는 농민들에게 겨울 농한기에 해당하기 때문에 만신 집을 찾아오는 여성들은 휴일 기분에 젖어 있다. 대부분은 무리를 지어 온다. 여성들은 자기 차례를 기다리면서 따뜻한 안방에 모여 앉는다. 오랫동안 기다려야 하는 경우에는 화투를 치거나 잠깐 잠을 자거나, 혹은 다른 사람의 점괘를 듣기도 한다. 그들은 남편의 간통 문제나 제멋대로인 아이 문제 또는 가엾은 혼령에 대한 점괘가 나올 때면 동정 어린 한숨을 내쉰다. 여성의례의 용어들을 아직 잘 모르는 젊은 주부가 있으면 이것저것 가르쳐 준다. 서구의 의사나 정신분석학자의 사무실에 있는 내밀한 분위기가 그들 사이에는 없다. 고해소의 익명성은 이곳에 존재하지 않는다. 여성들은 서로서로의 이야기를 즐기며 다른 사람들의 공감을 허용한다.

여성들은 남편, 자기 자신, 살아계신 시부모, 아들들, 미혼의 딸들, 며느리, 친손주들에 대해 점 보는 것을 당연하게 생각한다. 그러나 많은 여성들이 '가족'—자신이 시집왔고 만신의 신당에서 자신이 대표하는 가족— 이외의 관계에 있는 사람들의 운세를 보려면 별도로 100원이나 200원을 내야 한다. 어떤 여자들은 결혼한 딸과 사위 그리고 외손자, 또는 다른 친척들에 대해서도 묻는다. 1978년의 1년 신수점을 보던 한 여성이 친정어머니, 오빠, 올

144

케, 친언니에 대해서 물었다. 용수 엄마는 "그 사람들은 알아서 뭐 하려고 그래요?"라면서 빈정댔지만 점을 봐주었다. 여성들은 어머니, 결혼한 딸, 형제자매들에게 관심을 갖고 있지만, 점을 보려면 추가 비용을 내야 한다.

1년 신수점에서 만신은 위험한 달과 이로운 달을 예언하며, 잠재적으로 위험하다고 생각되는 활동에 대해서 주의를 준다. 그리고 위험을 예방할 수 있는 의례적 행동을 제안한다. 다음은 일흔 살 과부에 대한 용수 엄마의 1년 신수점을 요약한 것이다.

일흔 살 잡수신 할머니. 이 할머니는 먼 데로 여행을 가시면 안 되겠네. 이번에는 조심해야 돼요. 자식들한테는 귀인이 나서겠네요. 어떤 사람이 7월이나 8월에 도움을 가지고 올 겁니다. 할머니한테는 3, 4월에 좋은 소식이 있겠네요.

서른아홉 살 먹은 아들은 병문안을 가면 안 되겠네요〔운세에 따라 금년에는 아들에게 해로운 기운이 침입하기 쉽기 때문에〕. 서른다섯 된 며느리는 구설수를 조심해야겠네요. 열두 살짜리 손자는 사거리에 오곡을 놓고 애 이름이 적힌 허수아비를 던지며 푸닥거리를 해줘야겠어요〔왜냐하면 아이에게 해로운 것들이 따라다니고 금년 운세가 너무 안 좋기 때문에〕. 여덟 살 손녀는 운세가 좋긴 한데, 솔방울을 그 아이 나이만큼 꿰어서 태워야 될 것 같고, 정월 보름날 밤에 하면 되겠네.

서른다섯 먹은 아들한테 지금은 슬픔과 괴로움이 있지만, 운세가 이제 바뀌고 있네요. 부부 사이에는 문제가 없으니 걱정할 것이 없어요. 일곱 살짜리 손자가 감기 같은 것에 걸렸네요. 그 아이 운세가 좋지 않으니 좀 주의해야겠어요. 아직 결혼을 안 한 서른 살짜리 아들은 여자친구도 없네. 그렇지만 내년에는 나아져요. 그 애는 서른둘에 장가를 가야 해요. 아마 서른다섯이나 서른일곱이 되면 성공하겠네요.

허수아비 만들기, 사거리에 오곡 놓기, 보름달 아래서 솔방울 태우기는 음력 정월 보름에 행하는 소규모 의례이다. 첫 번째 보름달은 새해 휴일의 끝을 표시하며, 이때는 한 해 동안 잠복하면서 가족 구성원들에게, 특히 어린아이들에게 위협이 되는 해로운 기운을 풀어 주는 시기이다. 만신이 예지력을 통해서 길 위에 해로운 기운, 즉 홍액 덩어리가 있음을 보게 되면 손님에게 아이의 어머니나 할머니가 사거리에 오곡을 놓아두었다가 나중에 아이의 머리 위에서 돌려 흔든 다음 밖으로 던지라고 이야기해 준다. 아이 어머니는 아이에게 특히 차를 조심시켜야 한다. 만신은 물고기가 헤엄치는 모습을 환영에서 보게 되면 여성 손님에게 아이의 이름, 나이, 생일을 종이에 써서 보름날 아침 그 종이로 한 줌의 아침밥을 싸놓으라고 말한다. 그러면 이 여성은 그 꾸러미를 우물이나 강에 버리면서 이렇게 말한다. "가져가라, 고기야!" 아이의 익사할 운명을 밥이 대신하는 것이다.

만신은 손님에게 특정한 달에는 아이가 수영이나 낚시 혹은 등산을 못 하게 해야 한다고 주의를 주기도 한다. 그러면 손님은 한숨을 쉬며 "내가 그걸 어떻게 막을 수 있겠어요?"라고 대답한다. 만신은 주부에게 그해에 가족 구성원들 중 누구의 운세가 취약한지를 말해 주고, 그들이 장례식이나 잔칫집 혹은 병든 친구의 문병을 가지 말아야 한다고 이야기한다. 손님의 회갑잔치 날짜를 좀 더 길한 달로 바꾸라고 조언하거나, 손님의 아들이나 딸의 애인이나 중매쟁이가 추천하는 사람의 궁합을 봐주기도 한다. 만신은 손님의 "조상들이 배고파하고 신령들이 놀기 원하는" 때를 알아내고, 손님의 가족에게는 신년 초에 굿을 하라고 권유한다. 만신에게 초봄은 바쁜 계절이다.

점괘를 통해서 손님들이 받는 내용에는 의례적 정보와 상식적인 충고가 섞여 있다. 영송리에 세 들어 살던 한 군인의 아내는 남편이 바람을 피울까 걱정하고 있었다. 동정심 많은 한 이웃이 그녀를 용수 엄마에게 데려왔다. 용수 엄마는 그녀에게 남편의 직업적 성공을 위해 놋쇠방울을 신당에 바치라고 제안하고 나서, 그녀의 가정생활이 "이미 먹어 버린 떡"처럼 어찌해 볼 도리가 없을 상황까지 가지 않으려면 예쁘게 차려 입고 남편에게 맛

있는 음식을 해주라고 가르쳐 주었다.

우울 증세를 보이는 한 젊은 여자가 외할머니와 함께 신당으로 찾아왔다. 그 여성은 사랑해서 결혼했지만, 당시 미국에 가 있던 남편에게서 몇 달 동안 한 통의 편지도 받지 못했다. 그녀는 꿈속에서 남편이 여자들로 가득 찬 방에 있는 모습을 보았다. 용수 엄마의 점괘에 의하면, 결혼하지 못하고 죽은 시고모의 혼령이 질투가 나서 그들의 결혼 생활을 방해하고 있었다. 용수 엄마는 그 귀신을 몰아내고 나서, 그 젊은 여자에게는 시골에 있는 시부모 집에 가 있으라고 제안했다. 여자는 봄철 파종기 내내 시부모를 위해 음식과 청소를 했으며, 그들에게 감사라는 부채감을 가지게 함으로써 멀리 있는 아들의 정실이라는 자리를 다지게 되었다. 바람 피운 사실이 들통난 여자에게는 "신당에서 향이나 피우고 촛불이나 켜요. 그리고 집에 가서 용서를 빌어. 당신이 할 수 있는 건 그게 전부요."라고 퉁명스럽게 말했다.

여성은 약간의 양가감정을 가진 채 만신에게 간다. 그녀는 만신이 초자연적 문제를 식별하고 의례적 행위를 제안할 것이라고 생각한다. 의례는 그다지 비싸지 않은 푸닥거리건 복잡한 굿이건 간에 현금을 필요로 한다. 한길 엄마는 이렇게 말했다. "나는 더 이상 만신 집에 안 가. 그 사람들은 항상 돈이 드는 일을 시키지만 나는 할 수가 없거든. 이제는 예수만 안 믿었지 기독교인하고 같아." 어떤 여자들은 만신에게 냉소적인 태도를 보이지만 한길 엄마는 아니다. 그녀는 굿판에서 나를 볼 때면 나도 내 신령들을 위해서 춤을 춰야 한다고 충고해 주었으며, 용수 엄마의 신당에서 굿이 있으면 변함없이 와서 구경하던 여성들 중 하나였다. 점은 만신의 일 처리 과정에서 중요한 첫 단계에 해당하지만, 이 단계에서 끝날 수도 있다. 용수 엄마가 어떤 여성에게 놋쇠방울을 바치라고 하거나 굿을 하라고 조언할 때면 그 손님은 대개 이렇게 말한다. "남편하고 상의를 해봐야 될 것 같아요." "일단 집안 어른들이 뭐라고 말씀하실지 들어 봐야 될 것 같아요."
손님은 집에 가서 가정 상황을 고려해 가며 가능한 이익을 깊이 생각해 본
다. 한 여자는 이렇게 말했다. "그 사람들이 말하기를 우리 집안의 할머니
가 큰무당이었기 때문에 굿을 해야 한다고 하는데, 그건 돈이 너무 많이 들
어가요." 어떤 여자는 자기 문제가 앞으로 개선될지 그냥 기다리면서 두고
보기로 결정했다. 예를 들어 이렇게 말한 여자도 있었다.

몇 년 전에 의정부에 사는 만신을 찾아갔었어요. 누가 그 만신이 좋다고 하더라
고요. 그래서 혼자 거기에 갔죠. 내 남편이 금전적으로 계속 손해를 보고 있어서
마음이 편치 않았거든요. 만신은 "굿을 하라"고 했는데 안 했어요.

만신의 조치에 만족했던 여자들은 이렇게 말했다.

지난해에 아팠어요. 기력이 하나도 없고 온몸이 아프더라고요. 병원에도 가봤
고, 돈도 많이 들어갔죠. …… 푸닥거리를 하고 나서 괜찮아졌어요.

또는,

2년 전에 큰아들을 위해서 굿을 했어요. 걔가 술을 너무 많이 마셔대서 그런지
가슴이 아프다고 하더라구요. 양약을 먹었는데 통 듣지를 않더라고. 명두만신이
굿을 하고 나서 좋아졌죠. 그리고 나서는 병원에 갈 일이 없어요.

어떤 여자들은 만신의 노력으로만 치료에 성공했다고 생각하지는 않는다.
"만신이 푸닥거리도 했고 또 딸이 약도 먹었어요. 그랬더니 좋아지더라고요."
만신의 치료에 불만이 큰 손님들도 있었다. 송씨네 작은집 식구들 모두가 아
들의 심각한 두통이 우환굿을 해도 낫지 않자 기독교인이 되었다는 것은 송

씨네 주변 이웃들이 모두 알고 있는 일이다. 송씨네 집 아들은 몇 개월이 지난 후 서서히 회복되었다. 어떤 여자는 자기가 자궁암에 걸렸다는 사실을 알게 되었을 때 만신을 더 이상 믿지 않게 되었다고 말했다. 이와 반대되는 경우에 해당하는 젊은 여자도 있는데, 그녀는 기독교의 신에게 병든 부모를 살려 달라고 기도하였다. 하지만 부모가 사망하자 신앙생활을 그만두었다. 그리고 이후로는 굿을 후원하고 있었다. 만신이 하라는 굿을 하면 고통받는 가족 구성원이 나을 수 있었을까 궁금해하는 여성들도 있다.

3년 전, 용하다는 만신을 찾아갔었죠. 몸이 마비된 남편을 위해서였어요. 만신이 푸닥거리를 하는 굿을 하라고 하더라고요. 굿은 안 했고, 남편은 죽었어요.

또는,

내 아들은 열여섯 살 때 죽었어요. 만신에게 갔었어야 했는데, 그러질 않았던 거죠. 그 애 허벅다리에 문제가 있었는데 겉에서 보기에는 말짱했어요. 우리도 몰랐고 병원에서도 마찬가지였어요. 병원에도 갔고, 한의원에도 갔는데.

뒤늦게나마 돌아오는 여성이 있는가 하면 그렇지 않은 여성도 있다. 어떤 여자들은 보다 확실하고 인상적인 점괘를 내는 다른 만신을 방문한다.[4] 그리고 다음 날 바로 용수 엄마를 다시 찾아와 자기 집 신령과 조상, 그리고 귀신의 문제를 돌봐 달라고 부탁한다. 내가 발견한 바에 따르면, 만신의 손님들은 유순하지도 않고 수동적이지도 않다. 그들은 사기꾼 무당의 윽

---

4 윤순영은 수동마을을 연구하면서 "환자들이 병원을 바꾸는 것만큼 무당을 자주 바꾼다."는 점을 발견했다. 고혈압으로 고생하던 한 환자는 무당 여덟 명과 병원 네 군데를 찾았다(S. Yoon 1977b, 124). 손님의 선택이라는 이 문제는 제5장에서 보다 자세히 논의할 것이다.

박지름에 겁먹는 순진한 시골 여성이라는 전형적 이미지에 전혀 부합하지 않는다.

음력으로 1977년과 1978년 사이, 내가 현지조사 노트에 기록한 마흔네 차례의 점술 사례들 가운데 스무 명의 여성들은 다시 돌아올 이유가 없었다. 그들은 외지에서 살면서 그 마을에 잠깐 방문했다거나, 다른 만신의 단골이면서도 색다른 견해를 접해 보고 싶었던 여성들이었으며, 1년 신수나 초자연적인 문제와는 관련이 없는 간단한 조언만을 구하는 여성들이었다. 이 가운데 두 명은 당시 나를 도와주던 사람의 친구들로서, 최근 대학을 졸업한 후 자기들의 결혼 전망에 대해 궁금해했다. 용수 엄마의 공수에 따르면, 가정신령들이 분노하고 있다거나 안식을 취하지 못하는 조상과 혼령들의 문제를 가진 여성들은 스물네 명이었다. 이런 가정들에는 굿이나 소규모 의례를 하라고 말하거나, 신당에서 간단히 제물을 바치든지 방울 혹은 신복을 바치라고 권했다. 용수 엄마의 조언을 그들이 얼마나 진지하게 받아들였을까? 확실하게 말할 수 있는 것은, 스물네 명의 손님들 중에서 겨우 열네 명만이 용수 엄마에게 나중에 의례를 요청했다는 점이다. 용수 엄마는 열다섯 번째 손님 가정의 어린아이를 위해 푸닥거리를 하러 갔다. 하지만 용수 엄마가 도착했을 때 이미 아이는 죽어 가고 있었고, 그 가족은 푸닥거리가 아무 소용이 없을 것이라고 결정했다. 내가 미처 파악하지 못한 아홉 명의 손님들 가운데 몇 명은 용수 엄마를 다시 찾아왔을지도 모른다. 그리고 용수 엄마 역시 내가 모르는 사이에 소규모 의례를 했을 수도 있다. 나는 이 아홉 명의 여성들 중 대부분이 의례를 하지 않기로 결정했거나 혹은 다른 만신을 찾아 상의하지 않았을까 생각한다.

용수 엄마의 조언을 따른 열네 명의 손님들 가운데 여섯 명은 점을 보기 위해 용수 엄마를 처음 찾아온 사람들이었다. 나는 그 후로 용수 엄마의 신당에서 그들을 자주 보았다. 그들은 칠성날(음력 7월 7일) 용수 엄마의 신당을 방문해 제물을 바쳤으며, 늦은 오후에는 춤도 추고 노래도 하면서 신당에 머물렀다. 그들은 1년 신수를 보기도 했으며, 설날에도 신당에 제물을 드리러 찾아왔다. 용수 엄마가 자기 신령을 대접하기 위해 굿을 할 때에도 참석해서 공수를 받고 술도 마시며 무감을 섰다. 그들 모두는 용수 엄마 신당의 단골이 되었다.

단골

단골이란 말은 '정기적으로 찾는 손님'을 의미한다. 서울에서는 사람들이 자신들을 특정한 다방, 음악감상실, 식당 또는 세탁소의 단골이라고 부른다. 주인이 단골의 얼굴을 알고 있기에, 이 손님들은 특별한 대접을 받는다. 역으로, 단골은 믿음이 있기에 다른 손님을 데려오기도 한다.

쌀집 아줌마는 음력 1977년과 1978년 사이에 용수 엄마의 단골이 되었다. 그녀가 점을 보기 위해 용수 엄마를 처음 찾아왔을 때, 용수 엄마는 엽전을 점상에 던지면서 불만 어린 목소리로 야단쳤다. "하루 종일 일곱 군데나 점 보러 돌아다녔구먼! 여기저기에 돈만 버렸어. 진짜로 필요한 건 굿이네." 쌀집 아줌마는 실제로 하루 종일 그렇게 돌아다녔다. "만약 일곱 사람 모두가 똑같은 말을 한다면 굿을 하고, 아니라면 굿을 안 하려고 했다."는 것이 그 이유였다.[5]

---

5 하비(Harvey 1976, 192) 역시 유사한 사례를 보고한 바 있다.

용수 엄마의 점은 계속되었다. 쌀집 아줌마는 용수 엄마의 점괘가 그날 자신이 하루 종일 들었던 것 중에서 가장 낫다고 말했다. 그녀는 용수 엄마에게 굿을 했고 그 후 용수 엄마의 열성적인 단골이 되었다. 쌀집 아줌마의 굿이 있고 난 후, 그녀의 이웃 세 사람이 용수 엄마에게 점을 보기 위해 찾아왔다. 그들 중 한 명은 몇 개월 뒤에 굿을 했고, 두 사람은 고사를 지냈다. 쌀집 아줌마와 친구들은 신당에 찾아와 한담과 웃음을 나누는 사람들이다. 그들이 어떤 일로 왔든 간에 그 모임은 항상 술판으로 끝을 맺는다. 모두가 동갑내기여서 자기들의 생일 잔치에 용수 엄마를 초대한다. 쌀집 아줌마와 친구들은 용수 엄마에게 최고의 단골이다.

단골은 만신뿐만 아니라 만신의 신당에 있는 할아버지, 할머니들과도 특별한 관계를 맺는다. 용수 엄마는 스물네 명의 여성들을 자기 단골로 생각하고 있으며, 단골의 수는 매년 증가한다. 용수 엄마의 단골들은 영송리, 버드나무시장 길 아래, 용수 엄마가 한때 살았던 수락골, 의정부에 살고 있다. 수락골에 살던 단골 두 명은 서울로 이사를 갔지만 신년이 되면 용수 엄마의 신당에 찾아온다. 단골들은 1년 신수를 보기 위해 단골 만신 집을 찾으며, 마음이 심란할 때에도 찾아온다. 만신은 오랫동안 관계를 맺어 온 단골 가족의 조상, 영산, 신령들의 모든 면을 알고 있다. 영험한 만신은 단골의 꿈을 꾸기도 하는데, 단골이 집에 들어서기 전에 이미 문제를 예상한다.

신년이 되면 단골은 목욕재계하고 정갈한 옷을 입고서 쌀, 초, 과일, 향을 가지고 홍수매기라는 신년 의례를 하기 위해 만신의 신당에 온다. 만신이 부르면 그 가정에서 가장 영향력이 큰 신령과 안식을 찾지 못한 조상 및 영산들이 신당에 나타난다. 홍수매기 말미에 귀신들과 해로운 기운을 몰아내고 나면 위험한 운세를 지닌 가족 구성원들이 '깨끗해질' 수 있다. 마지막으로 만신은 소지를 올리는데, 단골의 식구들 한 명 한 명을 위해 한

장을 올리고, 또 출가한 아들의 가정을 위해 한 장을 올린다. 재가 공중으로 높이 떠올라야 좋은 징조이다.

만신이 단골 가정의 아들이나 손자가 단명할 팔자라는 점괘를 내놓으면 단골은 그 아이를 칠성신에게 "판다." 단골은 아이의 이름, 생일, 주소를 적은 기다란 천(명다리)을 바친다. 만신은 명다리를 신당에 보관하고 그 아이를 농담처럼 "내 아들"이라고 부른다. 신년에 어머니와 함께 만신 집에 방문하게 되면 친척 어른에게 하듯이 만신에게 절을 한다. 그러면 만신은 아이에게 과일이나 사탕을 주면서 열심히 공부하라는 덕담을 해준다. 자기 자식을 판 여성은 음력 7월 7일 행해지는 칠성맞이라는 의례에서 칠성신에게 정성을 드리기 위해 신당을 찾는다.

만신은 꽃맞이굿이나 잎맞이굿—만신의 신당에 있는 신령들을 위해 봄 또는 가을에 하는 의례—을 할 때 모든 단골들을 초청한다. 이때 단골들이 바친 무구들을 사용하고 단골의 이름이 새겨진 신복을 입는다. 그녀는 모든 단골 가정의 신령들이 이 굿에서 대접을 받고 춤을 출 수 있도록 신복을 몇 겹씩 겹쳐 입는다. 또한 단골 가정의 자식들과 칠성신을 이어 주는 명다리를 모두 꺼내 놓는다. 칠성신이 나타나면 명다리를 바친 단골 가정의 아이들이 더 많이 복을 받을 수 있도록 명다리를 공중으로 들어 올린다.

만신은 해마다 하는 자신의 굿에서 살아 있는 사람들도 먹고 초자연적인 존재들에게 바칠 음식을 몇몇 단골들에게 부탁한다. 나는 한국을 떠나기 전 마지막으로 보았던 용수 엄마의 꽃맞이굿에 약간의 떡쌀을 시주했는데, 활발한 몸주대감이 나에게 있기 때문이었다. 사실 "활발한 대감신령이 있는 모든 집들에서는 떡을 시주하기 마련이다." 나는 돼지머리를 하나 더 시주했다. 어떤 단골 한 명은 자신의 대감신령을 대접하기 위해 신선한 소 내장을 시주했다.

버드나무 시장에 있는 집 좁은 마당에서 벌어진 잎맞이굿. 단골 가정 아이들의 축원 명단이 적힌 명다리가 일렬로 걸려 있다. 1977년.

가정의 전통과
여성의 일

여성은 자신의 가족과 가정을 대표해서 만신의 신당 혹은 절에 간다. 여성은 만신의 신당이나 자기 집에서 굿을 하지 결코 다른 집에서 하지 않는다. 다른 집에는 그 집의 신령들이 있다. 만신 집과 주부의 집은 전깃줄처럼 연결되어 있다. 손님들이 신당에 제물을 바치거나 혹은 신당에서 굿을 하고 떠날 때는 인사를 하지 않는다. 만신은 새 손님에게 이 결례가 반드시 필요함을 주지시키고, 곧장 집으로 돌아가라고 이야기한다. 여성은 신당에서 받은 복을 돌아오는 길에 잃어버리지 않도록 곧바로 자신의 집으로 가져온다. 여성들은 신당을 떠날 때 인사를 하지 않은 것처럼 자신의 집에 들어설 때도 인사를 하지 않는다. 인사말은 경계와 전이를 표시하기 때문에 이 과정에서 적절한 것이 아니다.

여성은 나이나 결혼 여부에 상관없이 누구나 만신 집을 방문하여 점을 볼 수 있다. 그렇지만 철에 따라 신당에서 제물을 바치고 굿을 하는 단골은 가정에서 가장 나이가 많은 여성이다. 이들은 시기마다 주어지는 자신의 책임에 따라 남편, 자식, 은퇴한 시부모를 위해 신당을 찾는다. 젊은 주부가 단골인 경우도 있지만, 대부분의 단골은 자기가 속한 가정의 범위를 넘어서 결혼한 아들 가정까지 염려하는 할머니들이다. 이들은 아들, 며느리, 그리고 손자/손녀들을 위해 빈다. 가끔은 걱정 많은 어머니가 딸을 데리고 만신을 찾아온다. 종종 결혼한 딸에게 굿을 하거나 아무도 모르게 수태의 례를 하라고 압력을 넣기도 하고, 자신들의 점을 볼 때 출가한 딸의 가정도 같이 보기 위해 추가 비용을 지불하기도 한다. 딸에 대한 어머니의 염려는 모든 여성들이 공유하는 고통에 대한 연민일 수도 있다. 그러나 이러한 염려는 어머니가 신당에서 자신이 대표하는 의례적 가족ritual family의 범위를 벗어난 자식들까지도 도울 수 있는 능력을 갖고 있음을 드러내는 것이기도 하다.

내가 용수 엄마의 제일 나이 어린 단골만큼 나이를 먹긴 했지만 미혼이었기 때문에 나와 용수 엄마 그리고 신당의 관계는 이례적이었다. 나는 미국에 있는 가족을 위해 신당에 제물을 바쳤다. 용수 엄마의 신당에 점을 보러 왔다가 나중에 놋쇠 방울을 바친 젊은 남자 역시 이례적인 경우이다. 그는 직장 문제를 걱정하고 있었지만 기독교도인 부인이 자기 대신 점을 보러 오지 않았던 것이다. 이웃집 부부가 그를 용수 엄마에게 데려왔는데, 신당에 있는 모든 사람이 만신 집을 방문한 남성의 어울리지 않는 모습에 낄낄거렸다. 그것은 마치 그가 가족의 저녁식사를 준비하거나 겨울에 김장을 하는 것과 같이 어울리지 않는 일이었다. 한국의 남성들이 원래 이러한 일을 할 수 없는 것은 아니지만, 예외적인 경우 외에는 여성들이 이런 일들을 하기 마련이다.

전통이 이상적인 방향으로 흘러간다면 며느리는 시어머니가 특정 만신과 맺었던 관계를 계속 유지하게 된다. 만신의 신딸은 신당과 시어머니의 단골 혹은 단골의 며느리를 상속받는다. 하지만 실제로는 이 관계가 매우 유동적이다. 종종 며느리들은 시어머니가 후원하던 백발의 노만신보다는 자기와 비슷한 또래의 만신을 선호한다. 시어머니와 친밀했던 단골과 신딸이 가깝게 지내지 않을 수도 있다. 어떤 여성들은 진단과 치료에 만족하지 못하면 만신을 바꾼다. 기독교로 개종한 송씨 가족과 같은 단골들은 실망감 때문에 혹은 효용이 없다는 이유로 더 이상 만신을 찾지 않는다. 자신들의 현재 생활에 "우환이 없기" 때문에 만신 집에 그만 다닌다는 여성들도 있다. 용수 엄마는 이렇게 말한다. "좋을 때는 사람들이 아무것도 안 해. 누가 아프고 재물에 손해를 보거나 관재에 휘말리면 그때서야 홍수매기나 굿 같은 것을 하지."

새로운 손님이 만신을 찾는 방식은 다양하다. 신년에 이웃 여자들끼리 모여 있다가 가까이 사는 만신을 찾아 운세를 보자고 충동적으로 결정하기도 한다. 휴일에 친정 가족을 방문한 새신부가 어머니의 단골만신에게 걱정거리를 들고 찾아가기도 한다. 친척 여성과 이웃 사람들이 특정한 만신을 추천하기도 한다. 작은 마을이나 읍내의 같은 골목에 사는 이웃 여자들은 서로서로의 걱정거리를 알고 있다. 나이든 여성들은 젊은 새색시에게 어머니처럼 관심을 가지며, 때로는 마음이 심란한 여성을 자기들의 단골만신에게 데려간다. 만신이 친척 여자나 이웃 여자에게 다른 만신을 추천하기도 하는데, 자신이 그들의 사정을 너무나 잘 알아서 믿을 만한 점을 칠 수 없기 때문이다.[6] 동군만신과 청춘만신은 이웃과 친척 여성들을 용수 엄마에게 데려온다.

단골이 만신의 신당에서 행하는 의례는 신령과 조상들이 말을 하면서 등장하는 것을 제외하면 여성들이 절에서 드리는 정성과 유사하다. 의례 집전자가 제금을 치면서 신적 존재를 불러내 고하는 동안, 정성을 드리는 사람은 제단 앞에서 반복해서 절을 한다. 정성을 드리는 사람이 제단에 올려놓은 쌀과 음식은 다시 바친 사람들에게 대접된다. 여성들이 절과 신당에서 비는 내용은 동일하다. "자식들 잘되게 해주세요." "집안이 편안하게 해주세요." 절과 신당에서 만난 여성들은 나에게 "좋은 남편과 아이를 바라" 보라고 조언했다.

만신은 신당에서 하는 자신의 행위를 불공이라고 부르는데, 이 용어는 보통 '불교식 예배'를 뜻한다. 영송리 여자들은 계절에 따라 만신의 신당에 올린 정성과 절에서 드리는 정성을 비슷한 것으로 생각한다. 나는 내가 머물던 집 여주인의 말에 따라 석가탄신일에 그 지역 절에 찾아갔다. "거기 가는 것도 만신 집에 가는 것하고 같아. 돈을 제단에 올려놓고 절을 하면 돼. 쌀 두 말, 과일, 초를 가져가는 것도 같지. 부처님 오신 날에는 절에서 하고 칠성날에는 신당에서 하는 거야."

나는 영송리에는 '절에 다니는 집'과 '만신 집에 다니는 집', 그리고 많지 않지만 '교회에 다니는 집'이 있음을 알았다. 기독교인들은 민속종교 체계의 외부에 있지만 무속과 불교는 그 경계가 흐릿하다. 용수 엄마와 단골들은 자기들이 신당에서 드리는 정성을 "불교"라고 불렀으며, 용수 엄마는 종종 나를 "불교를 배우는 학생"이라고 소개했다.

절에 다니는 집 여자들은 음력 정월 보름과 칠월 칠석날, 다른 여성들이

---

6 하비(Harvey 1976, 191) 역시 무당들이 이웃이나 친척의 점을 보지 않는다고 언급한다.

만신의 신당에 갈 때 산길을 오른다. 석가탄신일에도 절에 가며, 자식의 생일에 절을 찾아 정성을 드리는 여자들도 있다. 이들은 불행이 닥친 경우에는 절이나 만신의 신당을 찾는다. 내 집 여주인의 말에 따르면, "누가 아프거나 자식이 직업을 갖지 못할 때 거기에 간다." 도시에 거주하는 가족은 자식이 대학 입학시험을 치르기 전에 절에 가기도 한다.

만신의 신당을 방문하는 여성들과 마찬가지로 절에서 정성을 드리는 여성들도 제물을 가지고 산을 오르기 전에 목욕재계해야 하며 월경 부정이 없어야 한다. 한 여성은 다음과 같이 회상한다. "절에 가기 전에는 깨끗이 목욕하고 머리를 감아요. 그러고 나서 정갈한 옷을 입고 쌀을 깨끗하게 씻어요. 절에 가면 온 가족을 위해 정성을 드리죠." 옥자 엄마는 너무 가난해서 철마다 절에서 정성을 드릴 수는 없다고 말하지만, 근심이 있을 때에는 없는 살림을 짜내어 소소한 제물이라도 올린다. "이번 칠석에는 못 가지만 초파일에는 남편의 직장에 어려운 일들이 있어서 갔었지. 제단에 올릴 돈도 없어서 과일도 못 가져갔어. 그냥 쌀 조금 하고 향, 초만 가지고 갔는데, 스님들이 축원을 해주고 나는 절을 했지."

정성을 드리는 여성의 관점에서 보면, 신당과 절은 서로 구분된 종교를 표상한다기보다는 여러 가정의 서로 다른 전통이다. 어떤 가정은 계절마다 절과 신당 양쪽에서 정성을 올린다고 했지만, 다른 여자는 "그렇게 양쪽에서 하자면 돈이 너무 많이 든다."고 했다. 용수 엄마의 신당에는 불사부처님, 관음불사, 약사부처님의 조각상이 모셔져 있는데, 이것은 불교 전통에서 차용한 것이다. 칠성신과 산신은 만신의 신당과 절 모두에서 숭배된다. 만신과 승려가 수행하는 의례 중 불공, 부적, 자식을 바치는 것(명다리), 점사 등의 의례는 동일하다.

며느리가 절을 선택하거나 만신의 신당을 선택할 때에는 일반적으로 시어머니의 전통을 따르지만, 여기에서는 여러 가지 절충과 혼합이 쉽게 발견된다. 영희네 가정은 절에 다니는 집이라는 것을 강조한다. 영희 엄마는 불교의 사찰과 만신의 신당이 양립할 수 없다는 점을 나에게 각인하기 위해 자신의 손등을 마주쳐 보여 주었다. 영희 할머니는 내가 만신들에게 이용당하지 않으려면 만신 집에서 시간을 너무 많이 보내지 말라고 충고했다. 그러나 다른 가정들은 이만큼 엄격하지는 않다. 내 집 여주인은 남편이 아프자 절에서 정성을 드리고 굿도 했다. 양자 엄마는 시댁의 전통을 따라 택시 운전을 하는 남편을 보호해 주는 부적을 절에서 구입했다. 하지만 남편이 두 번째 교통사고를 내자 친정어머니가 그녀를 만신에게 데려갔고, 그녀는 용수 엄마의 단골이 되었다. 그 지역 절에 다녔지만 가족에게 위기가 닥쳐 만신을 찾아갔다가 나중에 종교적 헌신의 대상이 바뀌었다고 이야기하는 여성들도 있었다. 어떤 여성들은 절에서 절기에 따라 제물을 바치기는 하지만 점을 보기 위해 만신을 찾는다. 절에 다니는 집 가정의 며느리가 목소리를 낮추면서, 자신은 "마음의 평안"을 얻기 위해 주기적으로 만신 집에 가서 점을 본다고 이야기해 주었다. 그녀는 시어머니가 이 사실을 알게 되는 것을 원치 않았다. 내가 인터뷰한 여성들 가운데 시어머니의 전통과 단절한 여성들은 시어머니의 전통을 계승하도록 교육받은 여성들이 느끼는 책임감에서 상대적으로 자유로워 보인다. 이들은 남편의 친척들과 멀리 떨어져 살아 서로 소원한 관계인 차자次子의 부인이거나 시어머니가 안 계신 경우였다.

지금까지 주부들과 만신들이 맺는 작업관계의 기본 구조를 기술했다. 이제 이러한 작업에 극적 성격과 개성을 부여하는 신령과 조상들을 보여 주는 일이 남아 있다. 안식을 찾지 못하고 떠도는 혼령들의 존재는 이들이 공유하는 믿음에서 비롯된다. 만신은 단골 가정에 있을 수 있는 여러 가지 초자연적인 원인 중 특히 강한 힘을 가지고 있으며 불만이 있는 신령이 누군지 상기시키고, 그 가정이 현재 직면한 걱정거리에 관련된 가족의 과거사를 끌어들이는 데에 무당으로서의 능력을 발휘한다.

용수 엄마는 변씨에게 작은 장방형 종이 두 장에
'王' 자와 '子' 자를 쓰게 했다.
용수 엄마는 글자가 적힌 종이를 텔레비전에 푸닥거리 부적으로 붙였다.
변씨 부부는 그 텔레비전을 최근에 구입했는데,
손 있는 날에 집에 들여온 것이다.
텔레비전과 함께 목신동법이 집에 들어왔으며,
이 때문에 변씨의 병이 악화되는 중이었다.
용수 엄마가 동법을 몰아냈고,
부적은 동법이 더 이상 접근하지 못하도록 할 것이다.
용수 엄마는 마당으로 나와 새로 세운 담장 아래쪽과
콘크리트 블록으로 지은 창고 아래쪽을 따라 쑥과 고춧가루를 태웠는데,
이것은 새로 지은 건축물에서 생긴
목신동법과 지신동법을 몰아내는 행위이다.
용수 엄마는 변씨의 부인에게 '王' 자를 써서 대문 바깥쪽에 붙이고,
'子' 자는 대문 안쪽에 붙이라고 말했다.
이제 용수 엄마는 부엌에서 커다란 솥단지에 물을 끓이고
그 안에 고춧가루를 넣었다.
부글부글 끓는 물에 사기 사발을 엎어 띄워 놓고는 솥뚜껑을 덮더니,
솥뚜껑을 두드리며 김이 나는 솥 안으로 모든 지신동법과 목신동법을
꾀어 들이는 무가를 불렀다.
닫힌 솥 안의 물이 다 끓어 없어지자, 사발 아래쪽을 살피더니
목신동법과 지신동법이 그 집안에서 모두 사라졌다고 판단했다.

목신동법, 귀신, 해로운 기운

제5장

악령은 일종의 불운을 인격화한 것이다.
그것은 끊임없이 이곳저곳을 떠돌며 나약한 인간을 접촉해 해를 끼친다.
…… 악령이 흔히 일으키는 여러 가지 해로운 일들 중 하나는
질병을 옮기는 세균이 하는 일과 같다.
사실 이것〔악령숭배〕을, 정신과 육체 그리고 재산에 있는 세균을 숭배하는
세균숭배라고 명명하고픈 생각이 든다.
—퍼시벌 로웰, 『조용한 아침의 나라』 중에서

나는 의사가 아니야. 난 펄쩍펄쩍 뛰는 것밖에 몰라.
—용수 엄마

죽지 말았어야 할 환자

변씨는 부인이 용수 엄마를 데려왔을 때 따뜻한 안방 바닥에 누워 있었다. 그는 손마디가 굵고 햇볕에 검게 탄 남성으로서, 가느다란 콧수염과 진회색 머리는 염색할 때가 한참 지났음을 드러내 보였다. 그가 기침을 하더니 빈 맥주 캔에 침을 뱉었다. 칠십 세가 된 변씨에게 칠십은 길한 해가 아니었다.

변씨는 여름 내내 여러 차례 울혈과 가슴통증으로 고통받아 왔다. 약사가 조제해준 약을 복용한 후 조금 회복되어 다시 일터로 나갔다. 임시직으로 벌어들이는 그의 불규칙한 수입과 아내가 채소밭 일을 해서 벌어들이는 수입으로 부부와 세 명의 어린 자식들은 생계를 이어 왔다. 금년은

변씨 부부에게 그럭저럭 나쁘지 않아서 집을 수리하고 텔레비전을 살 수 있었다.

그러나 9월 초가 되자 변씨는 다시 몸이 아파 일을 할 수 없게 되었다. 변씨의 부인이 용수 엄마를 찾아갔는데, 만신은 변씨의 상황이 대단히 좋지 못하다는 점괘를 냈다. 만신은 서둘러서 푸닥거리를 해야 한다고 했으며, 나중에는 돈을 더 들여서 더 정교한 의례인 굿을 해야 한다고 넌지시 이야기했다. 용수 엄마가 보기에 상황이 심각했다. 변씨가 죽는다면 스무 살 연하의 아내 혼자서 아직 10대 초반인 세 명의 아이들을 부양해야 했기 때문이었다.

만신은 병이 낫지도 않고 그 병이 해로운 기운에서 비롯되었다는 점괘가 나오면 손님들에게 푸닥거리를 해야 한다고 이야기한다. 푸닥거리의 절차는 비교적 간단하다. 따라서 많은 주부들이 만약 자식이 며칠 동안 고열에 시달리면 만신과 상의하지 않고도 혼자서 간단한 푸닥거리를 행한다. 용수 엄마와 내가 살던 집의 여주인은 내가 미국으로 돌아간 후 혼자서 어떻게 푸닥거리를 하면 되는지를 가르쳐 주었다.

간단한 푸닥거리를 준비할 때 주부는 조粟 한 줌을 환자의 머리맡에 3일 동안 놓아둔다. 거친 곡물인 조는 그다지 맛 좋은 곡물이 아니기에 거렁뱅이 같은 귀신들에게 적당하다. 푸닥거리를 행하는 여성은 3일 동안 놓았던 조 한 줌을 환자의 머리 위에서 빙빙 돌리고 나서 환자의 가슴을 누르면서 "비나이다. 누구누구의 아픈 것을 멀리 가져가시오."라고 빈다. 그러고 나서 환자를 향해 조를 세차게 뿌린다. 또한 환자에게 들린 귀신을 꾀어 몰아내기 위해 환자의 옷가지, 보통은 옷깃이 있는 셔츠 종류의 옷을 밖으로 던진다. 점괘에 환자가 "죽을 운"이 있다고 나오면 만신은 주부로 하여금 환자의 옷으로 닭을 묶게 한다. 만신은 환자의 몸 주위를 닭으로 둘러낸 다음, 대수대명代數代命을 위해 닭을 문 밖으로 던진다. 죽은 닭은 시체를 매장하듯이 산허리에 매장한다.

저승사자가 벌써 도착하여 혼령을 내놓으라고 할 정도로 상황이 긴박한 경우라면, 만신은 저승에서 온 특사를 속이는 데 필요한 작은 허수아비 인형을 손님 가족에게 준비하라고 한다. 이들은 인형에 환자의 이름, 나이, 생일이 적힌 종이를 집어넣고 환자가 입던 옷을 입힌 후, 마치 시체를 묶을 때처럼 일곱 번 묶어 준다. 이웃 사람들이 환자 주위에서 무덤 팔 때 부르는 노래를 부른다. 이때 환자는 인형을 꼭 쥐고 반듯하게 누워 있다. "무덤 파는 사람들"은 허수아비를 멀리 내가서 마치 시체를 묻듯이 "산 위에" 묻는다. 환자는 다시 뒷문을 통해 집으로 들어오는데, 용수 엄마는 그 이유를 이렇게 설명한다. "죽은 사람이 앞문으로 나갔잖아. 그 사람들이 그 문으로 다시 들어올 수는 없지, 그렇지 않겠어?" 이렇게 하여 병든 자아는 죽어서 지푸라기 인형과 함께 묻히고, 치료 과정에 들어선 새로운 자아가 다른 길을 통해 몰래 집으로 들어온다.

해를 입힌 귀신이 환자 가족의 혼령인 경우, 환자 집에서는 '영산다리'라고 불리는 긴 베를 제공한다. '영산'은 지옥에서 나와 극락으로 가기 위해 영산다리를 건너야 한다. 만신은 베로 환자의 몸을 휘감은 후 베를 세로로 찢는데, 이것은 혼령이 다리를 건너간다는 것을 뜻한다. 영산다리를 찢는 것은 자비로운 행위로 여겨지며, 이 행위를 통해서 살아 있는 사람들이 죽은 자들을 좀 더 나은 존재로 변화시킨다. 그러나 베를 찢는 행위는 안식을 취하지 못한 망자가 살아 있는 사람을 붙들지 못하도록 함을 극화하는 것이기도 하다.

해로운 기운을 몰아내는 행위 역시 몰아냄을 묘사하는 구체적인 방식으로 방식으로 이루어진다. 만신이나 환자 집안의 여성이 환자의 머리와 몸

주위로 칼을 돌려 휘두르다가 칼 끝을 환자의 아픈 가슴이나 부어 오른 팔에 가볍게 갖다 댄다. 그러고 나서 마지막으로 칼을 던진다. 칼 끝이 집 바깥쪽을 향했다면 푸닥거리가 성공하고 귀신이나 해로운 기운이 물러난 것이다. 만약 칼 끝이 집 안쪽을 향했다면 해로운 기운이 아직 집안에 머물러 있다는 것을 의미한다. 이럴 경우, 여성은 조를 아까보다 더 많이 던진 후 환자의 머리 위에서 칼을 다시 돌린 다음 던져 본다. 칼 끝이 바깥쪽을 향할 때까지 이 과정을 반복한다. 이제 여성은 아직도 집안에 머물러 있을 해로운 기운을 꾀어 나가기 위해 바가지를 들고 집 밖으로 나간다. 집에서 안전하다고 생각될 만한 곳까지 걸어 나오면 바가지 안에 있는 모든 음식을 멀리 던져 버린다.

이렇게 보면, 푸닥거리의 핵심적인 의례 행위는 상서롭지 못한 기운을 멀리 끌어내 던져 버리고 환자에게서 그 기운을 끊거나 벗겨 내는 것을 극화하는 것이다. 많은 여성들이 만신의 도움 없이 자기 집에서 간단한 푸닥거리를 한다. 어떤 여성은 이렇게 말한다. "만일 누가 아프면 호들갑 떨 것 없이 나 혼자 그냥 푸닥거리를 해버려. 조밥을 올리고 빌면 돼." 내가 살던 집 여주인은 중학생인 딸이 감기에 걸려서 며칠 동안 고열에 시달리자 푸닥거리를 했다. 내가 알기에 그 아이는 내가 준 아스피린만 몇 알 먹었을 뿐 다른 약은 먹지 않았다. 여주인은 조밥이 담긴 바가지를 딸의 베개 옆에 놓고 딸이 입지 않는 옷으로 바가지를 덮어 두었다. 그녀의 말을 직접 인용해 그 이후의 과정을 묘사하면 다음과 같다. "그 애 머리 위로 바가지를 다섯 번, 부엌칼을 다섯 번 돌리고 나서 조밥은 냇가에다 버렸지. 조밥을 길한 방향으로 던졌어. 어디가 길한 방향인지 어떻게 알았냐고? 애들 아버지가 그런 걸 아서. 애들 키우려면 부모가 반무당은 되어야 한다니까."

여성이 스스로 푸닥거리를 행하는 경우는 만신에게 의뢰할 경제적 형편이 못 되거나, 아이가 열이 높거나 기침을 계속할 때 혹시나 하는 마음에 하는 경우이다. 직접 푸닥거리를 한 여자들은 이렇게 이야기한다.

우리 집은 요새 평안해서 더 이상 안 하지만, 나는 물론이고 내 또래 여자들은 다들 해봤지. 미신을 많이 하지는 않았지만, 누가 아프면 푸닥거리를 했어.

또는,

가장 최근에 한 게 언제냐고? 가만 있자, 할머니가 편찮으셨지. 아무것도 못 드시더라고. 내가 조밥을 해서 던졌어. 약국에서 약도 사다 드리고. 할머니는 약을 드시고 나는 푸닥거리를 했지. 그러고 나서 좋아지셨어.

영송리 여성들은 아이가 갑자기 고열에 시달리거나 열이 내려가지 않을 때면 무당과 상의하고, 병이 난 지 이삼 일이 지나면 푸닥거리를 하는 경향이 있다. 병이 발생하면 곧바로 무당과 상의하지만, 감기나 가슴 속 울혈 혹은 몸살이 몇 주 혹은 몇 달에 걸친 치료에도 지속될 때까지 참아 본다. 한 번의 푸닥거리로 악한 귀신이나 여러 가지 해로운 기운을 몰아낼 수도 있다. 아니면 푸닥거리가 보다 긴 치료 과정 중 한 단계일 수도 있다. 만약 어떤 사람의 질병의 원인이 화가 난 신령과 안식을 취하지 못하는 조상에 의한 것이라는 만신의 점괘가 있었고 푸닥거리를 한 후 환자 상태에 차도가 있다면, 그것은 그 고통의 배후에 초자연적인 원인이 있다는 만신의 진단이 옳았음을 확증한다. 그 가족은 굿을 해야만 할 것이고, 무당이 굿을 하면서 신복을 입고 조상과 신령을 대접하고 놀려 줌으로써 문제의 신령과 조상이 살아 있는 가족과 평화롭게 지낼 수 있도록 할 것이다.

이상의 내용을 염두에 두고, 용수 엄마가 변씨의 푸닥거리를 하기 위해 길을 가던 1977년 가을 아침으로 돌아가 보자. 용수 엄마는 걸어가면서 변씨의 부인에게 자기 어머니가 가슴 울혈에 효과를 보았던 가정식 강장제를 이야기해 주었다. 이 강장제는 순무 부스러기와 엿 조각을 항아리에 넣고 뚜껑을 덮은 다음 뜨거운 아랫목에 놓아두어 만드는 것으로, 용수 엄마는 몇 시간에 한 번씩 순무 발효액을 마시면 된다고 알려 주었다. 용수 엄마가 변씨의 부인에게 그날 아침에 약국에 다녀왔는지 묻자, 그녀는 아니라고 대답하며 대신 딸에게 학교에서 돌아오는 길에 읍내 약국에 들러 약을 사오라고 했다고 대답했다. 용수 엄마는 "딸이 집에 올 때는 늦지. 직접 가셨어야 했는데."라고 그녀를 나무랐다. 만신은 손님의 부주의함에 골치가 아팠다.

변씨의 부인은 용수 엄마를 부르러 가기 전에 푸닥거리 준비를 해두었다. 조가 가득 담긴 커다란 플라스틱 바가지가 변씨의 베개 곁에 있었다. 바가지 옆에는 살아 있는 하얀 닭이 변씨의 러닝셔츠로 묶인 채 바닥에 놓여 있었다.

용수 엄마는 안식을 취하지 못한 조상과 잡귀잡신 그리고 여러 가지 해로운 기운을 몰아내는 무가巫歌를 부르면서 조가 담긴 바가지를 변씨 가슴에 대고 눌렀다. 그리고 나서 닭으로 변씨의 가슴과 등을 문질렀으며, 파닥거리는 닭의 다리를 잡더니 그의 몸 주위에서 휘두르고는 문 밖으로 던졌다. 마당으로 떨어진 닭의 목이 꺾였다. 다음으로 용수 엄마는 평범한 식칼의 옆면으로 변씨의 가슴을 눌렀다. 방 구석구석을 돌아다니며 칼로 장롱과 화장대 부근의 허공을 그어 댔으며, 장롱을 열고서 안에 쌓여 있는 이불 위쪽 허공에도 휘둘러 댔다. 그녀가 텔레비전 근처에 있는 악한 기운을 베어 내는 데에는 오랜 시간이 걸렸다.

변씨의 죽은 첫째 부인이 용수 엄마를 통해 나타나 배가 고프다고 불평했다. 용수 엄마는 죽은 첫째 부인의 말을 전할 때 물에 빠져 죽은 누군가가 보였다고 말했다. 변씨의 부인이 첫째 부인과 그녀의 자식 중 한 명이 오래전에 물에 빠져 죽었다고 확인해 주었다.

용수 엄마는 변씨에게 작은 장방형 종이 두 장에 '王' 자와 '子' 자를 쓰게 했다. 용수 엄마는 글자가 적힌 종이를 텔레비전에 푸닥거리 부적으로 붙였다. 변씨 부부는 최근에 텔레비전을 구입했는데, 손 있는 날에 집에 들여왔다. 텔레비전과 함께 목신동법이 집에 들어왔으며, 이 때문에 변씨의 병이 악화되는 중이었다. 용수 엄마가 동법을 몰아냈고, 부적은 동법이 집안에 더 이상 들어오지 못하게 할 것이다.

용수 엄마는 마당으로 나와 새로 세운 담장 아래쪽과 콘크리트 블록으로 지은 창고 아래쪽을 따라 쑥과 고춧가루를 태웠는데, 이것은 새로 지은 건축물에서 생긴 목신동법과 지신동법을 몰아내는 행위이다. 용수 엄마는 변씨의 부인에게 '王' 자를 써서 대문 바깥쪽에 붙이고, '子'는 대문 안쪽에 붙이라고 말했다. 용수 엄마는 부엌에서 커다란 솥단지에 끓인 물에 고춧가루를 넣었다. 부글부글 끓는 물에 사기 사발을 엎어 띄워 놓고는 솥뚜껑을 덮더니, 솥뚜껑을 두드리며 김이 나는 솥 안으로 모든 지신동법과 목신동법을 꾀어 들이는 무가를 불렀다. 닫힌 솥 안의 물이 다 끓어 없어지자, 사발 아래쪽을 살피더니 목신동법과 지신동법이 집안에서 모두 사라졌다고 판단했다.

용수 엄마는 변씨 집을 떠나면서 어깨 너머로 변씨 부인에게 "약은 꼭 사야 돼요."라고 소리쳤다.

"어떤 약이요?" 변씨의 부인이 외쳤다.

"아무 약이나. 약국에서 어떤 약인지 말해 주겠지."

용수 엄마는 소곤대는 소리가 들리지 않을 만한 거리에 이르자 나를 돌아보더니, "저 여자는 별로 안 똑똑해."라고 투덜댔다. 그녀가 느끼기에, 변씨의 부인은 자기 남편이 대단히 위험하다는 사실을 몰랐고, 만약 자식들이 성장하기 전에 변씨가 죽으면 자신이 처하게 될 어려운 상황도 알지 못했다. 용수 엄마는 일찍 과부가 되었기 때문에 그 결과가 어떤지 잘 알았다. 남편이 아플 때에는 약값을 아끼지 말라고 단골들에게 충고하는 용수 엄마를 나는 여러 번 보았다.

몇 주 후 변씨 부부와 인터뷰를 했는데, 변씨는 바깥에 나와 햇볕 아래에서 쉬고 있었다. 그는 여전히 침을 뱉을 빈 맥주 캔을 들고 있었으며, 그때의 푸닥거리로도 건강이 나아지지 않았다고 했다. 그리고 자신의 병은 나이 탓이라고 했다. 하지만 변씨의 부인은 남편이 조금 나아진 것 같다고 말했다. 그녀는 남편이 겪고 있는 어려운 일들이 첫째 부인의 해로운 기운 때문이라고 했다.

용수 엄마는 11월 초에 변씨가 심각한 폐렴으로 병원에 입원했다고 이야기해 주었다. "그 사람은 너무 늙었어. 그래서 기력이 하나도 없는 거야."라고 하며 한숨을 쉬었다. "그 사람이 죽으면 그 집은 큰일인데. 그 여자가 혼자 살기는 힘들어. 남자가 십 년만 더 살아도 딸이 일할 만큼 커서 돈을 벌어 올 수 있을 텐데." 변씨는 1월에 퇴원했다. 의사가 판단하기에, 변씨가 더 이상 가망이 없으므로 그가 가족들의 품에서 죽을 수 있도록 집으로 보냈던 것이다.[1] 며칠 후 변씨는 사망했다.

---

1 죽어 가는 환자를 집으로 보내는 일—한국에서는 흔한 일이다.—은 냉정한 행동으로 여겨지지 않는다. 사람이 자신의 집에서 슬퍼하는 친척들에게 둘러싸여 죽는 것은 이상적이다. 집 밖에서 죽은 사람은 무덤을 넘어서는 원한을 품게 된다. 한국에서 의료사업을 했던 지크는 한국인의 가치에 대한 자신의 견해를 다음과 같이 이야기한다. "그들은 종종 환자를 집으로 데려가 평화롭게 죽음을 맞이하게 한다. …… 가족에게 평화와 조화가 중요하기 때문이다. …… 해를 거듭하면서 나는 신체적 목숨을 구하기 위해 위급한 환자에게 서양식 의료를 제안하는

용수 엄마는 푸닥거리를 했음에도 불구하고 왜 자신의 환자가 죽었는지 설명해야 할 필요를 느꼈다. 그녀는 다음과 같은 여러 가지 이유를 댔다. 변씨의 운세가 나빴다. 집 안에 조상영산이 가득 차 있었다. 변씨 가족이 나무 장롱과 여러 가지 목재들을 집 안으로 들여오고 새로 지을 건물에 쓰려고 흙을 옮겼을 때 목신동법과 지신동법이 들어왔다. 그러나 용수 엄마는 변씨의 상황을 초자연적 문제뿐만 아니라 의학적 문제와도 관련지었다. 변씨는 늙고 몸이 약했으며 폐 또한 좋지 못했다. 하지만 그는 좋은 약을 구입하는 데 돈을 쓰려 하지 않았고, 병의 초기에 필요한 휴식도 취하지 않았다. 이 때문에 용수 엄마는 그를 구두쇠라고 불렀다. 변씨가 11월에 입원했을 때 용수 엄마는 이미 그의 죽음에 대해 체념했다. "하루 종일 기침을 해대고 가래를 그렇게 많이 뱉어 내면 어떻게 되겠어? 아무리 푸닥거리를 해봐야, 죽을 운이면 소용없어. 그 사람은 일흔 살이나 됐다고. 더 젊은 사람이라도 그렇게 기침을 해대면 죽어. 안됐지 뭐."

그 만신은 변씨의 죽음에 초자연적 원인, 의학적·의례적 소홀함, 운세와 나이 등의 문제가 복합적으로 작용했다고 이해했다. 하지만 변씨의 죽음에 대한 용수 엄마의 설명에 있는 다양한 인과관계의 가닥들이 식별 불가능할 정도로 엉겨 있지는 않다. 그 가닥들 가운데 몇 가지는 다소 밀착된 구조로 엮여 있다. 이제 우리가 해야 할 일은 조심스럽게 그 가닥들을 풀어내어 잠재된 유형을 찾아내는 것이다.

판단이 실제로 더 나은지에 대한 확신이 점점 줄어 간다"(Sich 1978, 31).

만신과 의료

만신은 다원적 의료체계 내에서 기능한다. 만신이 제공하는 치료법은 서로 대조적이지만 그렇다고 반드시 모순적이지는 않은 많은 치료법들 가운데 하나이다. 만신으로서 용수 엄마는 약을 처방하거나 마사지를 하는 등 직접적인 물리적 치료를 행하지는 않는다. 그녀가 가정에서 만든 약을 추천하기는 했지만, 환자를 염려하는 이웃이라면 누구라도 조언을 하고 그 비법을 공유했을 것이다. 용수 엄마는 현대 의약에 적대감을 가지기는커녕, 환자의 부인에게 약사와 직접 상의하라고 재촉했고 환자에게는 자기 건강을 소홀히 했다고 나무랐다. 만신들은 자신의 고객이 병이 나면 약사, 한의사, 침술사, 병원에 갈 것이라고 생각한다. 만신들 스스로가 약사, 한의사, 침술사, 병원의 단골이기도 하다.

영송리 주민들은 병이 나면 약사에게 먼저 의지한다. 고열, 어지럼증, 소화불량, 기운 부족은 흔한 질병이다. 가족 구성원 중 한 명이, 대부분의 경우에는 아이가 하굣길에 읍내에 들러 약사에게 증상을 설명하고 간단한 주의사항을 듣고 약을 받아 온다. 만약 약사의 치료에도 금방 차도가 없으면 다른 약사나 한의사를 고려하기도 한다. 환자의 병이 오래 지속되면서 몸이 쇠약해지고 고통이 극심해지면 병원으로 간다. 여기서 병원은 의사가 자기 집에서 외래 환자를 진료하는 개인병원에 불과할 수도 있다. 병실이 하나뿐인 병원일 수도 있으며, 서울에 있는 큰 종합병원일 수도 있다.

한국에서 가족 중 누군가의 병이 지속된다는 것은 지출이 계속되고 집안의 재정이 바닥나게 된다는 것을 의미한다. 또한 신체 건강한 가족 구성원의 노동력이 손실된다는 것을 뜻한다. 가족은 환자의 생명과 건강을 염려하지만, 가장 저렴하고 효과가 빠른 치료를 바라곤 한다. 내 집주인이 앓았던 어지럼증 같은 질병이 몇 주 혹은 몇 달 동안 지속되면 매일 복용하는 비싼 약 가격 때문에 점차 조바심을 느끼게 된다. 이웃 사람들은 다른 약사를 권한다. 친척들이 그 약을 대체할 만한 다른 약을 명절에 선물하기도 한다. 가족들은 환자를 병원으로 옮겨야 한다고 이야기할 수도 있다. 때때로 환자의 병이 완치될 때까지 치료를 계속할 만큼 충분한 돈이 없어서 치료를 중단하는 가족들도 있다.

만신은 고통의 근본적 원인에 초자연적인 영향력이 작용하고 있다는 점 괘가 나오면 질병과 지출의 순환에서 벗어날 수 있는 방법을 제시하는데, 그것은 고통의 근저에 자리한 근본적 원인을 처리할 수 있는 수단이다. 용수 엄마는 그 과정을 이렇게 묘사한다. "시골에서는 사람이 오래 아픈데 약만 계속 먹는 건 돈 낭비일 뿐이라고 봐. 만약 아픈데도 계속 낫지 않으면 굿을 해야 해." 우환굿에서 만난 한 여성은 굿에 대해 자청해서 설명했다. "우리 한국사람들은 아프면 약도 먹고 병원에도 가요. 그래도 소용이 없으면 이렇게 굿을 해요."

용수 엄마와 그녀의 단골들은 의학적 문제는 ―만약 적절한 치료가 이루어지고 다 나을 때까지 치료를 지속할 돈이 있다고 가정한다면― 의학적 치료를 통해서 해결될 것이라고 생각한다. 의료비 때문에 가족이 주저하거나 환자가 난처해 할 때면 신령들이 만신의 입을 통해서 그 지출을 허가한다. 그러나 신령들은 다만 가장 일반적인 의료적 조언을 해줄 뿐이다. 의학적 치료가 그들의 전문 분야는 아니기 때문이다. 단지 이렇게 말한다. "약을 사거라." "침을 맞아라." "한약을 한 제 먹고 땀을 푹 내라." 신령들이 건강을 회복하는 과정에 새로운 방향을 제안하기도 한다. 해로운 기운을 몰아내는 신령인 신장이 실렸을 때 만신은 끈질기게 소화불량에 시달리던 한 젊은 여성에게 이렇게 말했다. "서쪽으로 가서 약을 지어라. 그쪽 방향에 있는 약방과 갸

름한 얼굴의 약사가 보인다. 그 사람한테 약을 사 먹으면 좋아지겠구나."

용수 엄마가 의학적 치료를 말리는 경우는 최소한 두 가지이다. 그녀는 별안간 격렬하게 나타나는 신들림—발작, 입에 거품을 무는 행위, 여타의 미친 행동—에 의사의 안정제 주사는 부적절하다고 생각한다. 그녀가 보기에 그런 문제는 명백히 초자연적이고 오직 의례로써만 다룰 수 있다. 갑작스런 발작은 위험한 신들림 징조이다. 환자의 생명이 위험하므로 의례적으로 즉각적인 대처가 필요하다. 용수 엄마는 이렇게 말한다. "주사는 그 사람을 잠만 자게 할 뿐이지, 좋아지게 만들지 않아. 그 약은 사람을 쇠약하게만 한다니까."

내가 알기에 용수 엄마가 자기 고객에게 의학적 치료를 멈추라고 조언했던 상황도 있다. 그녀는 몸 전체에 퍼진 불쾌감으로 고생하던 여성에게 매일 비싼 치료를 해야 하는 병원에는 그만 가라고 했다. 용수 엄마의 점괘에 따르면 그 여성의 육체적 고통과 기독교에 광적으로 빠져 있는 아들의 반항은 모두 편치 않은 상태의 조상 때문이었다. 만신은 그녀에게 조밥을 해서 던지라고 하며 푸닥거리를 하게 했다. 만약 아들의 행동이 나아지고 자신의 건강에도 차도가 있다고 느끼게 되면 그 단골은 문제의 원인이 초자연적인 데에 있다고 의심하지 않을 터이고 치료에 드는 굿 비용을 정당화할 수 있을 것이다. 용수 엄마는 단서를 덧붙였다. "만약 당신이 죽을 것 같고 아들의 행실이 더 나빠진 것 같으면 그때는 병원으로 돌아가." 중단된 의학적 치료는 만신의 진단을 검증해 주지만 치료의 중단이 더 나쁜 결과를 가져올 수도 있다. 내가 이 점을 뼈저리게 느꼈던 것은 용수 엄마가 내게서 잡귀를 몰아내기 위한 푸닥거리를 하면서, 내가 매일 먹던 항생제를 그만 먹으라고 제안했던 때였다. 의사, 약사, 만신 등 누구의 도움을 받았던 간에 장기간의 치료를 참지 못하고 돌연 그 치료를 중지하거나 변경하는 일은 한국 시골의 일반적인 특징이다. 만신의 조언은 치료 중단이 흔히 벌어지는 광범위한 건강 추구 행위 영역 내에서 이루어진다(Kim and Sich 1977; S. Yoon 1977b를 보라).

만신의 인과모델에 의하면, 병이 심각하거나 지속된다는 것은 그 가정에 보다 심각한 문제, 즉 신령이 화가 났거나 조상이 편치 않다는 징후이다. 누군가 갑자기 병이 나며 치료에도 불구하고 병이 지속된다는 것, 그리고 약값과 병원비로 가족의 재정에 문제가 발생하게 되는 일들은 초자연적인 부분과 관련된 문제이다. 만신은 약의 효과를 인정하지만, 의료비 부담은 가정이 당하는 고통의 또 다른 측면이다.

우주의 질서 안에서
표류하는 인간:
사주와 개인의 취약성

의료 행위와 마찬가지로 사주점四柱占은 엄밀하게 말해 다른 전문가들의 영역이며, 전통적으로 양반 유학자들이 중국의 우주론적 경전에 담긴 지식에 몰두했다(Dix 1980을 보라). 그러나 만신은 고통을 설명하는 자신들의 고유한 도식에 사주, 운명, 개인과 우주변화 사이의 관계 개념을 직조해 넣는다. 개개인의 운명은 태어난 연, 월, 일, 시의 속성인 팔자에 의해 결정된다. 점서占書가 얼마 전까지도 한문으로만 적혀 있었기 때문에 직업적 역술인들은 적어도 자신들이 고전 교육의 기본을 갖추었음을 자랑스러워했다.[2] 그렇긴 하지만, 모든 사람들이 대중화된 형태의 사주지식을 인용한다. 마을 여자들은 이렇게 이야기한다. "호랑이해 밤

---

2 역술의 이론과 실천과 관련해서는 자넬리(D. Janelli, 1977)와 영(Young, 1980)을 보라.

에 태어나면 안 좋은데 이 애는 낮에 태어났네. 괜찮아, 너는 낮에 돌아다닐 테고 호랑이한테서 안전하니까." 혹은 "뱀해 겨울에 태어나면 좋아." 종종 사람들은 자신의 운명, 보통은 자신들의 불운한 운명에 대해 언급한다. 용수 엄마는 자신의 고단한 삶과 여러 가지 불행한 일들을 상서롭지 못한 시간에 태어난 탓으로 여긴다.

내가 태어난 게 음력으로 3월 8일 아침 7시야. 밤에 태어났으면 좋았을 걸. 그래서 내 팔자가 사나워. 결혼도 늦게 해야 한다고 했는데, 어쨌든 남편이 죽어 버렸으니 그것도 소용없네.[3]

내 이웃이었던 한길 엄마도 비슷하게 한탄했다.

나는 남편이 진짜 싫었어. 결혼할 때 남편이 전에 결혼했다는 것도 몰랐어. 오빠하고 올케는 중매할 때 알았을 거 같은데, 이야기를 안 해 주더라고. 점쟁이들은 내 팔자가 사납다고 그래. 점 볼 때마다 그러더라고. 점쟁이들은 내가 나이 많은 사람이나 전에 결혼한 적이 있는 사람하고 결혼해야 한다고 했어.

만신의 말에 따르면, 나쁜 운명을 타고난 사람들은 잡귀잡신, 안식을 취하지 못하는 조상, 여타 해로운 기운이 다가오지 못하도록 푸닥거리를 자주 해줘야 한다. 나쁜 운세는 개인이 곤란한 일이나 고민이 생기게 된다는 것을 의미할 뿐 아니라 초자연적인 문제 앞에 무방비 상태로 놓이게 된다는 것을 의미한다. 김씨 집안의 경우, 부족한 제물에 화가 난 가정신령과 조

---

3 종종 사주가 센 여성은 남편의 죽음에 책임이 있는 것으로 간주되기도 한다. 하지만 이런 여성은 결혼을 늦게 함으로써 "두 번 결혼할 팔자"를 피할 수도 있다.

상들이 김씨의 부인에게 해를 입혀 미치게 만들었다. 용수 엄마의 견해에 따르면, 김씨의 부인이 생활고를 겪고 신령과 조상들의 위험한 기운에 쉽게 노출되었던 이유는 바로 김씨 부인의 안 좋은 사주였다. 빈곤의 악순환에서 벗어나지 못했던 김씨 부인은 자기 가정을 위해 신령들의 풍부하고 지속적인 재수를 얻어낼 수 있는 의례를 할 수 없었다. "그 여자만 사주가 나빴어. 친정 오빠들이나 시댁 남자들도 그렇게 사주가 나쁘지는 않았지. 그 여자가 워낙 운도 없고, 돈도 없고, 그러니 자기 집 대감님한테 떡조차 못 해드린 거야. 그런데 그 여자가 쌀을 두 자루나 가지고 친정으로 가니까, 화가 나고 질투가 난 대감님과 조상이 그 여자를 미치게 한 거지."

개인의 팔자는 전체적으로 좋을 수도 혹은 나쁠 수도 있지만, 그렇다고 바뀔 수 없는 것은 아니다. 한 개인의 앞날은 매년 운세의 특징에 따라 변하며, 일, 월, 시의 변화에도 영향을 받는다. 변씨의 경우 그해 운세가 좋지 못했기 때문에 해로운 힘에 영향을 받기 쉬웠던 것이다. 용수 엄마는 그가 사운死運에 놓여 있었기 때문에 그의 아픈 가슴에 흰 닭을 문질렀으며, 그 닭을 대수대명으로 던졌다.

개인의 운세가 해마다 바뀌기 때문에 가족 중 누군가는 어떤 특정한 해에 초자연적인 문제들에 더욱 취약해진다. 희생자가 반드시 초자연적 존재의 분노를 일으킨 직접적인 대상일 필요는 없다. 더 정확히 말하면, 화가 난 신령이나 조상들 혹은 잡귀잡신은 그 집단 전체에 대한 불만을 드러내기 위해 가정에서 가장 운세가 나쁜 사람을 덮친다. 문애 엄마는 염증이 생긴 다리 때문에 용수 엄마를 찾아왔다. 그녀는 용수 엄마를 찾기 전에 작은 개인병원과 침술원을 다녔다. 하지만 침술가의 침은 그녀의 종아리에 일렬로 피멍만 남겨 놓았을 뿐이다. 이 주 동안 마을을 절뚝거리며 돌아다녔지만 나아지는 기색이 없자 그녀는 용수 엄마를 찾았다. 용수 엄마는 "요절한 조상말명"이 있다고 점을 쳤다. 문애 엄마는 용수 엄마에게 시아버지에게 두 명의 부인이 있었다는 가족의 비밀을 이야기했다. 지금은 과부가 된 둘째 부인, 즉 문애 엄마의 현재 시어머니가 남편의 첫째 부인에 대한 기억을 지워 버리고자 첫째 부인의 제사를 지내지 않았다. 죽은 첫째 부인은 며느리인 문애 엄마에게 아무런 직접적인 원한도 없었다. 엄밀하게 말하자면 가족 전체가 이 의례적 실수에 책임이 있겠지만, 죽은 첫째 부인의 주된 표적은 살아 있는 둘째 부인이었다. 그럼에도 불구하고 며느리의 그해 운세가 나빴기 때문에 손쉬운 표적이 된 것이었다. 첫째 부인이 며느리의 다리를 건드렸고, 자신을 부당하게 대접한 데 대한 항의 표시로 치료과정까지 방해했다.

개인의 운세와 초자연적 존재의 악의 사이에 놓인 상호작용에 대한 만신의 설명은 질병 접촉과 관련된 과학적 지식과 유사한 데가 있다. 한 집단의 구성원들이 감염에 똑같이 노출되어 있어도 어떤 사람들은 영향을 받고 또 어떤 사람들은 탈이 나지 않는다. 만신과 그녀의 단골들은 개인의 취약성을 설명하기 위해 운세 관념을 사용하지만, 전체적인 진단과정을 꽉 막힌 운명론이라 할 수는 없다. 변씨의 경우 그의 운세가 나이, 신체적 허약함, 심각한 의학적 상태와 혼합되었기 때문에 그를 살리기가 어려웠다. 그렇긴 해도 싸울 여지는 남아 있었다. 만신은 변씨를 위해 푸닥거리를 했으며, 변씨 가족에게 보다 나은 의학적 치료와 정교한 치료의례를 하라고 재촉했다.

결국 개인의 운세 때문에 특정한 개인이―부인보다는 남편이, 시어머니보다는 며느리가― 고통받는 경향이 있다고 말할 수 있다. 그러나 고통의 무대는 가정 전체이다. 개인의 질병은 지붕 아래에서 여러 가지 일들이 잘못되고 있음을 말해 준다. 안식을 취하지 못하고 있는 조상, 귀신, 해로운 기운 등이 약해진 방어막을 뚫고 침입한다. 그렇다면 이러한 것들은 언제, 어떻게, 그리고 왜 들어오는 것일까?

목신동법과 지신동법: 해롭지 않은 방향으로 움직이기

용수 엄마는 변씨의 푸닥거리를 하는 동안 신축한 대문과 창고를 돌아다니며 목신동법과 지신동법이 머무르는 곳을 태웠는데, 변씨가 대문과 창고를 짓는 데 쓸 흙을 옮기고 나무와 목제 제품들을 손 있는 날 집 안으로 들여왔기 때문이다. 그 바람에 동법들이 깨어난 것이다. 여기에서도 추상적인 우주의 운행원리와 초자연적 존재의 움직임이 함께 작용하고 있다.

중국에서 유래한 역서曆書에는 날과 계절의 흐름에 따라 인간 활동을 규제하는 복잡한 체계가 기술되어 있다. 사람들은 특정한 날에 잠재된 위험을 유발하는 활동을 피해야 한다. 집을 짓거나 수리하고, 이사하거나 나무를 베는 일 혹은 여행을 시작하는 것이 불운한 결과를 가져올 수 있다(Dix 1980 참조). 불길한 힘, 즉 손煞은 열흘 주기로 이틀 동안 각 방향을 가로막는다. 역서를 읽을 수 없는 마을 사람들은 손을 피하는 간단한 공식들을 외운다.

초하루와 초이틀(음력)에는 동쪽에 손이 있고
초사흘과 초나흘에는 남쪽
초닷새와 초엿새에는 서쪽
초이레와 초여드레에는 북쪽
초아흐레와 열흘째 되는 날에는 어느 방향에도 없다.

이 순환은 음력으로 열하루와 스무하루가 되면 다시 동쪽에서 시작된다. 일을 시작하거나 산에서 해온 땔감을 집으로 들여오기, 가구를 집안으로 들여오거나 집안에서 옮기기, 흙을 옮겨 집을 짓거나 수리하기 혹은 여행하기 등은 막힌 방향의 손에 휘말릴 위험을 감수해야 하는 일이다. 손 없는 날인 아흐레와 열흘, 열아흐레와 스무 날, 그리고 스무아흐레와 삼십 일은 잠재적으로 위험한 활동을 계획하기에 가장 안전한 때이다. 내가 살았던 집 주인 남자와 그의 친구들은 내가 영송리로 이사를 들어오고 나가는 데 길한 날을 정해 주었다. 마을 여성들은 내가 마을을 떠날 때 "손 없는" 날을 기다려 서울에 있던 나의 새 방 가구들을 배치하라고 말해 주었다. 주부들은 간단한 푸닥거리를 할 때 손 없는 날에 주의를 기울이며, 굿 또는 푸닥거리가 끝나고 음식 부스러기와 조밥을 담은 바가지를 들고 집에서 멀리 나갈 때에도 손 없는 방향으로 가지고 가서 버린다.

가족 중의 누군가가 손 있는 날에 혹은 손 있는 방향으로 활동하며 위험한 행동을 하면 동법―목신동법(낭구목신)과 지신동법―을 자극하게 된다.[4] 유해한 동법이 집안에서 풀려나면 병을 일으키거나 그 병이 지속된다. 집안에 새로 들인 나무와 목제품은 문제의 흔한 원인이다. 어떤 여자는 이렇게 말했다. "시어머니가 지난해 편찮으셔서 푸닥거리를 했지. 머리도 아프고 팔다리에도 통증이 있다고 하시더라고. 만신이 말하기를, 시부모님이 나무를 해서 마루 밑에 쌓아둔 것 때문이라고 하더라고." 조씨는 끈질긴 가슴 울혈 때문에 고통스러웠다. 만신은 조씨 가족의 굿을 하면서 조씨

---

4 딕스의 제보자도 '동토動土'―문자적으로는 흙을 옮긴다는 뜻이다.―를 언급하고 있는데, 이것은 역서에 기록된 잠재적으로 위험한 활동 가운데 하나이다. 이 용어는 가족의 거주공간에 머무르며 떠도는 영혼들이 활동하면서 나타나게 되는 질병들을 의미하는데(Dix 1980), 영송리의 동법과 유사한 개념이다.

가슴에 붙어 있는 목신동법을 보았다. 굿의 마지막 날 아침, 만신은 문제를 일으킨 동법을 몰아내기 위해 새로 지은 화장실 바닥 주변과 장작더미를 따라 쑥과 붉은 고추를 태웠다. 최근 결혼한 용수 엄마의 딸이 남편이 심각한 복통을 앓고 있다고 알려 왔다. 용수 엄마는 딸 내외가 셋방에서 장롱과 찬장을 손 있는 날에 재배치하면서 사위가 목신동법에게 해를 입은 것이 아닌가 생각했다.

동법으로 말미암은 재앙—목신동법 또는 지신동법의 침입—은 추상적인 우주론적 원리들과 두 가지 측면에서 관련된다. 첫째, 누군가 손 있는 날 잠재적으로 위험한 행동을 하거나 잠재적으로 위험한 물건을 집안으로 들이는 것은 시간과 방향의 원리들을 위반하는 행위이다. 둘째, 가족 중 한 명이—불길한 행동을 한 사람이어야 할 필요는 없다.— 불길한 운세 때문에 동법의 희생양이 된 것이다.

마을사람들은 보통 이사를 하고 건축을 시작하거나 혹은 겨울용 땔감을 쌓을 때에는 손 없는 날을 택하지만 가구를 옮기거나 목재 혹은 석재 물건을 집으로 들여올 때는 날짜에 대해 깊이 생각하지 않는 것 같다. 용수 엄마는 딸이 장롱과 찬장을 옮겨도 되는 날을 정확히 지켰을 것이라고 기대하지 않았다. 그녀는 딸이 대부분의 사람들과 마찬가지로 날짜에 주의를 기울이지 않은 채 그런 간단한 행동을 했을 것이라고 생각했다. 딸 부부가 가구를 옮겼기 때문에 목신동법이 집안에 돌아다니게 되었고, 사위가 아프게 된 것이었다.[5]

만신은 잡귀잡신과 해로운 기운을 몰아낼 때 환자에게 붙어 있는 목신

---

5 한상복의 보고에 따르면 가거도에도 이와 유사한 믿음이 있다. 그러나 이 지역에서는 남성이 남성 풍수가와 상담한 뒤에 악한 영혼을 새로 지은 담장에서 몰아냈다.

동법과 지신동법을 몰아낸다. 하지만 쑥을 태워 집 전체를 소독하고 끓는 가마솥 안에 동법들을 잡아넣기 전까지는 만신의 일이 끝난 것이 아니다. 만약 그렇게 하지 않으면 여전히 그 기운이 집 안에 남아 가족 중 누군가가 동법에 해를 입을지도 모른다. 만신은 앞으로 있을지도 모를 동법의 침입에 대한 예방조치로서 취약하다고 여겨지는 곳들에 부적을 붙인다. 만신은 이런 모든 활동을 통하여 그 집의 경계를 보호한다.

바깥에서 온 해로운 기운

조상말명과 귀신

죽은 자들—안식을 취하지 못하는 조상(조상말명)과 귀신(영산, 잡귀)—은 고통의 흔한 원인이 된다. 죽은 자들 가운데에는 자기 가족 출신으로서 신원이 확실한 망자인 조상과 귀신이 있다. 또한 익명의 귀신들이 있는데, 이들은 끊임없는 갈망으로 인해 자기들을 알지도 못하는 가정으로 이끌린다. 조상은 남자아이를 생산하고 자손으로부터 제사 음식과 제주祭酒를 받을 자격이 있는 존재지만, 영산이나 잡귀는 결혼을 하지 못해 자식도 없이 죽거나 집 밖에서 돌연히 혹은 비참하게 죽은 존재이다. 만신의 무가를 통해서 "물에 빠져 죽은 영산, 총 맞아 죽은 영산, 연탄가스 중독으로 죽은 영산, 처녀귀신, 몽달귀신" 등을 확인할 수 있다. 이들은 제사 음식을 받을 자격이 없기 때문에 항상 굶주려 있으며 잔치가 있는 집 대문 근처로 모여들지만 대체로 자기네 가족 주위를 배회하는 경향이 있다. 만족스럽지 못한 죽음 때문에 이들은 분노와 좌절 속에서 자신들의 비통함을 살아 있는 사람들에게 드러낸다.

조상은 영산이나 잡귀보다 훨씬 운이 좋은 존재로서, 결혼도 하고 자식도 낳았으며 살 만큼 살다가 가족의 품에서 죽음을 맞이한 이들이다. 하지만 정상적인 죽음을 맞이한 조상들조차 한(恨)을 지니고 있다. 그들은 만신에 실려 자신들이 살아 있었을 때 이루지 못했던 모든 것으로 인해 통곡한다. 가족을 부양하려고 평생 힘들게 산 남성은 자신이 그 결실을 즐겨 보기도 전에 죽었다는 슬픔을 드러냈다. 결혼 내내 가난했던 어떤 첫째 부인은 남편의 현재 부인이 편안하게 사는 모습을 보면서 억울해한다. 조부모는 손주들의 탄생에 기뻐하지만 생전에 그 아이를 안아볼 수 없었음을 한탄한다. 맛있는 떡을 먹고 싶었던 늙은 여성은 늘 떡을 갈망한다. 한국인의 사회 통념에 따르면 이러한 모든 욕망은 정당하지만 운명적으로 좌절될 수밖에 없었던 것이다.

한편, 정서적 애착 때문에 죽은 자가 산 자에게 이끌리는 경우도 있다. 이러한 경우에는 비록 조상에게 악의적인 의도가 없더라도 그들의 등장이 부정적인 결과를 낳는다. 어머니는 결혼한 딸의 가난이 안타까워 딸을 다독거리지만 이 때문에 딸은 잠시 미쳐 버린다. 할머니는 다정하게 어린 손주를 토닥거리지만 이 때문에 아이는 병이 난다. 장인이 곱사등이 딸과 결혼한 남자가 고마워 손을 내밀지만 죽은 자가 내민 감사의 손길 때문에 그 젊은 남자는 다리를 절게 된다.

가족의 영적(靈的) 방어수단이 약해지거나 가정신령들의 보호가 멈출 때면 이러한 조상들 중 누군가가 들썩거리게 되며 결과적으로 가족이 위험해질 수 있다. 만신은 "조상손은 가시손이다."라고 말한다. 다시 말해, 조상이 산 사람들의 몸을 만질 때마다 상처가 생기게 된다.

칠십 세에 취약한 운세를 맞이한 변씨는 수많은 조상말명과 귀신들에게 해를 입었다. 변씨의 첫 번째 부인은 자식 한 명과 함께 물에 빠져 죽었으며, 어머니는 맛있는 떡을 먹고 싶어 하다가 죽었기에 떡을 끊임없이 갈망한다. 아들 하나는 전쟁 중에 총에 맞아 죽고 또 다른 자식은 교통사고로 죽었는데, 둘 모두 무자식에 미혼이었다. 사실상 한 가정에서 이렇게 완벽하게 조상말명과 귀신들이 모여 있는 것을 발견하기란 쉬운 일이 아니다. 용수 엄마의 말에 따르면, 눈에 보이지 않게 잠복한 불길한 존재들이 있는 가족은 어떤 사소한 병이라도 위험할 수 있기 때문에 자주 푸닥거리를 해야 한다. 또한 근처를 배회하는 조상들과 귀신들을 달래고 신령들의 보호를 확실히 받기 위해 주기적으로 굿을 해야 한다.

조상들이 집 근처에서 배회하는 반면 귀신들이 해를 끼치는 범위는 광범위하다. 귀신들은 자기 집 대문 앞에서 어른거리지 않을 때에는 여기저기를 떠도는 이름없는 잡귀 무리를 따라 다닌다. 이들은 항상 배가 고프기에 잔치 음식이 차려지는 가정이면 어느 곳이라도 찾아간다. 그리고 잔치를 여는 가족과 손님들에게 달라붙는다. 생일잔치, 결혼잔치, 또는 장례식에서 소화불량에 걸린 채 집으로 돌아온 하객이나 귀가한 후 바로 병이 난 사람의 경우 귀신이 집으로 따라왔을 가능성이 있다. 귀신은 손님이 장례식 혹은 굿에서 집으로 가져온 음식이나 제사를 지낸 가족이 이웃집에 돌린 음식에 끌린다. 누군가가, 보통은 주부가 음식을 따라올지도 모를 귀신들과 해로운 기운을 유혹하기 위해 떡 한 덩이나 사탕 한 움큼을 내던진다. 그렇게 하고 나서야 가족 구성원들은 잠재적으로 위험한 음식을 안심하고 먹는다.

세속적인 갈망에 사로잡힌 귀신과 조상말명은 종종 새로 산 옷에 붙어서 집에 들어온다. 용수 엄마는 한 아이의 병을 그 아이의 새 치마에 붙은 귀신 탓으로 돌렸다. 청춘만신의 아들이 어머니가 선물로 받은 치마에 붙은 귀신 때문에 고생했던 것이다. 샘 많은 죽은 자매들이 동생의 밝은 색

혼수 이불에 붙어서 집으로 들어오기도 한다.

집 대문 바깥의 세계는 귀신으로 가득 차 있다. 바깥세상을 여행하는 사람들은 해로운 귀신에 둘러싸여 있기 마련이다. 나는 굿이 진행되는 동안 오랜 감기 기운 때문에 잠들어 버린 적이 있다. 이때 용수 엄마는 내게 "찬" 기운이 있으며, 내 상태가 귀신 붙은 것(귀적鬼的) 같다고 이야기해 주었다. 귀신들이 내 주위를 서성거렸기 때문에 나는 푸닥거리를 해야 했다. 용수 엄마의 설명에 따르면, 내가 만신과 함께 굿하는 곳을 여기저기 다니며 굿 음식을 먹고, 서울을 오가면서 낯선 장소에서 식사를 했기 때문에 귀신과 같은 식객을 얻었고, 따라서 의례적으로 깨끗해져야 한다는 것이었다.

영송리의 많은 여자들이 귀신 때문에 받은 고통을 이야기해 주었다. 대표적인 것으로, 아들이 잔치 후에 아팠다는 한 여자의 이야기를 들 수 있다.

작년에 아들이 아팠지. 열이 펄펄 끓었어. 그래서 쌀 한 자루, 조 한 되, 과일 3천 원어치를 사 들고 만신을 찾아갔지. 신당에 500원짜리하고 1천 원짜리를 올려놨어. 만신이 말하기를 내 아들이 백일 잔칫집에 다녀와서 아픈 거라고 하더라구. 거기서 떡을 먹고 탈이 난 거지.

또 다른 여자는 손자의 푸닥거리를 하기 위해서 만신에게 갔다.

석 달 전인가, 손자가 아팠어. 몸이 그냥 안 좋다고 하더라고. 그게 감긴지 뭔지 나는 모르지. 근데 만신이 귀신이 옆에 서성이고 있다고 하대.[6] 무슨 귀신이냐고? 그게 뭔 귀신인지 어떻게 알아?

---

6 실제로 그녀가 사용했던 표현은 "귀신놀음"이다. 귀신을 문자 그대로 보면 '귀ghost/신god'이지만 실제로는 초자연적인 존재들을 포괄하는 막연한 용어이다. 용수 엄마는 자신의 신당에 있는 모든 신령과 조상을 가리킬 때 이 단어를 쓰곤 한다. 여성들은 보통 이 용어를 보다 좁은 의미로 사용하는데, 불특정하며 자신들과 관련이 없는 죽은 자들을 가리킨다. 이 인용문에서는 보통 여성들이 사용하는 협의의 의미를 함축하고 있기 때문에 '귀신ghosts'으로 번역하였다.

어떤 귀신과 조상이 자기들에게 잔소리를 해대는지 매우 잘 아는 여성도 있다.

내가 귀신 때문에 푸닥거리를 했지. 어떤 귀신이었냐고? 아휴, 글쎄 (난처한 듯 낄낄거리면서) 당신도 알다시피 남편 손가락에 상처가 났잖아. 그게 그 사람 죽은 첫째 마누라가 붙잡고 있었던 거야. 그래서 안 나은 거야.

귀신—가족 출신의 귀신이건 혹은 모르는 귀신이건—이나 조상말명과 접촉하면 병을 얻지만, 이들이 움직이면 해로운 기운이 함께하게 된다. 앞으로 내가 인터뷰했던 여성들과 만신들이 묘사한 이러한 종류의 해로운 기운에 대해 기술해 보고자 한다. 해로운 기운들의 목록을 폭넓게 정리했지만 완전하지는 못하다. 기억할 점은, 이 기운들이 서로 배타적인 특성들이라기보다는 여러 가지 고통에 복합적으로 작용하는 요인들이라는 것이다.

홍액

홍액紅厄은 해로운 구름과 같은 것으로서, 사람들을 둘러싼 불행이 응집된 것이며 질병이나 재앙을 악화시킨다.[7] 홍액은 전염성을 지니고 있어서 다른 불행의 현장에서 비롯된다. 만약 운이 나쁜 사람이 환자를 문병하거나 장례식에 간다면 홍액에 해를 입을 위험이 있다. 과거에 사고가 일어났던 현장은 특히 택시나 버스 운전기사에게 위험하다. 앞선 재앙이 응축된 홍액이 확산되어 또 다른 사고를 일으키기 때문이다. 양자 아버지는 버스 운전기사이다. 용수 엄마는 양자 아버지가 운전하는 버스 노선에 있는 다리

---

7 불길한 붉은 구름 같은 재앙이라는 의미의 홍액이라는 용어는 '뜻밖의 재앙'을 의미하는 횡액 橫厄에서 파생되었을 것으로 생각된다.

위에 한 무리의 홍액이 있다고 점을 쳤는데, 그곳은 과거에 여러 번 사고가 일어난 지점이었다. 용수 엄마는 양자 아버지에게 불길한 그곳을 지날 때에는 조 한 줌을 유리창 밖으로 던져서 홍액을 몰아내라고 말해 주었다.

만신은 단골의 신년 운세를 봐줄 때 단골 가족 중 특별히 누가 그해의 홍액에 해를 입기 쉬운지 이야기해 준다. 그리고 운세가 나쁜 가족 구성원에게는 문병을 하거나 장례식에 가지 말라고 주의를 준다. 어떤 아이들은 특정한 달에는 수영을 하거나 등산을 해서는 안 된다. 만신은 신년이 되면 버스를 타고 학교에 다니는 아이들에게서 "거리 홍액"을 몰아낸다.

귀신의 경우와 마찬가지로, 어떤 사람이 불길한 홍액과 직접 부딪히지 않았더라도 집 바깥 세상을 다니면서 홍액은 점점 쌓여 가기 마련이다. 용수 엄마는 신당에서 나를 위해 홍수매기를 해주면서, 나에게 앞으로는 조를 가지고 다니라고 충고했다. "니가 여기도 왔다 저기도 갔다 하잖아. 미국에도 갔다가 일본에도 갔다가 하고. 또 맨날 서울에도 다니고. 그래서 홍액을 끼고 사는 거야. 게다가 너 내년 운세가 안 좋잖아. 그래서 지금 나쁜 홍액을 다 몰아내고 너를 깨끗하게 해줘야 하는 거지."

홍액과 귀신은 마치 박테리아처럼 어디에나 있다. 하지만 귀신이 대체로 잔치 음식 주위에 모이는 경향이 있는 반면에 홍액은 질병이나 사고 또는 죽음의 현장에 퍼져 있다. 홍액은 귀신이나 여타 해로운 기운처럼 그해 운세에 따라 접촉할 소지가 있는 사람들, 혹은 홍액에 지속적으로 노출되거나 대규모의 홍액을 맞닥뜨린 사람들에게 해를 입힌다. 주기적으로 의례적 정화를 해주는 집은 대문 바깥의 오염된 세상보다 "더 깨끗하고" 그래서 안전하다.

상문

내가 '죽음의 기운death humors'이라고 해석한 상문喪門이라는 용어는 문자로 보면 '상喪중인 집'을 뜻한다. 상문은 죽음 혹은 죽은 자를 위한 의례와 접촉한 사람을 침범한다. 이 기운은 부정한 사람이나 물건을 따라 집으로 들어오는데, 특히 신령이 기분이 상해 그 집을 보호하지 않을 때 들어온다. 친척이나 이웃의 제사에 갔다가 걸린 소화불량은 상문이 작용하고 있다는 가장 흔하고 분명한 증상이다. 용수 엄마는 다음과 같이 말한다. "제사가 있는 집에 가서 제삿밥을 먹으면 상문을 탈 수도 있어. 배가 아플 수도 있고." 하지만 상문이 치명적인 결과를 낼 수도 있다. 내가 살던 집의 주인이 자신의 삶에서 가장 큰 비극이었다고 회상하는 일은, 중학생이었던 아들이 제사 음식을 먹고 며칠이 지나지 않아 맞이했던 죽음이다.

우리 친척 집 제사를 도우러 갔었지. 제사를 지내던 어른들이 보시기에 민수가 귀여웠는지 집에 가서 먹으라고 사탕을 많이 주셨어. 벌써 그날 밤에 애가 머리가 아프다고 하면서 추워서 덜덜 떨더라고. 베개 옆에다 사탕을 놔두고서는 말이야. 내가 얼른 집어다가 버렸어. 애가 그러더라고, "왜 그러세요? 어른들이 나보고 나중에 먹으라고 주신 거란 말이에요." 내가 그랬지, "내일 내가 더 사줄게."

다음 날, 애가 머리가 너무 아프다고 해서 학교에도 못 갔어. 애 아버지가 애를 데리고 의사한테 갔는데, 의사가 감기라면서 주사를 놔주더라고. 근데 다음 날에도 안 나아. 애 아버지가 다시 둘러업고 침 놓는 사람한테 갔어.[8] 그 사람이 민수를 한번 보더니 "애한테 상문이 들었구먼. 얼른 가서 푸닥거리를 해야겠는데요. 가짜 장례식도 하구요." 했다고 하더라고.

---

8 여기서 언급된 사람이 침을 놓는 한의사를 가리키는 것처럼 보이지만, 그다음의 서술에 따르면 그가 한의학을 배운 사람인지가 의심스럽다. 여성들은 아이들이 경기를 일으키면 가끔 바느질할 때 쓰는 평범한 바늘로 손을 따기도 한다.

그래서 만신을 불러 푸닥거리를 했지. 애 아버지는 오백 원짜리 지폐를 내려놓을 때마다 이렇게 빌었어. "원하는 것은 다 드릴 테니 내 아들만 살려 주세요."

다음 날, 민수가 "나 학교 가야 돼."라고 하더니 모자하고 책가방에서 먼지를 탈탈 털더라고. 그래서 나는 얼른 아침을 하려고 부엌으로 갔지. 근데, 갑자기 무슨 소리가 들리더라고. 예감이 안 좋아서 얼른 안방으로 들어갔는데, 민수가 벌써 죽어 있는 거야. 아랫목에서부터 온 방을 기어 다녔더라고. 애가 자기를 잡으러 온 저승사자를 보고는 안방에서 도망가려고 애를 썼던 거지. 그래서 학교에 가고 싶었나 봐.

만신과 단골들은 여러 가지 크고 작은 병을 상문 탓으로 돌린다. 한 여성은 이렇게 이야기했다.

내가 머리가 너무 아팠는데, 이웃 사람이 만신한테 가보라고 하더라고. 만신한테 푸닥거리를 했지, 조밥도 던지고. 점점 좋아지긴 했는데, 푸닥거리 때문인지는 모르지. 그 만신 말이 내가 상문을 탔다고 하더라고.

또 다른 여성은 이렇게 말했다.

지난해 큰언니가 아파서 그런지 몸이 많이 약해졌었어. 만신이 상문 탓이라고 하대. 그래서 만신한테 푸닥거리를 하고, 언니는 약도 사다 먹고 했지.

귀신이 그렇듯이 상문 역시 방심한 사람에게 붙어 집안으로 따라 들어간다. 상문이 집 안으로 들어가면 집 안에 있는 누군가에게 해를 입힌다. 백씨 가정의 경우 친척이 죽은 어린애의 시체를 집안으로 옮겨 왔을 때 심한 부정을 초래하게 되었다. 시체가 집 밖으로 나가는 것은 죽은 자가 산 사람을 떠난 것이기 때문에 시체가 집 안으로 들어온다는 것은 부적절한 일이며 따라서 극도로 위험한 행위이다. 화가 난 가정신령들은 상문이 그 시체와 함께 들어오는 것을 내버려 두었다. 백씨 부부는 재난이 닥치기 전에 미리 만신을 불러 집 안에 있는 여러 방에서 상문을 풀어 내는 푸닥거리를 했다. 하지만 이미 담장 안에 넓게 자리 잡고 있던 상문이 백씨 집에 세 들어 살던 공장 노동자의 방에 침입했다. 이씨 성을 가진 젊은 공장 노동자는 그해 운세가 나빴다. 한밤중에 깨어나 발작을 일으키고 입에 거품을 물며 벌벌 떨어 댔다. 그가 일하던 새마을공장에서 그에게 우환굿에 드는 비용을 보태주었다.

청춘만신의 단골 중 한 사람이 장례식에서 탄 부정을 풀지 않은 채 신년 제물을 신당에 올리려고 찾아왔다. 청춘만신의 신당에 있던 신령들이 화가 나서 그 단골을 따라온 상문이 청춘만신의 집 안을 돌아다니도록 내버려 두었다. 청춘만신의 아들이 다리에 상처가 나더니 도통 좋아지지 않았고, 사우디아라비아에서 일하는 데 필요한 신원보증도 받을 수 없게 되었다. 청춘만신은 용수 엄마에게 푸닥거리를 부탁했다.

집 밖에서 상문 부정을 탄 사람은 자기 집 신령들 앞에서 조심해야 한다. 쌀집 아줌마는 장례식에 다녀온 후 상문 부정을 벗지 못한 상태에서 가정신령들에게 바칠 고사떡을 준비했다. 신령들은 화가 나 고사떡을 받지 않았고, 장례식에서 따라 들어온 상문이 집 안을 돌아다니도록 내버려 두었다. 쌀집 아줌마는 시어머니와 다투었고, 남편은 술에 취해 물건을 내던지고 이웃과 싸웠으며 심지어 주먹으로 유리창을 박살냈다. 이 경우에는 상문이 질병 자체를 일으켰다기보다는 사회적 관계에 심각한 문제를 일으켰다.

살

살煞이란 용어의 한자어는 '악령, 해로운 영향력'이라고 해석할 수 있다. 이 용어는 '죽음(殺)'이라는 한자어와 발음이 같다. 한자어가 없는 순수 한국어로 살은 '화살'을 의미한다. 이처럼 '살'이라는 민간의 개념은 다양하게 정의될 수 있다.[9] 상문처럼 '보이지 않는 화살'(한국어 '살'을 나는 이렇게 해석한다.)은 신체적으로나 사회적으로 다양한 곤란함을 야기한다. 나이가 많은 명두만신에 따르면, "부모 자식 간에 잘 지내지 못하고 부부간에 다툼이 일어나게 되고, 뭐 그런 것들이지."

살은 산모와 아이가 산실産室에 격리되어 있을 때 누군가 출산금기를 어기면 발생한다. 월경 중인 여성이나 아이의 형 또는 누나가 산실에 들어왔을 때, 혹은 아이가 태어날 때 피범벅이 되어 부정이 발생한다. 출산이라는 사건 자체가 부정한 것이기 때문에 그 가정은 외부의 부정과 위험으로부터 산실에 있는 산모와 아이를 보호하기 위해 노력을 다한다. 귀신과 조상은 아이에게 즉각적인 위협이 되지만, 출산에서 발생한 살은 아이가 청소년기 후반이나 성년기 초반에 이르러서야 나타나는 경우도 있다. 명두만신의 단골 할머니에게는 집에서 반항을 일삼고 공부에도 소홀한 손자가 있었다. 손자는 불량한 친구들에게서 좀도둑질을 배우는 중이었다. 명두만신이 살풀이라고 하는 특별한 푸닥거리를 통해 "살을 풀어 주었다." 용수엄마의 두 단골은 아들에게 적당한 배우자가 없어서 골치를 앓고 있었다. 용수 엄마가 살을 풀어 주고 나서야 부모가 주선한 중매가 성사되었다. 의례적 유사성이라는 논리로 이와 같은 실천을 이해한다면 다음과 같다. 아

---

9 임석재의 서술에 따르면 "주당이나 살과 같은 것들은 …… 일종의 에너지나 번갯불처럼 생각된다. 누군가가 갑자기 아프고 죽거나 혹은 기형이 되면 …… 사람들은 그것이 살이나 주당 때문이라고 말한다"(임석재 1970, 83).

이가 가족의 한 구성원으로 이행하는 데 발생한 혼란, 즉 산도에서 피범벅이 되어서 나온다거나 혹은 자궁과도 같은 산실에 누군가 들어서는 행위에 따른 혼란은, 그 아이가 완전한 성인 상태로 이행하는 데 따르는 어려움의 이유를 회상이라는 방식으로 설명해 준다.

이렇게 서서히 드러나는 살보다 장례식 당일이나 그 이후의 장례의례에서 발생하는 급살이 훨씬 더 위험하다. 한 여성은 이렇게 기억했다. "18년 전 아버지가 초상집에 가셨더랬지. 거기서 술도 드시고 돼지고기도 드셨는데, 급살로 돌아가셨어. 그래도 아버지가 그립지는 않아. 생각하고 싶지도 않고. 아버지가 첩을 들여 자식들을 실망시켰거든."

한 젊은 남성은 결혼한 지 한 달밖에 안 되었을 무렵 장인의 장례식에 가게 되었다. 거기에서 몸이 아파 집으로 돌아오고 나서 얼마 되지 않아 죽었다. 가족은 그의 죽음이 상문살 탓이라고 생각했다. 한길 엄마는 시아버지가 초상집에서 살에 맞아 돌아가셨다는 이야기를 해주었다. 시아버지가 돌아가신 후 몸을 보니 푸른 멍이 가득했다는 것이다. 용수 엄마 조카의 아들 한 명은 사촌의 관을 들다가 살에 맞았다.

네 명이 시신을 옮겼는데, 그중에 망자의 사촌이 있었지. 시신을 옮기는데 사촌이 누군가 자기 팔을 잡는 것 같다고 했다더라고. 어깨에서 팔로 마비가 내려오다 걷지도 못하게 되어서 다른 사람들한테 멈추자고 할 수밖에 없었지.

걔 엄마는 장례식에서 일어난 일이라서 그게 살이라는 걸 알았지. 그런데 시어머니가 며느리 말을 듣지 않은 거야. 시어머니는 "만신한테 가 봐야 굿이나 꼭 하라고 할 거야."라고 했던 거지. 양약을 먹었지만 효과가 없었어.

마지막에 내 남편의 조카, 그러니까 그 아이의 아버지가 나한테 와달라고 하더라고. 근데 이미 늦었어. 아이가 팔이 마비되고 배가 빵빵하게 부풀어 올랐더라고. 내가 말했지. "왜 이제서야 나를 부른 거요? 도와주러 오긴 왔는데, 살린다는 장담은 못 하겠네. 내가 부모나 자식이 편안해지도록 뭐를 하긴 하겠지만, 내가 여기 왔다는 소리도 하지 마셔." 그게 10월이었는데, 12월에 부고를 보냈더라고.

용수 엄마는 요점을 강조해서 설명하기 위해 이 사건을 언급한다. "그게 바로 장례식이 위험하다고 하는 이유야. 아프기는 하지만 왜 아픈지 도통 알 수가 없거든. 그냥 단순히 열이 있다고 생각할 수도 있지만 죽게 되는 거지. 그건 치료하기도 힘들어. 살에 맞으면 온통 푸르죽죽하게 변해 버려. 죽은 뒤에조차 온몸이 파래."

살은 전이轉移 상황에 존재하는 의례적인 위험에서 발생한다. 전이 상황이 중요하고 돌이킬 수 없는 경우일수록 훨씬 치명적인 살이 발생한다.[10] 출산으로 인해 잠재적으로 새로운 생명이 한 가정으로 들어오지만, 그로 인해서 성인들 사이의 중요한 사회적 관계들이 재배열되지는 않는다. 출산은 조용하게 이루어지는 집안의 사건으로서, 산실에 격리된 채 이루어지는 산모와 아이 사이의 일이다. 가족은 출산 후 소소하게 치르는 백일잔치를 통해 아이의 사회적 실존을 공인한다. 출산에 따른 살은 비교적 온건하며, 성장해 가는 아이에게만 영향을 미친다. 주요한 전이 상황에는 잔치가 따르기 마련이며, 이러한 잔치에서 발생하는 살은 광범위한 사회적 영역에서 발생한다. 결혼식, 환갑 잔치, 혹은 장례식에 참석한 사람은 누구나 —만약 그 사람의 운이 나쁘다면— 살에 맞을 수 있다. 결혼과 환갑은 개인이나 가족 모두에게 주요한 통과의례이다. 여성은 자신의 가정과 마을을 떠나 다른 가정과 마을로 들어간다. 부모는 삶의 모든 주기를 완성한 후 조상

---

10 인류학자들에게 살은 더글라스(Douglas, 1966)와 터너(Turner 1967, 93-111)가 반 게넵(Van Gennep (1909)1960)의 통찰에 기반해서 전개한 전이와 위험에 대한 논의를 떠올리게 한다.

이 된다. 죽음은 모든 전이 상황 가운데 가장 돌이킬 수 없는 것이며 따라서 가장 큰 위험이 발생한다. 한 성인이 —신부가 그러하듯이— 가정과 마을을 떠날 뿐 아니라 모든 사회적 세계를 떠나게 된다. 시신은 산으로 옮겨지며, 남성과 여성의 세계로부터 멀어진다.

한국인의 질병 관념

수개월의 관찰과 인터뷰로 수집한 정보를 하나의 요약본으로 만들어 버리는 것은 짧은 민족지적 설명이 가질 수밖에 없는 불만스러운 결과이다. 이 장에서는 오로지 초자연적인 것들을 설명하는 데 집중했기 때문에 영송리 사람들의 일상생활이 상문, 살, 귀신에 대한 근심으로 가득 차 있는 것처럼 보일지도 모른다. 초점을 너무 가까이 잡게 되면 행위의 영역이 볼품없이 왜곡될 수밖에 없다. 초자연적인 존재나 힘은 무당이 무꾸리에서 고객의 어려움을 진단할 때, 나른한 겨울 오후에 여성들이 비극적인 과거의 이야기를 나눌 때, 인류학자가 주부들에게 질문을—예를 들어 "푸닥거리를 마지막으로 한 게 언제였습니까?" "그때 푸닥거리를 했던 이유가 무엇이죠?" 등등— 던질 때에나 등장할 뿐이다. 목신동법, 귀신, 해로운 기운은 대부분의 경우 어둠 속에 숨어 있으며, 여성들이 고통으로 인해 만신 집을 찾아 만신이 점괘를 통해서 알려줄 때 드러난다.

만신의 예지력은 다른 것으로는 설명할 수 없는 불운을 설명해 준다. 하지만 마을 사람들은 만신의 설명을 구하는 데 신중한 태도를 취한다. 만신의 설명을 듣는 데에는 대가가 따르기 때문이다. "만신한테 가면 굿이나 뭔가를 하라고 할 게 뻔해." 앞에서 인용한 몇 가지 사례들은 만신에게 상담하고 의례를 후원하는 가정의 결정 뒤에 놓인 긴장을 암시한다. 나는 이와 비슷한 긴장이 건강을 회복하는 과정에서 이루어지는 주요 결정들에 내재해 있음을 이 장의 '만신과 의료' 부분에서 제시했다. 고액의 의료비나 지속적으로 지출되는 의료비를 쓰는 데 만신과 신령의 권위가 사용되기도 한다. 마을 사람들은 특정한 만신의 진단이 맞지 않다거나 너무 비싸다고 거부하면서도, 자신들의 질병에 초자연적 존재가 개입되어 있다는 가능성을 받아들일 수 있다. 어떤 경우에는 보다 복잡한 치료와 더 많은 지출 없이도 질병 문제가 해결되기도 한다. 초자연적 존재나 힘이 중요한 불행을 일으킬 수도 있지만, 현재 경험하고 있는 고통 뒤에 반드시 잠복해 있다고는 할 수 없다.

여기에서 기술한 고통에 대한 관념은 한국 농민의 경험을 드러낸다. 고통이 발생했을 때 가정은 그 고통에 가장 직접적으로 시달리는 일차적 단위이며, 이때 물리적인 집은 적절한 은유가 된다. 개개의 질병은 의료와 의례에 소비되는 비용, 노동력 손실, 걱정, 죽음을 통해 보다 큰 몸체를 위협한다. 질병, 사업 위기, 도난, 가족 간의 불화는 가정의 고통이다. 보통은 여러 가지 상황들이 겹쳐 나타나기 마련인 이러한 유감스러운 상황들에 따라 전씨 집안의 굿 같은 큰 규모의 굿이 벌어지는데, 이러한 굿이 행해지는 곳은 집과 집 주변이다. 변씨를 위해 벌어진 푸닥거리는 주로 개인의 고통에 초점을 두지만, 항상 집 전체의 안전을 목적으로 한다. 푸닥거리를 하는 여성은 귀신과 해로운 기운을 대문 밖으로 꾀어 내어 자신의 거주지 밖으로 내보낸다. 변씨의 푸닥거리를 한 용수 엄마가 목신동법과 지신동법을 쫓아낸 곳도 바로 그 집 담장 밖이었다. 이러한 고통 관념에 애매한 요소가 없을 수는 없다. 백씨의 살을 풀기 위해 안채에서 진행된 푸닥거리가 집 담장 안에 세 들어 살던 세입자까지는 보호하지 못했다는 사실에서 그 같은 애매한 점들이 드러난다.

특정 인물이 다른 형제나 배우자보다 왜 더 아픈가 같은 개인적 고통은 연, 월, 일, 시의 규칙적인 순환에 따라 정해진 개인의 운세로 설명된다. 만신과 단골들은 우주론 및 개인의 한 해 운세를 통해 개별적인 고통을 초자연적 존재나 가정과 연결짓는다. 부정이나 신령의 분노 때문에 외부 위험에 대한 가정의 방어력이 약화되면, 내부에 살고 있는 식구들 가운데 운세적으로 취약한 사람이 다치는 것이다.

마치 트로이의 목마처럼, 집안에 새로 들인 물건은 해로운 초자연적 존재를 실어 나른다. 귀신은 새로 산 옷을 붙잡아 타고 집으로 들어온다. 목신동법은 장작이나 목제 가구를 따라 들어온다. 상문은 부정한 사람을 따라와 집 안에서 미친 듯이 날뛴다. 집 밖으로 나선 사람은 자기 집 담장이라는 보호막을 벗어났기 때문에 잔치나 문병을 가거나 혹은 이곳저곳을 다니는 것만으로도 잡귀나 흉액에 해를 입기 쉽다.

집 담장은 최후의 방어선이다. 하지만 담장은 전략적으로 중요한 지점이라는 바로 그 이유 때문에 가장 위험한 곳이기도 하다. 집의 물리적 구조를 바꾸면 가족은 의례적 위험에 놓이게 된다. 집 담장을 수선하거나 창고를 짓고 지붕을 손보거나 가구를 재배치하는 일 때문에 가족은 목신동법이나 지신동법의 침입이라는 위험을 맞닥뜨린다. 가정 전체가 이사하면서 살림살이를 다른 집으로 옮기는 것 역시 위험하다. 이 우주론이 약속하는 바는, 세상에는 질서가 존재하며 이 질서를 따르면 안전하다는 것이다. 잠재된 위험도 사람들이 손 없는 날의 순환에 맞추어 중요한 행동과 여행을 한다면 피할 수 있다.

건축과 재배치가 집이라는 물리적 몸체에 혼란을 준다면, 결혼이나 환갑 혹은 장례는 가정의 사회적 관계에 혼란을 준다. 가정에서는 이와 같은 전이 상황들을 식별해 주는 잔치를 열기 위해 일상적인 활동을 멈추고 돈을 쓰며 집 대문을 친척과 이웃에게 열어 놓는다. 이러한 잔치는 참여하는 사람들 모두에게 어느 정도의 위험을 수반하는데, 잔치가 바로 역치 상태liminal state, 즉 이것도 저것도 아닌 시간이자 일상적 활동이 멈춘 상태이기 때문이다. 귀신과 해로운 기운이 열린 대문을 통해 들어오며, 가능한 곳이면 어디에서나 노략질을 일삼는다. 그러나 여기에서도 우주론은 이러한 위험을 피할 수 있는 방법을 제시한다. 손 없는 날에 잔치를 함으로써 전이에 따르는 위험을 완충하는 것이다.[11] 결혼을 생각할 때에는 배우자의 사주를 신중히 고려한다. 나는 한 점쟁이가 아직 임신 중인 아이와 부모의 궁합에 대해 이야기하는 것을 들은 적이 있다. 운세가 안 좋은 사람들은 다른 가정의 결혼식과 장례식에 참석하지 않을 수도 있다.[12] 주부는 무당의 신년 운세점에 따라 자기 가정에서 운세가 취약한 구성원들을 확인하고 보호하기 위해 정월 보름에 적절한 의례를 행한다.

우주와 조화롭게 산다는 것은 항상 누릴 수는 없는 호사다. 그래서 마을 사람들은 우주론적 원리들을 이용하지만, 여러 가지 가능한 방법을 동시에 택함으로써 위험을 줄이고자 한다. 연, 월, 일, 시의 변화에 따라 불운의 운명이 정해졌다기보다는 단지 좀 더 해를 입기 쉬울 뿐이다. 해를 입을 가능성이 있는 가정에서 여성들은 보호의 의무를 담당한다. 무당과 주부는

---

11 나는 만신이 단골에게 실제 생일이 아닌 더 좋은 날을 택하여 환갑 잔치를 열라고 충고하는 것을 본 적이 있다. 그 단골이 충고를 따랐는지는 알 수 없다. 결혼식의 경우에는 길한 날을 잡는 데 훨씬 더 주의를 기울인다.

12 의례의 특정 부분이 다른 부분보다 더 위험한 경우도 있다. 용수 엄마는 한 여성에게 막내아들이 신부가 결혼식장에 들어서는 장면을 보지 못하게 하라고 이야기했으며, 또 다른 여성에게는 결혼식 전날 밤 신랑 친구들이 함을 들고 올 때 나가서 그 모습을 보면 안 된다고 말했다.

가정의 신령과 조상을 모시고 달래며 때로는 회유하기도 하면서, 집을 하나의 방어 보루로서 공고히 만든다. 다음 두 장에서는 이 과정을 분석해볼 것이다.

사람들은 특정 부류의 초자연적 존재들,

즉 자기 가족의 조상에게 성찬을 베푼다.

한국에서는 여성이 조상의 음식을 요리하지만

남성이 공식적인 제사를 지낸다.

여성은 조상의 영혼이 살아 있는 가족을 떠나지 못하고

맴돌고 있는 상중에 망자를 위해 음식을 차린다.

밥과 국을 조상들에게 바치는데, 마치 살아 있는 사람들과 죽은 친척이

함께 그 음식을 나누는 것 같다.

관리 같은 신령들에게 바치는 음식은 일상적인 식사로 여겨지지 않는다.

굿과 고사에서 신령에게 바치는 음식은

술상으로 차려지거나 들고 다닐 수 있는 것들이다.

굿에서 대감신령은 떡시루와 고깃덩이를 머리에 이거나

소머리와 통돼지를 등에 지고서 흥에 겨워 이런저런 소리를 한다.

고사에서 주부는 보통 술 몇 잔, 시루떡, 북어, 구운 고기를 바치고,

때로는 삶은 우족이나 돼지머리를 바치기도 한다.

그러나 밥은 결코 바치지 않는다.

한국인들은 "밥을 먹어야 식사지."라고 말한다.

한국 여성들은 고사 때 차리는 음식을 술안주라고 묘사한다.

삶은 돼지머리는 매우 특별한 안주이다.

용수 엄마가 신당에서 돼지머리를 바칠 때면

나이 많은 이웃 남성들이 별일이 없어도

한 잔 술에 달콤한 머릿고기를 맛보려고 모여들었다.

가정의 신령과 양가 친족의 신령 모시기

우리가 한국인의 집에서 "신을 모신 선반god-shelves"을 발견할 수는 없지만,
신령들은 여전히 집에 존재한다.
만약 조그마한 흙집이라도 그 안으로 들어가게 되면
얼마나 많은 초자연적 존재들이 그곳에 거주하고 있는지 알게 될 것이다.
— 조지 히버 존스 목사, 『한국인의 신령숭배』 중에서

이씨 가중의 본향님이 하강하시고
장군님들이 하강하소사
높으신 분들을 청하오니, 눈을 뜨시고
진수성찬 만수성찬으로 대접하오니
이씨 기주를 어여삐 보소사
— 경기무가 현지 채록본

한국 여성의 의례 영역으로 들어가려면 먼저 한국인의 집 안으로 한 걸음 들어가야 한다. 집 안으로 들어가도 신령은 여전히 보이지 않는다. 한국인의 가정에는 중국인 가정 제단의 화려한 도상圖像, 일본인의 가정의례에서 볼 수 있는 정교하게 옻칠을 한 부쓰단仏壇(불상이나 조상의 위패를 안치하고 절을 하기 위해서 만든 단—옮긴이)이나 가미다나神棚(가정이나 사무실 등에서 가미를 모셔 놓는 선반 또는 제물상—옮긴이)가 없다. 무당의 신당에는 불교 사찰에서처럼 화려한 색채로 그리거나 인쇄한 무신도가 있는데, 직접 그린 무신도는 오래될수록 민속예술 애호가들에게 높은 가격에 판매되기도 한다. 그러나 성주를 모시기 위해 대들보에 매달아 놓은 솔잎 뭉치(솔가지로 만들어 성주를 모시는 방식을 '솔성주', 종이로 봉지를 접어 성주를 모시는 방식을 '봉

지성주'라 부른다.─옮긴이)나 삼신할머니를 모신 쌀 단지는 쉽게 눈에 띄지 않는다. 쉽게 간파하기 어려울 정도로 소박하게 모시기 때문에 초창기에는 민간신앙으로 애매하게 인식되었고, 오늘날에는 고대의 정령숭배 혹은 서물숭배로 부정적으로 인식된다.[1] 어떤 가족은 특별히 힘 있는 가정신령을 쌀 단지나 종이집을 통해 각별히 표시함으로써 모시기도 하지만, 모시는 방법보다는 신령이 자리한 장소 자체가 더 중요하다.

한국의 가정신령들은 가옥 구조 안에 숨어 있다. 성주는 대청 위 대들보에, 삼신할머니는 안방에, 터줏대감은 뒷마당에, 본향산신과 칠성신은 집 뒤편 장독대에, 조왕신은 부엌에, 변소각시는 물론 화장실에 자리 잡고 있으며, 지신地神이 있고 수문은 대문 문턱에 자리한다. 오방터전은 집 담장 안에 있는 모든 방, 창고, 가축우리에 있으며, 도시의 집들에서는 개집에까지 자리 잡고 있다.

집과 집터에 존재하는 기본적인 신령들 이외에 어떤 가족에게는 특별한 대접을 받는 신령도 있다. "말하는 여대감" 덕분에 부자가 된 한 가정이 있다. 이 가정에서는 여대감을 대청에 놓인 항아리에 모시고 있으며, 가정신령에게 떡을 바칠 때면 여대감에게 떡 한 시루를 통째로 바친다. 어떤 신령은 개별 주거지와 주거지 주변의 특이성 때문에 모셔지기도 한다. 이런 신

---

1 어떤 가족은 신령을 특별한 장소에 모시는데 이 신령이 선교사들의 문헌에 소위 서물庶物, fetishes이라고 기록된 신령이다. 이 장소에는 쌀 단지와 솔잎이나 종이로 만든 뭉치로 신령을 모신다. '신령숭배'에 대한 존스(Jones 1902)의 초기 저술이 그 당시 서울에서 볼 수 있던 신령숭배의 모습을 대표한다면, 신령을 모시는 방식이 20세기로 전환되는 시점에 훨씬 더 다양하고 정교했음을 알 수 있다. 아키바 역시 한반도 전역에 걸쳐 수많은 "신령 단지"가 집 안에 있음을 언급한 바 있다(Akiba 1957, 104ff). 오늘날 한국의 집에서 신령 단지가 많이 없어졌다고 해서 가정신령들의 위상이 낮아졌다거나 그들이 집을 떠났다고 볼 수는 없다. 모시는 방법보다는 모시는 장소가 더 중요하다. 여성은 집 안의 적당한 곳에 마땅하게 자리하고 있는 신령에게 떡과 술을 대접한다.

령이 활발하게 움직이고 있다는 무당의 점괘가 나오면 특별히 신경을 써야 한다. 집 앞 한쪽에서 가게를 운영하는 상인 가정은 '가게대감'이나 '상업대감'을 모신다. 만신은 '살육대감'이 다니는 길이 집터를 관통하고 있는지도 판단해 준다. 어떤 가정에서 '도깨비대감'은 집 옆에 있는 수풀 속에 숨어 있다.

가족의 독특한 전통과 역사 때문에 가정 내에 특별히 강력한 신령들을 모시는 경우도 있다. 앞에서 살펴본 전씨 가족은 영향력이 강하고 요구사항이 많은 대신할머니를 모셨는데, 그 신령은 살아생전에 무당이었던 조상이다. 또 전씨 집안의 며느리들은 아들을 낳기 위해 칠성신에게 빌고, 제물을 정기적으로 바쳤다. 여성들은 집 안에서 가정의 신령들을 모시지만, 집 밖에서는 절이나 만신집 혹은 명산에 가서 빌기도 한다. 성스러운 장소와의 인연이나 특정한 신령에 대한 의무는 시어머니에게 배우거나 만신의 점괘를 통해 알게 된 가정의 전통을 드러낸다. 먼저 집 안의 신령들에 대해서 살펴보기로 하자.

떡고사

집과 집터의 신령들은 '고사'라고 불리는 특별한 대접을 받는다.[2] 고사 의례는 믿을 수 없을 정도로 단순하다. 여성이 장독 뚜

---

2 여기서 설명하는 의례는 '안택고사', 즉 '가정의 안녕을 위한 의례'를 의미한다. 안택고사라는 용어는 한국어로 써진 책에서는 많이 봤지만, 현지에서는 다르게 사용하고 있는 것 같다. 제보자들은 '술고사'와 '떡고사'를 구분해서 말했으며, '떡고사'는 특히 더 정교한 의례를 가리켰다. 대부분의 경우 단순히 '고사'라고 불렀다. 나는 이 장에서 고사를 지내는 맥락이 다양하다

셋방 앞 마당에서
고사를 하고 있는 무당.
1977년 의정부.

껑 위에 초와 물 한 잔을 차려 놓는다. 그리고 대들보 아래에 떡시루를 놓고서 큰절을 한다. 언뜻 보기에 평범하고 조용하게 보이는 이러한 행동을 잘못 이해하면, 마치 현대 미국인들이 어깨 너머로 소금을 던진다든지 반사적으로 "노크 온 우드knock on wood"라고 말하면서 액운을 쫓는 미신적 관

할지라도 집 고사가 기본이며 다른 것들은 동일한 주제의 변형임을 주장하려고 한다. 국어사전에는 고사가 "가정신령을 위한 의례"라고 기록되어 있다.
여성의 가정 의례를 언급한 것으로 내가 참고한 문헌은 다음과 같다. Akamatsu & Akiba(1938, 159-160), Biernatzki(1967, 13, 136), C. Han(1949, 210, 211), S. Han(1977, 81-82), Knez(1959, 107, 120), Mills(1960, 24), Osgood(1951, 124-125), Sich(1978). 가정신령들에 대해서는 다음을 참조하라. Jones(1902), 장주근(1974, 163-175), J. Lee(1975, 1981), Guillemoz(1983), 문화공보부 문화재관리국 발간『한국민속종합조사보고서』(1969-).

습 같은 것으로 볼 수도 있다. 한국 민속학자들은 가정의 만신전pantheons에 대한 연구에서 미묘한 지역적 차이까지도 상당하게 다루고 있지만, 서양 언어로 된 한국학에서는 가정신령에 대한 언급이 거의 없다(신령숭배에 대한 존스(Jones 1902)의 기록, 샤머니즘과 한국의 가정의 관련성에 대한 이정용(J. Lee 1975)의 저술, 기유모즈(Guillemoz 1983)의 민족지 정도만이 있을 뿐이다). 그렇지만 조상을 모시는 효자 아들이 남성의례의 기본틀을 제공하는 것처럼, 가정신령을 모시는 주부는 무속의례의 기본틀을 제공한다.

고사에서 주부는 술과 떡 접시를 들고 집 곳곳을 다니며 신령들을 대접하여 신령이 그곳에 있음을 드러낸다. 제일 큰 팥시루떡 한 켜를, 때로는 시루째로 성주를 모신 대들보 아래와 터줏대감을 모신 집 뒤편 굴뚝 아래에 놓는다. 술안주로는 말린 생선을 대접한다. 더 공들인 고사일 때는 석쇠에 구운 고기를 바치지만, 비용을 더 들인 경우에는 삶은 돼지 머리를 통째로 바친다. 식욕이 왕성한 남성 신령들과 달리 임신, 출산, 양육의 수호신인 삼신할머니는 안방에서 흰떡과 옥수(정화수), 채소, 견과류, 사탕을 대접받는다.

주부는 정성을 다해 두 손으로 빌고 허리를 깊숙이 굽혀 절하면서 신령들에게 간청한다. "부자 되게 해주시고, 집안 평안하게 해주시고, 아이들이 잘되게 해주세요." 간청의 말은 몇 초 만에 끝난다. 그리고 30여 분 정도 밤의 고요함 속에 제물을 그대로 놓아둔다. 그 후에 떡을 잘라 가족과 이웃에게 돌린다.

고사 음식은 가족의 성찬sacrament이다. 쌀이 담긴 남성 가장의 밥그릇과 수저를 성주 상 위에 올려놓는다. 나중에 가장은 이 쌀로 지은 밥을 먹을 것이며, 성주에게 바쳤던 술은 아내와 함께 나눠 마실 것이다. 아이의 밥그릇과 수저는 삼신할머니 상에 올려놓는다. 아이는 이 그릇 안에 든 쌀로 지은 밥을 먹고 삼신할머니와 칠성신 상에서 내려진 옥수를 마신다.

영송리에서 음력 10월에 행하는 떡고사는 추수가 끝났음을 표시한다. 주부는 몇 가지 햇곡을 사용해 신령에게 바칠 떡을 준비한다. 몇몇 가정들은 땅을 팔고 농사를 그만둔 후 10월 고사도 더 이상 지내지 않지만, 다른 가정들은 생활방식의 변화에 맞춰 의례를 변형했다. 내가 살던 집의 주인 가족은 땅을 팔고 난 뒤 10월 고사를 그만두었다. 그렇지만 집주인이 한 해 네 번 탈춤 지도자에게 나오는 연금을 받아 올 때면 부인이 작은 술고사를 지냈다. 그녀는 대들보 아래와 집 안 곳곳에 막걸리를 바쳤는데, 이 고사가 원칙적으로는 자신이 추수 뒤에 지냈던 의례들과 같은 것이라고 생각한다.

금전 거래가 있을 때는 작은 규모의 술고사가 따른다. 어떤 여성은 아이의 학비를 내기 위해 소를 팔았을 때 술을 대접했다고 한다. 많은 곡식과 돈 혹은 물건이 집안으로 유입되면, 무당의 말을 빌려 표현하자면, "신들이 눈을 뜬다." 이러한 관점에서 보면 고사는 풍성한 수확이나 재수에 감사하는 행위이기도 하지만, 무시당해 화가 난 신령들이 초래할 수도 있는 불행을 예방하는 수단이기도 하다.

꿈자리가 시끄러운 여성은 신령이 불만을 품고 있다는 것으로 해석하고 술고사를 지낼 수 있다. 적은 수의 여성들이 매월 초하루와 보름에 술을 바친다. 곡식이 익어 가고 수확의 결실이 확실해지는 음력 칠석이 되면 어떤 여성들은 아이들의 특별 보호자인 칠성신께 고사를 드린다. 어떤 여성은 밀떡을 만들어 막걸리와 함께 장독 위에 모신 칠성신과 집 안 구석구석의 여러 신령들께 바친다.[3] 무시당한 신령 때문에 가족에게 문제가 일어났지

---

3 표주박에 담긴 곡식이 잉태를 상징하듯이, 곡식이 익어 간다는 것은 아이가 성장해 감을 상징

만 굿을 할 만큼 상황이 심각하지 않은 경우에는 무당이 고사를 권하기도 한다. 가족이 굿을 드릴 경제적 여유가 없거나 도시의 이웃이 무당의 장구소리를 듣고 싶어 하지 않는 경우에도 고사를 추천한다.

만신의 고사는 주부가 지내는 조용한 고사와 화려한 굿 사이의 중간 정도에 해당한다. 신령들이 말을 하고 가족들에게 공수를 주지만, 굿에 필요한 신복, 장구, 춤, 대규모의 드라마, 무언극은 없다. 비교적 저렴한 방식으로 신령의 뜻을 알고 그들이 가정에 내리는 재수를 회복하기 위한 방법이다. 한 여성은 자신이 10월 고사에 만신을 자주 부르는 이유가 신령들이 내리는 낙관적인 공수를 듣고 싶어서라고 이야기해 주었다.

양자 엄마는 꿈자리가 시끄러웠기 때문에 고사를 지내고자 용수 엄마를 불렀다. 택시 운전사인 양자 아버지는 두 번째 큰 교통사고를 낸 후에 살인죄로 투옥된 적이 있었다. 그는 감옥에서 풀려난 후 금세 버스기사로 취직했지만 가족들은 운전이라는 매우 위험한 직업 때문에 그가 또 다른 고통을 받을까 걱정했다. 고사에서 가정신령들은 양자네 가정의 운이 좋아질 것이라고 했다. 대감신령이 약속한 대로라면 양자의 부모는 마침내 집을 사게 될 것이다. 하지만 대감신령은 대출을 받더라도 우선 비좁은 셋방에서 길 건너에 있는 더 길한 지역으로 이사를 가라고 충고했다. 양자 아버지의 몸주대감은 버스 노선 중 과거에 사고가 일어났던 다리 근처의 위험한 지점을 조심하라고 주의를 주었다. 거기에 들러붙은 홍액 덩어리 때문에 그곳이 점점 더 위험해졌던 것이다. 양자 아버지는 버스를 운전하면서 그곳을 지나칠 때 홍액을 몰아내기 위해 한 주먹의 조밥을 던져야 했다.

하는 것으로 보인다. 이 유사관계는 내가 현지를 떠난 뒤 갑자기 든 생각이다. 현지의 여성들과 만신들이 나의 해석에 동의할지는 모르겠다.

집 안에 거주하는 신령들은 그 집의 일부분이며, 모든 집에 신령들이 존재한다. 고사를 지내는 집단은 하나의 지붕과 담장 아래 모여 사는, 별개의 거주 단위이다. 이 집단에는 결혼한 아들 내외와 그들의 자식들, 그리고 가정 문제에서 한발 물러난 시부모가 포함된다. 직장이나 군복무 때문에 집을 떠나 있는 미혼 자녀들도 고사에서 복을 받게 되는데, 이들이 아직은 합법적으로 그 집에 거주할 수 있기 때문이다. 결혼하지 않은 아들은 아직 별개의 지붕 아래 자신의 가정을 꾸리지 않았으며, 딸은 아직 다른 가족의 구성원이 되지 않은 상태이다. 친족이 아닌 세입자나 농장의 일꾼 역시 그 가정의 일부이다. 주부는 자식들에게 하듯이 그들의 방방마다 떡을 놓고 신령의 복을 빈다. 만약 결혼한 아들이 비록 주된 상속자라고 하더라도 따로 나가 살고 있다면 그 아들의 부인이 자기 가정의 신령들을 위해 고사를 드린다. 집은 성주의 영향 아래 놓인 가정 만신전의 충분조건이다. 용수 엄마는 이렇게 말한다. "모든 집에 대들보가 있잖아, 그러니까 모든 집에는 성주님이 계신 거야. 거렁뱅이 움막에도 성주님이 계시고 기와집에도 성주님이 계시지." 내가 용수 엄마에게 미국의 집에는 성주가 없다고 말한 적이 있다. 문화 간 비교를 잘 이해하는 용수 엄마도 성주가 없을 수는 없다고 딱 잘라 말했다.

성주[4]는 집의 수호신이다. 또한 성주는 남성 가장에 초자연적으로 상응

---

4 존스(Jones 1902)는 성주를 가리킬 때 "성조成造"('창조자'라는 뜻)〔성조는 성주와 동의어이다―옮긴이〕라는 단어를 사용했으며, 아카마쯔와 아키바(Akamatsu and Akiba 1938)도 이를 따랐다. 현대 한국민속학자들은 "성城의 주인"이라는 주석을 달거나 한글로만 표기하기도 한다(임석재 1970; 장주근 1974; 문화재관리국 1969-). "좋은 통치자Good ruler"도 타당한 해석이다. 게리 레드야드Gary Ledyard는 개인적인 자리에서 내게 성주가 집으로 내려올 때 소나무 가지가 사용된다는 점에서 "기둥(柱)"이 또 다른 단서가 될 수 있다고 제안했다. 종교적 이야기나 시에서는 중요한 개념의 의미가 다양한 경우가 많다.

하는 존재이다. 그래서 곡식을 담은 가장의 밥그릇이 성주에게 바치는 제물의 일부분인 것이다. 만신은 "대주가 있는 곳에 성주가 있는 거야."라고 말한다. 성주는 '왕'으로 묘사되고, 굿에 등장하는 성주는 왕이나 지방관의 운두 높은 모자와 붉은색 도포를 입는다. 성주는 대청마루의 대들보에서 군림하며, 가장은 대청마루에서 조상에게 제사를 지낸다.

출생과 죽음으로 집안에 부정이 누적되면 성주가 집을 나가게 된다. 가족은 성주를 다시 불러 모시는 '성주받이'[5]를 하기 위해 주기적으로 만신을 초청한다. 출생과 죽음을 피해 나가고 정기적으로 다시 집으로 들어오게 해야 하는 성주는 아버지가 조상이 되고 아들이 가장이 되는 가정 계승과 유사하다. 남성 가장이 성주를 "받는다"고 이야기되지만, 가장을 대신해서 성주를 불러내는 의례를 하는 이는 여성이다. 남성들이 굿에서 무감을 설 수 있듯이 어떤 남성들은 흔들리는 나뭇가지를 붙잡아 성주를 받을수도 있다. 그러나 가장이 직접 성주를 불러서는 안 된다.

만신에 따르면, 가족은 가장의 운세에 따라 삼 년마다 길한 해를 잡아 성주가 집으로 돌아오도록 해야 한다. 영송리에서는 불과 몇 집에서만 이렇게 성주를 성실하게 받아 모신다. 성주를 받는 것은 극적인 이벤트이다. 나는 굿이 진행되는 동안 성주를 받는 여러 가지 절차를 목격했다. 각각의 절차를 기술하면 다음과 같다. 한 여성이 대청마루에 쪼그려 앉아 쌀을 담은 함지 안에 세워 놓은 소나무 가지를 잡는다. 그녀가 꼭 가족 구성원일 필요

---

5 성주가 나뭇가지에 내리는 것, 즉 "성주 대 내리는 것"이라고도 불린다. 신내림을 할 때 소나무나 대나무 가지를 이용하는 행위는 한국 전역에서 발견된다. 경기도 북부에서는 마을의 수호신이 당나무에 내릴 때 나뭇가지가 흔들린다. 강원도의 한 마을에는 귀신이 흔들리는 나뭇가지에 내려온다는 장례식 절차가 있다(클라크 소렌슨Clark Sornson에게 들은 이야기). 소나무와 대나무의 상징적 성격과 의례적 용법에 대한 간략한 논의를 보려면 아키바(Akiba 1957, 3)를 참고하라.

왼쪽에서 성줏대를 잡은 단골과 그 옆에서 제금을 두드리며 성주신을 청배하는 무당.
1977년.

는 없으며 성주를 잘 받을 수 있다고 알려진 이웃이 잡을 수도 있다. 만신한 명이 그 여성 옆에 무릎을 꿇고 앉아 방울을 흔들며 성주를 부르는 무가를 구송한다. 몇 분이 지나면 소나무 잎이 아주 미약하게 떨리기 시작한다. 만신은 이제 적극적으로 성주를 달래 집으로 모신다. 여성이 붙잡은 소나무 가지가 앞뒤로 흔들거리는데, 마치 나뭇가지가 스스로 움직이는 것 같다. 여성은 나뭇가지의 의지에 따라 끌리는 것처럼 갑자기 일어난다. 장구잽이가 계속해서 빠른 박자로 연주하는 동안, 나뭇가지는 여성을 끌고 집 여기저기를 돌아다닌다. 대청마루를 벗어나 마당으로 나가고, 때로는 대문과 골목을 지나 들판에까지 나간다. 다른 여성이 성주에게 대접할 술과 떡을 들고 그녀 옆을 뛰어다닌다. 마침내 대청마루로 돌아오지만 나뭇가지는 여전히 그녀의 손 안에서 떨리고 있다. 그녀가 팔을 뻗어 나뭇가지로 대들보를 툭툭 쳐서 집 안에 성주를 좌정시킨다. 나중에 만신은 나뭇가지에서 딴 솔잎, 쌀, 동전 몇 개를 하얀 종이에 싸서 성주를 모신 대들보에 붙일 것이다.

마을의 수호신인 서낭과 도당은 가정의 성주와 집합적으로 등가^{等價}인 존재이다. 한 마을이 굿을 하여 도당신을 대접하고 해로운 힘들을 몰아내고자 할 때 행하는 도당굿은 가정굿의 양식을 따르며, 다만 성주의 위치가 마을의 도당신으로 대체된다. 여성들은 마을 내 여러 가정의 신령들 앞에서 각 가정을 대표하며, 각 가정의 조상들이 초청되어 만신을 통해 말을 할 수 있다. 성주와 마찬가지로 마을의 도당신은 흔들리는 나뭇가지—도당나무에서 잘라낸 가지—를 통해 공동체에 내려온다. 나는 남성신과 그의 배우자를 함께 모시는 한 마을에서 그 신들이 내려오는 모습을 본 적이 있다. 한 노부부가 남서낭과 여서낭을 불러들이기 위해 나뭇가지를 잡았다. 부인이 붙잡은 나뭇가지가 더 격렬하게 흔들렸고, 그 나뭇가지에 실린 여서낭으로 인해 서낭당에서 내려오는 내내 부인이 남편을 앞장섰다.

성주가 가정 계승의 순환을 주재하는 반면, 터줏대감은 현재의 가정, 즉 집 담장 안의 여러 장소를 순찰하며 그 자리에 거주하는 가족의 부^富와 재수를 통제한다. 어떤 여성은 살고 있는 터가 세서 주기적으로 굿을 한다고 이야기했다. 터줏대감은 추상적인 풍수원리들이 인격화된 것처럼 보이지만, 중요한 차이점이 있다. 풍수에 따른 집터나 묏자리는 원래부터 좋거나 나쁜 것으로서, 가족의 재수를 통해 좋은지 나쁜지를 알 수 있다. 하지만 어떤 터줏대감을 다른 집 터의 대감과 비교하여 더 좋다거나 나쁘다고 할 수는 없다. 비록 특정한 집 대감이 다른 집 대감보다 더 세거나 활발하다고 할지라도 말이다. 이것은 좋고 나쁜 것이 뒤섞인 복^福이다. 즉, 영향력이 강한 초자연적 대감은 주기적으로 바치는 제물에 만족했을 때에만 가족을 위해서 좋은 일을 할 수 있다. 돈을 많이 벌었는데 대감에게 고하지 않는다면 기분이 상한 대감이 벌을 내린다. 용수 엄마는 집을 팔고 나서 고사를 지내지 않은 가족에 대해서 이야기해 주었다. "터줏대감이 술을 한 잔 하고 싶었던 거야. 그래서 분란을 일으킨 거지. 부인이 아파서 병원비로 돈을 많이 날렸어." 다른 대감신령들처럼 터줏대감은 만신이 굿을 할 때면 푸른색 장옷을 입고 벙거지를 쓰고 나타나는데, 이것은 고을 수령의 탐욕스런 부하들이 입었던 의상이다. 다른 대감신령들처럼 터줏대감은 자신에게 바친 제물을 과시하듯이 머리에 이고 다니면서 욕심을 드러낸다. 온전한 떡시루, 소 다리, 돼지머리, 또는 소의 육중한 머리는 대감신령들이 합당하게 여기는 제물이다. 예상할 수 있듯이, 터줏대감도 술을 많이 마시고 돈을 요구하는 데에 거리낌이 없다.

가족이 이사를 갈 때에는 터줏대감에게 알리고 술을 드리며 이별을 고해야 한다. 그러지 않으면 사람들과 이삿짐이 들고 날 때 터줏대감이 들뜨게 된다. 혹은 터줏대감이 이사 간 사람들을 찾아가 새 집에서 문제를 일으킬 수도 있다. 용수 엄마는 영송리로 이사를 올 때 옛 집에서 터줏대감에게 술을 대접하고 그곳에 머무시라고 빌었다. 하지만 자신이 살던 집에 이사를 들어온 새 거주자들이 그곳의 터줏대감을 합당하게 대접하지 않았기 때문에 이별주를 올렸음에도 불구하고 자신을 따라왔다. 그 터줏대감은 이제 용수 엄마의 새 집에서 대접받고 있다.

해외이민은 초자연적 존재와 관련된 중대한 문제를 야기할 수 있다. 한 여성 주부는 가족이 미국으로 이민을 가기 전까지 가정신령들을 모셨고 만신의 단골이었다. 그 가족은 집을 떠날 당시에 돈도 없었거니와 가정신령들을 달래서 한국에 머물러 달라고 빌 생각도 하지 못했다. 미국에 도착해서는 잘되는 일이 전혀 없었다. 부모와 자식들이 아팠고, 남편은 일자리를 구하고 유지하는 데 어려움을 겪었다. 부인은 한국에 있는 언니에게 편지를 보내 자신의 단골만신을 찾아가서 자기 가족이 겪고 있는 문제의 원인을 알아봐 달라고 부탁했다. 만신은 달래지 못한 터줏대감과 조상말명이 미국까지 따라갔다고 알려 주었다. 이 초자연적인 이민자들이 들뜨고 화가 난 채 배회하고 있어서 그 가족의 재수가 나쁘다는 것이었다.

부인은 한국에 있는 언니에게 돈을 보내 자신들이 없더라도 그 신령과 영혼들을 달래는 굿을 해달라고 부탁했다. 언니는 굿을 하는 장면을 녹화한 비디오테이프를 가족에게 보냈고 만신의 입을 통해 나온 신령의 조언으로 가족은 덕을 볼 수 있었다. 가족은 대감신령의 신복을 바쳤고, 만신은 신당에 그 옷을 놓아두어 대감신령을 좌정시켰다. 이 대감신령은 만신이 자신의 대감 복장을 하고 놀 때마다 술과 음식을 먹고 논다.

터줏대감은 안정되어야 하며, 이상적인ideal 가족 역시 안정되어야 한다. 버려진 터줏대감의 정처 없는 방황은 현대적인 거주 패턴에 잠재한 애매함을 드러낸다. 영송리에 사는 여러 가족들은 거주지를 바꾸고 도시와 시골을 오간다. 가족, 가택, 집터, 신령 사이에서 상대적으로 안정되고 지속적인 관계에 입각해 형성된 의례체계는 이제 해외이민이라는 새로운 도전을 받고 있다. 가족들은 의례 전문가의 도움을 받아 현대적 요구에 변화하고 적응하는데, 녹화된 굿은 시의적절한 혁신이다.

터줏대감은 집 담장 안에 사는 모든 거주자들을 관할한다. 세 들어 사는 사람이 자기 신령들을 위해서 고사나 굿을 할 때는 자신이 모시는 터줏대감뿐만 아니라 집 주인의 터줏대감에게도 제물을 바쳐야 한다. 세입자가 집 주인의 터줏대감이 관할하는 영역의 일부를 쓰고 있기 때문이다. 셋방에서 신령을 모시는 일은 한 지붕 아래 거주하는 다른 가정의 신령들까지 달래지는 않기 때문에 까다롭다. 어떤 여성들은 "셋방에서는 고사를 지내면 안 돼."라고까지 말하지만, 양자 엄마나 다른 여성들은 셋방에서도 떡을 차린다. 셋방에서 굿을 열 수는 있지만, 여러 가구가 자신들의 만신전을 가지고 한 집에 살고 있을 때는 문제가 복잡하다. 장구소리에 신령들이 눈을 뜨기 때문이다. 급성장하고 있던 안양 신도시에서 세 가족이 함께 거주하는 집에서 굿이 열린 적이 있다. 집주인 가족은 두 가족에게 방을 세주었다. 그중 한 가족은 집 옆 골목에서 음식과 술, 잡화를 팔았는데, 장사가 어려웠고 며느리가 아팠다. 그러자 경험이 많지 않던 만신인 옥경 엄마가 그 가족에게 굿을 해야 한다고 했던 것이다.

굿을 한 지 얼마 안 되어 알코올 중독자인 집주인이 술을 많이 마시기 시작했고, 늦은 밤까지 술을 마시고 집에 들어와서는 부인을 때렸다. 엄청난 학대에 시달리던 부인은 견디다 못해 굿을 했다. 이 집에서 두 번째 굿이 벌어질 때 온 용수 엄마는 셋방에 살던 사람이 옥경 엄마의 신당에서 굿을 했어야 했다고 말했다. 옥경 엄마의 신당에서 했다면 장구소리와 먹고 노는 모습에 집주인 가족의 신령과 조상이 깨어나지 않았을 것이다. 집주인이 굿을 하던 날부터 다른 두 번째 세입자 가족은 많은 것들이 잘못되고 있음을 알아차렸다. 아기가 경기를 했고 남편은 팔다리에 통증이 생겼으며, 젊은 아내는 이상한 두려움으로 대문 바깥에 한 발짝도 나갈 수 없었다. 만신은 그 집주인의 영역에서 굿 때문에 들뜬 세 번째 가족의 신령과 조상을 대접하는 굿을 하기 위해 다시 그 집을 방문했다. 하나의 집에는 하나의 대들보가 있고 하나의 대들보에는 한 분의 수호 성주가 있으며, 한 명의 남성 가장과 그 가정의 신령들을 돌보는 한 명의 여성 가정 관리자가 있다는 규칙에 있어서 세입자 가족이란 존재는 곤란한 예외적 상황이다.

여성의례로서
가정의례

　가정에서는 한 명의 여성, 보통은 연장자 여성만이
고사를 지낸다. 시부모와 함께 살고 있는 맏며느리가 고사나 다른 종류의
여성의례를 올리는 경우는 시어머니가 죽거나 적극적인 관리자 역할에서
은퇴했을 때의 일이다. 맏며느리가 아닌 여성들은 자신들의 집을 세워 "살
림을 할 때부터" 고사를 지낸다. 고사를 드리는 여성은 집의 안주인으로서
자기 집 가정신령들에게 자기 자신과 남편 그리고 가정의 안녕을 빈다.

　지금까지 우리는 무당의 신당을 방문하고 굿을 후원하며 간단한 푸닥거
리를 하고 만신이 모신 신령들을 보채기도 하는 한국 여성들을 보았다. 또
한 무당이라는 전문직업을 가진 한국 여성들이 미래를 점치고 신령들을
불러내며 해로운 귀신들을 쫓아내는 것을 보았다. 한국인 주부가 가정의
신령들을 불러내어 빌고 가정에서 사제의 권위를 부여받는다는 사실이 놀
라운 일은 아니다. 그러나 중국과 일본의 가정의례에 대한 민족지와 비교
하면 미묘하게 다른 해석이 가능하다. 일본 여성들은 가족의 음식을 준비
하고 내갈 때 조상과 가정의 신령들에게 같은 음식을 제물로 바친다. 그들
은 마치 사람들을 먹일 때처럼 신령들을 대접하며, 여기에 어떤 특별한 사
제로서의 역할이 함의되지는 않는다(Morioka 1968; Smith 1974, 118-120). 중
국 여성들 역시 조상을 모시는 일을 유사하게 처리하지만, 남성들이 가정
에서의 권위를 드러내며 부엌의 조왕신을 모신다(Freedman 1979b, 283). 결
론에서 이 세 사회의 가족구조 및 가족종교의 구조 간의 중요한 차이점들
을 논하겠지만, 한국 여성들의 고사에 담긴 몇 가지 구체적인 특징들을 여
기에서 언급하고자 한다. 성주가 남성 가장과 동일시된다고 하더라도 여
성은 남성의 권위가 아닌 자신의 권위를 가지고 성주신에게 빈다. 여성이

신령들에게 대접하는 제물은 가족에게 내가는 음식과는 다른 특별한 음식들로 구성된다.

다른 유형의 의례 음식에 깃든 사회적 의의에 대한 단서를 인류학자들의 중국 관련 연구에서 얻을 수 있다(A. Wolf 1976, 특히 176-178). 사람들은 특정 부류의 초자연적 존재들, 즉 자기 가족의 조상에게 성찬을 베푼다. 한국에서는 여성이 조상의 음식을 요리하지만 남성이 공식적인 제사를 지낸다. 여성은 조상의 영혼이 살아 있는 가족을 떠나지 못하고 맴돌고 있는 상중喪中에 망자를 위해 음식을 차린다. 밥과 국을 조상들에게 바치는데, 마치 살아 있는 사람들과 죽은 친척이 함께 그 음식을 나누는 것 같다(제7장 참조). 관리 같은 신령들에게 바치는 음식은 일상적인 식사로 여겨지지 않는다. 굿과 고사에서 신령에게 바치는 음식은 술상으로 차려지거나 들고 다닐 수 있는 것들이다. 굿에서 대감신령은 떡시루와 고깃덩이를 머리에 이거나 소머리와 통돼지를 등에 지고서 흥에 겨워 이런저런 소리를 한다. 고사에서 주부는 보통 술 몇 잔, 시루떡, 북어, 구운 고기를 바치고, 때로는 삶은 우족이나 돼지머리를 바치기도 한다. 그러나 밥은 결코 바치지 않는다. 한국인들은 "밥을 먹어야 식사지."라고 말한다. 한국 여성들은 고사 때 차리는 음식을 술안주라고 묘사한다. 삶은 돼지머리는 매우 특별한 안주이다. 용수 엄마가 신당에서 돼지머리를 바칠 때면 나이 많은 이웃 남성들이 별일이 없어도 한 잔 술에 달콤한 머릿고기를 맛보려고 모여들었다.

남편이 지방 말단 공무원 자리라도 얻으려고 접대자리를 마련하는 것처럼 여성은 신령들에게 술과 산해진미를 대접하고 빈다. 신령은 잘못을 저지르기 쉬운 관리처럼 뇌물과 아첨을 즐기며 뚱뚱하고 욕심이 많다. 신복을 입은 무당은 마치 오페라의 코믹한 인물처럼 터줏대감을 욕심에 끝이 없는 자만심으로 가득 찬 존재로 유쾌하게 묘사한다. 여성이 그러한 존재에게 고사를 지낼 때에는 "일반 사람들을 대접"하듯이 대접하지 않는다. 여성이 집안의 신령들에게 빌 때 사용하는 전략은 남편이 집 밖에서 권력자의 호의를 얻기 위해 사용하는 전략과 유사하다. 이러한 의례의 형식과 내용을 볼 때, 고사는 가족의 식사보다는 일반적으로 남성적인 행동으로 받아들여지는 것에 바탕을 두고 있다.

혹자는 여성이 남편의 대리인으로서 가정의 신령들 앞에서 고사를 한다고 주장할 수도 있다. 즉, 주부로서 자신의 권위보다는 가장으로서 남편의 권위를 드러낸다는 것이다. 사실 남편은 고사를 통해서 혜택을 보게 된다. 신령들이 가정의 이익을 보호하고, 가정의 이익은 대부분 남편의 건강과 성공에 의존하기 때문이다. 그러나 여성은 가정을 대표하지, 남편을 대신하지 않는다. 남성들 스스로 고사를 지내는 상황도 있기 때문이다. 회사가 개업할 때나 뮤지션이 스튜디오를 갖게 되었을 때 혹은 식당이 이전한 경우에는 사장이나 매니저가 주도하여 고사를 지낸다. 나는 서울 시내의 고층 사무실 건물인 가든타워 아파트 로비에서 남성들이 고사를 준비하는 모습을 본 적이 있다. 이들은 로비 바로 위층에 시멘트 회사를 개업했다. 돼지머리를 준비하던 정장 차림의 한 남자는 자기 회사뿐만 아니라 이 건물의 모든 입주자들이 고사 덕을 볼 것이라고 내게 말했다. 그 당시에는 확신하지 못했지만, 당시 로비에서 벌어졌던 고사는 그 건물의 터줏대감을 위한 것이 아니었을까라고 생각해 본다. 아마 그 시기에 벌어진 가장 성대한 고사는 1978년 세종문화회관 개관 기념고사였을 것이다.

강릉의 단오제에서는 무당들이 그 지역 수호신인 서낭을 대접한다. 무당들이 굿을 시작하기 전, 매일 아침 단오제위원회의 구성원인 지역 공무원들은 옛날 관아에서 입던 복장을 하고서 서낭에게 제사를 지낸다. 의례의 형식이 비록 유교 제사와 비슷하지만 위원회에서는 이 의례를 고사라고 부른다. 공적인 공간은 남성들의 공간이며, 여기—사무실이나 공공 건물—에서는 남성 스스로가 공동체의 공식 대표로서 신령에게 빈다. 집은 여성들의 공간이며, 여성은 가정신령들 앞에서 가정을 대표한다.

한국의 일부 마을에서는 남성이 집의 수호신에게 빌기도 한다. 강원도의 어떤 마을에서는 남성이 성주를 대접하고 여성이 조왕신을 대접한다. 하지만 두 신령 모두 지신제라고 불리는 가정의례에서 모셔진다. 민속학자들은 이 지역에는 두 종류의 성주가 있어서 한 분은 대들보에 모셔지고 다른 한 분은 부뚜막에 모셔져 있다고 한다(문화공보부 문화재관리국,『한국민속종합조사보고서』,「강원」, 156-159). 충청북도 지역의 마을에서는 가정의 연장자 부부가 길한 날을 택하여 함께 가택신과 지신에게 고사를 지낸다. 만약 남편이나 부인이 죽으면 홀로 남은 사람이 혼자서 이 고사를 지낸다(문화공보부 문화재관리국,『한국민속종합조사보고서』,「충북」, 85). 제주도의 일부 마을에서는 남자들이 토신제土神祭를 지내며 여자들은 집 안에서 '안제'라고 하는 의례를 행한다. 이것은 부인과 남편을 '안사람'과 '바깥사람'으로 생각하는 한국인의 인식에 부합하는 방식이다(문화공보부 문화재관리국,『한국민속종합조사보고서』,「제주」, 85). 동해안 지역의 한 마을에서는 의례 집전자의 성별은 중요하지 않다(Guillemoz 1983). 남성이 가택신을 대접하는 사례들은 이 외에도 많다. 이런 사례은 영송리의 가정의례에서 깔끔하게 드러나는 이분법과 모순되지만 가택신을 모시는 데 있어서 여성의 배제나 종속이 아닌 남성과 여성이 맡은 역할의 상보성을 드러낸다.

여성의 신령,
여성의 전통

주부의 고사는 생산과 소비의 단위로서 가정이 지속적으로 번영하기를 비는 기원이며, 주부는 여성 가정관리자로서 이 직무를 수행한다. 신령들 및 의례 절차들에는 어머니와 할머니로서 여성이 가지는 열망과 경험이 드러난다. 이러한 '여성적인' 의례들은 한국 여성들의 종교적 경험 전체는 아니지만, 그 한 부분을 이룬다.

삼신할머니[6]는 안방에 거주하며, 안방은 집 안 가장 깊은 곳에 있다. 안방은 여성의 공간이며, 수태와 임신 그리고 출산이 일어나는 장소도 바로 이곳이다. 아기들은 안방에서 보살핌을 받으며 나이 어린 아이들 역시 삼신할머니의 보호 아래 이곳에서 잠을 잔다. 아이를 낳지 못한 여성은 남성 가장이 "성주를 받는 것"처럼 "삼신을 받는다." 아이를 못 낳거나 아들이 없는 여성의 임신을 위해 만신은 쌀을 가득 담은 바가지에 삼신할머니를 모신다. 바가지가 임신을 하게 될 여성의 손에서 흔들리면 그 여성은 조심스럽게 바가지를 안방으로 가져와 내려놓는데, 이것은 수태의 씨앗을 집의 자궁 안으로 유도하는 은유적 행위이다(Kendall 1977c).

출산과 함께 안방은 성스러운 공간으로 분리되어 산모와 아기를 잠재

---

6 영송리에서 삼신은 백발의 할머니, 즉 삼신할머니로 보통 개념화된다. 그 지역에 거주하는 한 무당은 기독교의 삼위일체와 유사하게 양반삼신, 불사삼신, 조상삼신이 있으며, 이 산신産神들 중 한 분이 태몽에 나타날 수 있다고 생각했다. 이러한 설명은 삼신을 문자 그대로 세 명의 신령으로 해석한 것이지만, '삼'이 '태반'을 가리키는 한국어와 발음이 같다는 점을 고려할 필요가 있다. 만신은 삼신을 불교에서 차용한 존재인 제석과 동일시한다. 제석은 만신의 신당에 모셔져 있으며 굿에 등장한다. 어떤 만신은 "안방의 삼신할머니가 신당에서는 제석"이라고 설명한다. 제석은 곡물의 풍요로움과 장수長壽를 관장하기도 한다. 이 신령은 때때로 가족의 조상을 집합적으로 표현한다. 삼신에 대한 다양한 개념화를 살펴보려면 장주근의 연구(1974)를 참고하라.

적으로 위험한 외부의 힘으로부터 보호하는 피난처가 된다. 바쁜 시골 가정에서는 지켜지기가 쉽지 않지만, 산모와 아기는 출산 후 산실에서 3주간 격리되는 것이 이상적이다. 가족은 부정이 삼신할머니의 기분을 상하지 않도록 산실과 더 나아가 집 전체의 의례적 정결함을 지킨다. 출산을 돕는 사람은 의례적으로 정결해야 하며, 월경 중이거나 상중이면 안 된다. 가정의 구성원들만 산후조리 기간 중의 산실에 들어간다. 영송리에서는 몇몇 집에서만 최근 출산이 있었음을 외부인에게 알리기 위해 솔가지와 고추 혹은 숯덩이를 매달아 놓은 금줄을 치지만, 여전히 마을 사람들은 그 금기를 중시한다. 삼신할머니의 기분을 상하게 할까 하는 두려움 때문에 부정이 없는 사람들만 그 집에 들어갈 수 있다.

어떤 여성들은 친정어머니의 도움을 받아 아이를 낳기 위해 친정으로 돌아오지만 대부분의 마을 사람들은, 비록 병원 출산이 점점 증가하고 있지만, 시어머니가 분만과 출산을 도울 것으로 기대한다. "시어머니가 받지, 누구보고 받으라고? 그 양반이 집에서 제일 믿을 수 있지. 힘이 들면 몸도 주물러 주고. 애를 낳으면 못 나가니까 시어머니가 음식도 하고. 집도 다 치워 주고 널 돌봐줄 수 있으니 네가 찬바람이 안 들 거고. 시어머니야말로 그런 걸 다 해줄 사람으로는 최고지."

가족이 경험 많은 이웃 여성들에게 도움을 구할 수도 있다. 이 여성들은 애를 낳거나 받아본 적이 많은 나이 든 여성들로서 할머니 혹은 동네할머니라고 불린다. 어떤 마을에서는 나이가 많고 경험도 많은 산파를 삼신할머니라고 부르기까지 한다(도로시어 지크에게 들은 이야기). 제주도에서는 아이의 건강을 빌어 주는 나이 든 여성을 삼신할머니라고 한다(윤순영에게 들은 이야기). 산모와 아이가 산실에 격리되어 있는 동안 시어머니가 가사일을 하는 것이 이상적인데, 만약 산모가 너무 일찍 바깥으로 나오면 찬바람이 들어 나중에 관절염에 걸리거나 몸이 약해져 감기에 쉽게 걸리게 된다.[7] 시어머니 혹은 할머니가 출산과정에 직접적으로 관여함에 따라 출산의 신 역시 백발의 할머니의 모습을 취하게 된다. 경험이 많고 나이 많은 여성이 출산과 산후조리 기간 중에 산모와 아이의 신체적이고 의례적인 안전을 지키는 것이다.

삼신할머니, 불사(할머니), 칠성신에 대한 무당의 묘사를 살펴보면 그 안에는 나이 든 여성과 보살의 이미지가 적절하게 섞여 있다. 굿에서 이 신격들은 모두 불교의 의례 무용에서 착용하는 흰색 장삼을 입고 고깔을 쓴다. '보디사트바bodhisattva'를 뜻하는 한국어 '보살'은 여러 가지 경우에 적용된다. 사찰을 운영하는 여성들, 즉 승려의 부인이나 미망인, 혹은 비구니나 재가 신도를 돌보는 여성들을 보살이라고 한다. 북을 두드리면서 주문을 외우고 경을 읽으며 신점을 치는 사람들 역시 보살이라 부르며, 개인 암자를 운영하면서 수도생활을 하는 여성들도 보살이라 부른다. 가장 넓은 의미에서는, 자식과 손자들을 위해 금식을 하고 절이나 신당 혹은 산에 열심히 다니는 여성들도 보살의 지위에 해당한다.

시어머니/할머니가 항상 자비롭지만은 않듯이 삼신할머니 역시 늘 자비로운 존재는 아니다. 시어머니가 때로는 심술을 부리고 일을 엄하게 시키듯이 삼신할머니 역시 자신의 말이 무시당하거나 의례에서 온전히 대접받지 못하면 화를 낸다. 만신은 출산 직후 아이가 아프거나 사망할 경우 삼신

---

7 산모가 경험 많은 사람의 도움을 받으며 오랫동안 산후조리를 하는 것은 대부분 첫아이를 낳을 때에만 해당하는 듯하다. 수태와 출산에 대한 한국인의 신앙과 실천에 대한 기록으로 Akiba(1957), Chung, Cha and Lee(1977), Kendall(1977c), Kinsler(1976, 1977), Osgood(1951, 92-93), Sich(1978, 1981), Sich and Kim(1978)을 참고하라. 중국 여성들의 산후조리 방법이 구조화되는 데 '찬바람'이 미친 영향과 그 개념에 대해서는 Pillsbury(1982)를 참고하라.

안당제석 상차림. 상 위에 놓인 밥그릇에 숟가락이 꽂혀 있다. 숟가락에 감은 명주실은 아이의 수명장수를 바라는 마음을 뜻한다. 이 밥은 나중에 굿을 후원한 가족의 아이가 먹는다. 오른쪽에는 다른 소신령素神靈들을 위한 상이 차려져 있다.

할머니가 화가 났기 때문이라고 점을 치기도 한다. 어떤 만신은 태어난 지 8일 된 아이가 설사와 경기를 계속하는 것을 가족들의 욕심과 부주의 탓으로 돌렸다. 출산이 있고 난 후 고기와 닭을 집에 들여왔는데, 가족들이 안전한 출산을 책임진 삼신할머니에게 특별한 대접도 없이 잔치를 벌였던 것이다. 무시당해 화가 난 삼신할머니는 아이의 할머니 혼령으로부터 아이를 보호하지 않았다. 손주의 탄생을 기뻐한 죽은 할머니의 혼령은 손을 내밀어 아이를 토닥거렸다. 비록 호의에서 비롯되었다 하더라도 죽은 자의 손길 때문에 아이가 아팠던 것이다.

출산 전이나 직후에 삼신할머니께 드리는 정성스러운 의례는 삼신할머니의 호의를 두텁게 한다. 적어도 출산 후 사흘 동안 시어머니는 산모의 베개 옆에 쌀밥과 미역국을 차려 놓고 "젖이 잘 나오도록" 삼신할머니에게 빈다. 그러고 나서 산모는 젖이 잘 나오도록 그 제물을 먹는다.

여느 지위 높은 나이 많은 사람들처럼 삼신할머니는 소홀하게 취급당하면 모욕을 느끼고, 잔치를 대접받고 듣기 좋은 말을 들으면 회유된다. 삼신할머니와 시어머니는 산모와 아이를 함께 보호하고, 궁극적으로는 그 집의 연속성을 지킨다. 고사와 굿에서 삼신할머니를 위한 절차와 제물은 그 집의 상속자들이 여성에 의해 태어난다는 사실을 상기시킨다. 새 생명은 가냘프기 때문에 '할머니'의 실제적이고 의례적인 지식을 필요로 하며, 이것은 결혼을 통해 그 집으로 들어와 잠재적인 적대관계를 형성하고 있는 여성 세대들(시어머니와 며느리―옮긴이) 간의 협력을 통해 이루어진다.

어떤 가정의 여성들은 칠성신을 특별하게 대접한다. 칠성신은 어린아이들, 특히 일곱 살 미만의 아이들을 보호한다. 주근깨나 점이 일곱 개 있는 아이들은 "칠성님 아이"라고 불리며, 그 신령의 보살핌을 받는다. 어머니들은 성장한 자식들의 안전과 직업이나 학업의 성취를 위해 칠성신에게 기도를 드리기도 한다. 한 여성은 간단한 대접만을 할 수 있었다.

지난 13년 동안 매월 초이렛날에 옥수를 올렸지. 장독 위에는 (칠성님에게) 물 한 대접을 올리고, 안방에는 (삼신할머니에게) 한 대접을 올리고. 아들이 베트남에 갔을 때부터 하기 시작한 거야. 시어머니가 어떻게 하는지 보여 주시더라고. 시어머니는 칠성님한테 제물도 바치곤 하셨는데, 지금은 가난해서 그냥 냇물만 떠다 바치는 거야. 자식들을 위해 하는 거지.

삼신할머니와 마찬가지로 칠성신도 임신에 영향을 미친다. 어떤 여성이 임신을 하지 못한 이유가 "칠성님이 눈을 뜨지 않아서"라고 만신이 점을 치게 되면 이 여성은 산에서 칠성신에게 기도를 드린다. 의정부에 살던 한 여성은 이렇게 말했다. "저는 임신이 안 됐어요. 다들 나보고 산에 가야 된

지화를 들고서 불사와
칠성신을 청배하는 무당.
신들이 내리면 지화가 흔들린다.
1977년 의정부 꽃맞이굿.

다고 하더라고요. 만신하고 친구 한 명과 같이 산에 갔지요. 쌀하고 미역,
과일을 가지고 가서 산에 있는 샘 옆에서 기도를 드렸어요."

칠성신이 정성에 응답하여 여성이 아들을 낳으면 그녀의 집에서는 칠성
신을 섬기게 된다. 나는 용수 엄마와 함께 세 차례나 굿에 가봤지만, 만신
이 하얀색 불교식 장삼과 고깔을 입고 집 옆 장독대에서 칠성신을 청배하
는 모습은 그때 처음 보았다. 나는 지금 만신이 무엇을 하고 있으며, 왜 이
전의 다른 굿에서는 칠성신을 보지 못했는지 물었다. 용수 엄마는 "이 집에
서는 오래전부터 이렇게 해왔지."라고 대답했다. 인류학자가 민족지를 작
성할 때 겪게 되는 곤란한 상황이 내게는 바로 그때였다. 몇 달이 지나고,
내가 종교적 실천에서 가정 전통의 중요성에 대한 감각을 어느 정도 갖게
된 뒤에 그녀가 설명했다. 아들의 출산과 건강을 칠성신에게 빌어 온 여성
들은 음력 7월 7일이 되면 이 신령을 대접한다. 집안 곳곳에서 막걸리와

밀떡으로 칠성신을 대접하고, 어떤 여성들은 만신의 신당에 특별한 제물을 올리기도 한다. 칠성신을 섬기는 집에서 굿을 하는 경우에는 만신에게 칠성신이 내린다.

여성들의 산치성("산을 쓰다")은 칠성신을 섬기는 또 다른 방법이다. 어떤 여성들은 산에 가서 산신과 칠성신에게 동시에 치성을 드린다. 산치성은 가정의 의례 전통 그리고 한 여성과 특정한 신령의 권력관계에 놓인 상호 연결관계를 드러낸다. 여성들은 나에게 "네가 산에 가서 치성을 드리면 애들이 잘 자라고 성공해. 네가 치성을 드려야 애들이 장수하고 높은 자리에 올라가."라고 말했다. 용수의 친할머니는 결혼 생활 내내 '산을 썼다'. 용수 엄마는 이렇게 말했다.

남편은 자기가 어렸을 때 어머니하고 같이 장작을 등에 지고 산에 다녔다고 하더라고. 어머니는 산에서 쌀을 씻고 밥을 했지. 그러고는 "애들이 잘 크게 해주세요."라고 빌었어.

남편 집안에는 어렸을 때 죽은 애 하나 말고도 여섯 형제에 누이도 두 분이나 계셨어. 시어머니가 다 키우신 거야. 시어머니는 당신이 돌아가시기 전에 딸들을 출가시키고 아들들 모두 가정을 꾸미는 것을 보셨지. 그렇지만 지금 그 사람들을 봐! 며느리들이 산을 섬기지 않잖아. 그래서 지금 윤씨 집안에서 그 사람들이 과부나 홀아비가 된 거야. 내가 [두 번째 부인으로] 이 집안에 시집왔을 때는 시어머니가 이미 돌아가신 후였어. 우리 시누이나 동서들이 산을 섬기도록 가르쳤어야 했는데. 지금 봐, 내 아들이 아비도 없이 크잖아.

여성은 산을 섬김으로써 중요한 책임을 맡는다. 만약 여성이 자신의 의무를 지키지 않는다면 가정에 재앙이 닥치기 쉽다. 용수 엄마는 새로운 손님이 오면 점을 치면서 종종 이렇게 묻는다. "남편 집안에서 누군가 산을 섬기지 않았나? 모르겠으면 집에 가서 물어봐요." 그리고 나서 용수 엄마는 손님에게 산치성에 대해 가르쳐 준다.

'산을 쓰러' 간다는 것은 잠재적인 위험이 따르는 일로서, 비밀스럽고 조용하게 이루어지는 사적 행위이다. 치성을 드리기 전에 여성은 조심스럽게 준비한다. 용수 엄마는 나에게 이렇게 알려 주었다.

3일 동안 생선하고 고기를 먹으면 안 되고 초상을 당한 사람과 접촉하면 안 돼. 아주 깨끗해지, 월경도 안 돼. 기기 전에는 목욕도 하고 머리도 감아야시. 쌀은 돌 하나 없이 완전히 깨끗하게 씻어야 돼.

여성은 자신의 집과 산 위의 성스러운 치성 터 사이에 놓인 위험한 전이 공간을 지나게 된다. 부정한 일 때문에 노력이 수포로 돌아갈 수도 있다. 용수 엄마는 다음과 같이 주의를 준다.

산에 올라가는 도중에 뱀이나 죽은 개구리나 벌레를 보면 다시 돌아와야 해. 만약 누가 와서 "누구누구가 죽었다더라."라고 말해도 산에 갈 수가 없어. 올라가고 내려올 때는 조용히 해야 해. 말을 해서도 안 돼. 그렇지만 일단 올라가면 괜찮아. 그리고 "다리가 아프니 좀 쉬자." 같은 말을 해도 안 돼. 돌아올 때 누가 인사를 해도 받으면 안 돼. 어디 갔다 오냐고 물어도 아무 말도 하지 마. 그래서 새벽이나 밤 열 시나 열한 시쯤 아무도 안 다닐 때가 제일 좋은 거야.

산치성은 세속에서 성스러운 공간으로 넘어갔다가 돌아오듯이 용의주도한 의례적 정결함과 비밀스러움을 요구하며, 인사와 대화가 이루어지는 사회적 세계와의 조용한 단절을 요구한다. "달래, 땅만 보고, 누가 뭐라고 해도 인사도 하지 마." 용수 엄마는 우리가 동틀 무렵 도당에서 치성을 드리고 난 뒤 마을 입구에 다다랐을 때 "쉿" 하는 소리를 냈다. 그녀는 음식과 의례 용품을 담은 함지를 머리에 인 채, 눈을 내리깔고 팔을 휘휘 저으며 자신의 집 대문으로 난 길을 단숨에 달려갔다. 신당에서 놋쇠 종을 치고 인사를 드리고 난 뒤, 내 머릿수건을 벗겨 주며 절을 하라고 했다. 그녀는 신당에 모셔진 신령들에게 이렇게 고했다. "달래가 산에 가서 치성을 드렸습니다." 그제서야 우리는 말을 할 수 있었다.

잘못된 행동이나 적절하지 못한 말과 일 때문에 애당초 치성을 드리지 않느니만 못할 수도 있다. 청춘만신과 단골 몇 명이 함께 산치성을 가기로 약속했다. 한 여성이 그날 아침 월경을 시작했다. 그녀는 약속 장소에 가서 그들과 함께 갈 수 없는 이유를 이야기했다. 바로 다음 날, 택시 운전사인 그녀의 남편이 교통사고로 사망했다. 용수 엄마는 "바보 같은 여자 같으니라구. 그 사람들이 산에 가기로 돼 있었잖아. 그런데 그 여자가 와서 그렇게 이야기한 거지. '미안해요, 제가 오늘 같이 못 갈 일이 생겼네요.'라고만 말했어야지."

용수 엄마는 가족 간의 다툼과 자기 마음이 무거운 이유를 언니와 함께 산에 갔을 때 이야기를 너무 많이 했던 탓으로 돌렸다. 그녀는 나쁜 운을 풀어내기 위해 서울 시내의 작은 산에 있는 석불 앞에서 치성을 드릴 계획을 세웠지만 이웃에 상이 나고 온 마을 사람들이 의례적 부정 상태에 놓이자 계획을 취소했다. 오랫동안 몸이 아프고 손님도 뜸해져 버렸다. 설날에 마을 뒤편에서 산치성을 드리고 나서야 그녀의 마음이 가벼워졌다.

산은 정결하고 영험하며 고결하고 격리된 공간이다. 여성들이 가정의 고사와 굿에서 산신을 대접할 때에는 제물을 집 옆쪽에 위치한 장독대, 즉 지면에서 솟아 있고 지붕에서 떨어진 곳에 차린다. 한국인들은 가족에게 필요한 엄청난 양의 조미료를 보관하는 장독대를 산의 적절한 유사공간으로 간주한다.

여성들은 산에서 돌아와 아들을 낳으며, 남성들은 시신을 "산으로"—산은 언덕처럼 생긴 무덤의 완곡한 표현이다.— 옮긴다. 산신은 가족의 망자를 산 위에 머물게 하여 산 아래 세상에서 떠돌지 못하게 한다. 제주祭酒를 받는 곳도 무덤 옆이다. 가족에게 칠성신과 산신은 삶과 죽음을 관장하며, 산 아래에 위치한 마을이나 도시 안으로 생명의 들고 남을 관장하는 존재인 것이다.

본향산신은 대개 남편 가족의 지리적 위치와 관련된다. 가정이 이사를 나가면 여성은 새로 이사를 들어간 집 근처에서 가장 중요한 산을 섬기지만 고사와 굿을 할 때에는 원래 살던 곳의 산신을 계속 대접한다. 양자네 집에서 고사를 지낼 때 용수 엄마는 양자 아버지의 고향 땅에서 가장 유명한 지리산 산신을 청배했다. 용수 엄마는 현재 자신이 살고 있는 지역과 다른 지역에 우뚝 솟아 있는 산봉우리 아래까지 버스와 택시를 타고 다닌다. 용수 엄마의 시어머니가 여기에서 치성을 드렸고 남편의 친척이 여전히 근처에서 살고 있으며, 본향산신이 그 근처를 돌보고 있기 때문이다. 그러나 용수 엄마는 자신이 현재 살고 있는 집 근처의 작은 산에 있는 마을 신당에도 다닌다.

산악 숭배는 확대 친족집단이 확산되는 양상과 유사하다. 시공간을 통해 확산된 분파들은 종가의 소재지와 시조의 무덤이 있는 곳을 기억한다. 분파들은 자신들만의 지리적 정체성과 묘를 쓸 산을 정하지만 종족의 원천을 기억하며, 가능한 한 시제時祭를 모시기 위해 선산으로 돌아온다. 내가 보기에 명산은 묏자리가 아니다. 죽음에서 발생하는 부정은 명산의 정결함과 모순되지만, 확대 친족집단의 복福의 원천이라 할 수 있는 묏자리의 풍수학적 힘은 여성들의 치성을 아들과 가족의 복으로 연결시키는 명산의 힘과 유사하다.

강력한 신령과
가족 전통

　용수 할머니는 절에서 '공양주보살' 일을 했다. 그녀는 옆방에서 스님이 목탁을 치며 경을 외는 동안 장남을 낳았다. 용수 할머니는 자신이 불사를 섬겨야 한다는 이웃집 여성의 의견을 평생 외면했다. 백설기 떡을 바치는 꿈을 꾸었지만, 깨고 나서는 그 꿈이 주는 암시를 무시해 버렸다. 장남은 한국전쟁 때 죽었다. 또 다른 아들은 홍역으로 죽었다. 살아남은 유일한 아들이 작업장 사고로 손을 못쓰게 되었을 때, 용수 할머니는 마지막 남은 아들에게 더 이상의 불행이 닥치지 않도록 불사와 칠성신을 모시기 시작했다. 불사는 너무 오랫동안 외면당해 왔기 때문에 화가 많이 나 있었고 용수 할머니가 고통을 받은 것이다. 남편은 작은마누라한테 가버렸고, 아들은 죽었으며 이제는 고약한 며느리 탓에 비참한 삶을 살고 있다.

　무당과 주부의 세계에서 현재의 불행은 과거사와 연관된다. 영험한 신령과 잊어버린 전통이 만신의 점괘와 친척 여성의 확인을 통해서 드러난다. 가족과 성스러운 장소의 관계가 다시 회복되고 영적으로 강력한 존재를 인정하고 감사를 표하면 치유가 이루어진다.

　진숙이 할머니는 산에서 치성을 드리기 전에는 딸만 낳았다. 치성을 드린 후 진숙이 아버지가 태어났다. 진숙이 아버지는 전쟁 중에 남쪽으로 피난을 갔으며, 두 번째 부인인 진숙 엄마와 함께 의정부에서 살았다. 진숙 엄마는 산에서 치성을 해야 한다는 생각을 전혀 하지 못했다. 진숙 엄마는 가정이 풍비박산 날 것 같아지자 용수 엄마에게 점을 보러 왔다. 신경질을 자주 부리고 제정신이 아니었던 남편은 서른 살이나 어린 여자에게 빠져 있었고, 양아들은 공부는 외면한 채 돈을 훔치고 다녔다. 젊은 난봉꾼은 눈을 번뜩이고 으름장을 놓으면서 자기 맘대로 살게 내버려 두라고 요구했다. 진숙 엄마는 용수 엄마의 충고에 따라 굿을 하고 집 근처에 있는 산을 찾아 칠성신에게 치성을 드렸다.

수락골 아줌마 역시 진숙 엄마처럼 피난민과 결혼했으며 남편 가족에 대해 아는 것이 별로 없었다. 그녀가 점을 보기 위해 처음 용수 엄마를 찾았을 때, 하얀 장삼을 입고 고깔을 쓴 여성이 용수 엄마에게 보였다. 용수 엄마는 "혹시 그 집안에 오래전에 나 같은 일을 한 사람이 있었나요?"라고 수락골 아줌마에게 물었다. 그녀는 남편이 아주 어렸을 때 북에서 내려왔기 때문에 모르겠다고 대답했다. 용수 엄마는 그녀에게 집에 가서 물어보라고 했다. 서울에 사는 남편의 누나가 확인해 주길, 오래전 북한에서 어머니가 불교식 점쟁이, 즉 보살이었다고 했다.

보살은 만신처럼 신내림을 통해 부름을 받는다. 보살은 경전 같은 것을 구송하지만 만신처럼 춤을 추지는 않는다. 하지만 점을 치고 간단한 의례들을 수행한다. 버드나무시장 아줌마의 시어머니는 유명한 보살이었다. 용수 엄마는 그녀에 대해 이렇게 말했다. "그 여자는 산 위에 있는 작은 집에 살았는데, 보살이 될 때부터 거기서 살아야 한다고 느꼈나 봐. 누가 멀리서 오는 것만 봐도 그 여자가 월경을 하는지 상갓집에서 오는 사람인지를 알아맞힐 수 있었지. 그 사람들을 '부정한 것들'이라고 부르면서 꽥 소리를 지르곤 했어. 또 그 여자는 손님이 찾아오기 전에 이미 꿈을 꾸었다가, 손님이 자기를 보러 오면 마음속에 뭘 생각하고 있는지 정확히 알아맞히곤 했지.

죽은 만신과 보살은 그들의 힘 때문에 후손들 가정의 재수에 영향을 미친다. 버드나무시장 아줌마와 수락골 아줌마는 모두 보살이었던 여성을 신격화한 불사를 섬긴다. 두 아줌마 모두 흰색 장삼과 고깔을 불사에게 바쳤는데, 각각 남편의 이름을 수놓은 이 옷들은 용수 엄마의 신당에 모셔져 있다.

특정한 만신의 오랜 단골이었던 여성의 집에서 굿을 하게 되면 그 죽은 만신이 대신할머니로 나타난다. 이러한 전환은 적절하다. 살아 있는 동안 그 만신이 가족의 조상들을 청배했기 때문이다. 대신할머니로서 만신은 여전히 조상을 그 집으로 인도하며, 가족과 저승의 연결 고리로 남아 있다. 이씨 가족의 굿에서는 가족의 옛 만신이 대신할머니거리에 나타나 자신의 단골이었던 이씨 집안의 시누이와 이웃 여성들에게 인사하면서 기쁜 듯 고개를 끄덕거리고 웃음 지었다.

가끔은 이런 만남이 그다지 원만하지 않은 경우도 있다. 떠벌이만신은 친척 여성의 굿에서 자신에게 내림굿을 해주고 가르쳤던 만신이 대신할머니로 등장하자 옛날의 서운함 때문에 대신할머니와 다퉜다. 대신할머니로 나타난 죽은 만신은 떠벌이만신이 신뢰를 깨뜨리고 나가 버렸다고 꾸짖었고, 떠벌이만신은 맞받아 소리치면서 불화의 원인이 신어머니에게 있었다고 비난했다. 떠벌이만신은 부친상을 당했을 때 죽은 만신이 했던 구두쇠 짓을 비난했다.

가정의 전통에 따라 나타나는 신령이 다르다. 조씨 집안의 조상 중 하나가 미륵불을 모신 신전을 세웠고, 후손들이 오랫동안 그 신전을 관리했다. 조씨 집안의 여성들은 그곳에서 치성을 드렸다. 조씨 가정에서 굿을 할 때면 미륵이 불사와 함께 나타났다.

저명한 남자 조상은 만신이나 보살처럼 만신전의 신이 될 수 있다. 만신이 점괘에서 조상 중에 "대궐에서 칼을 차고 다니던 사람", 즉 무관武官이 있었음을 밝혀내기도 한다. 비록 먼 조상이지만 이 조상은 강력한 장군신으로서 그 가정에 영향을 끼친다. 이 가족은 소매가 넓은 남철릭과 붉은 갓을 장군신에게 바치거나, 붉은 소매가 달린 검은색 도포를 신장에게 바친다. 이러한 실천은 저명한 선조들을 섬기는 종족의례를 시사하는 것 같지만, 어렴풋하게만 비슷할 뿐이다. 손님이 최근 혹은 족보상 먼 과거에 관직에 오른 조상을 기억하거나, 아니면 만신이 "당신은 문화 유씨로구먼. 유씨들이 다 궁중에서 일을 했지."라고 이야기하는 경우이다. 한국의 모든 성씨 집단은 자신의 족보에 관직에 오른 사람이 있었다고 주장한다. 만신의 의례에서는 족보상의 근접성을 증명할 필요가 없다.

배씨 가족의 대왕大王은 이처럼 빈약하고 즉석에서 급조된 저명한 조상들에 비하면 월등하다. 꼼꼼하게 관리된 족보를 가지고 있으며, 잘 알려진 양반 종족의 한 지파支派인 배씨 집안은 종가와 가까운 관계를 주장한다. 두 명의 배씨 조상들이 조선시대 초기 왕의 자문기관인 홍문관에서 고위 관직을 지냈다. 이들 중 한 명의 둘째 아들이 배씨 종족의 한 지파인 유시파(가명)의 시조가 되었다.

이 두 명의 고위 관리들은 배씨 가족의 만신전에서 대왕으로 등장한다. 배씨 종족의 지파에서 대왕과 대왕부인의 사당을 관리한다. 사당 안에는 배씨 집안의 여성들이 보관해 두는 두 개의 의복상자가 있는데, 소매가 넓은 붉은색 도포와 붉은색 갓은 왕을 위한 것이며 노란 저고리와 붉은 치마는 '공주' 부인을 위한 것이다. 혼례나 회갑연 전에 배씨 집안 여성들은 대왕 부부께 예단을 바친다. 예단은 사당에 보관된다. 이 지파에서는 5년에 한 번씩 대왕을 기쁘게 해드리기 위해 굿을 하여 대왕이 계속 동족 구성원들을 보호하고 후손들과 조화로운 관계를 유지하도록 한다. 배씨 가정이 굿을 할 때에는 여성들이 사당에서 의상을 꺼내 만신에게 전한다. 대왕 부부는 굿을 하는 가족의 가까운 조상들이 오기 직전에 등장한다. 부부는 배씨 집안의 여성들이 가끔 만신의 신당에서 치성을 드릴 때도 나타난다.

만신전 내의 다른 신령들은 사회적으로나 종교적으로 특출한 점이 없다. 동자별상이나 호구는 홍역이나 마마에 걸려 어려서 단명한, 즉 명예롭지 못한 죽음을 맞이한 존재들이다. 자손 없이 죽은 사람들은 가족의 조상으로서 남을 수 없다. 이들은 집에서 추방된 혼령으로서, 굶주린 거지처럼 세상을 방황한다. 그렇게 중요한 존재가 아님에도 불구하고 이들 가운데 어떤 존재들은 이들이 가진 해로운 힘 때문에 가족 만신전에 한자리를 차지하게 되고, 가족은 이들의 변덕을 달래기 위해 밝은색 옷이나 사탕, 쌈짓돈 등을 대접한다.

술집 아줌마의 형제들 가운데 남자아이와 여자아이 두 명은 어려서 죽었다. 밝은색을 좋아하는 유아기적 애착을 지닌 이들은 누이가 결혼할 때 가져온 색동 혼수이불을 따라왔다. 그 후로 술집 아줌마의 결혼생활은 고난과 갈등의 연속이었다. 용수 엄마는 그녀에게 시장에서 아이들 돌잔치용으로 파는 한복 두 벌을 사라고 말했다.[8] 술집 아줌마는 옷에 달린 자수가 놓인 주머니에 돈을 조금 넣었다. 용수 엄마는 고사를 했고 술집 아줌마는 그 옷을 바쳤다. 동자별상이 나타나 사탕을 달라고 조르면서 술집 아줌마가 자기에게 사주기로 한 복건幅巾을 빠뜨렸다고 불평했다.

동자별상은 굿에서 별상과 함께 등장한다. 만신은 동자별상의 조그마한 옷가지들을 별상의 허리띠에 끼우고, 아이의 높은 목소리 톤으로 그들을 표현한다. 동자별상은 사탕과 용돈을 달라고 하며 울어 댄다. "어린아이들이기 때문이다."[9]

---

8 돌은 첫 해 삶의 마무리를 표시한다. 아이는 돌이 지나면 두 살이 된다.
9 바버라 영이 도시에서 만난 몇몇 점쟁이들은 아이혼령(동자)의 도움을 받는다고 주장했다. 한 제보자는, 자기 명령대로 하는 동자를 만들기 위해 죽은 아이의 영혼을 붙잡아 두려 한 예비 점쟁이의 소름 끼치는 이야기를 해주었다(Young 1980). 비슷한 이야기가 김동리의 유명한 소설 『을화』에 나온다. 어린아이의 혼령을 심부름꾼으로 이용하는 점쟁이는 대만의 영매나 홍콩의 만생포問醒婆와 유사해 보인다(Potter 1974, 226-228). 그러나 영의 연구에 등장한 점쟁이들은 자신들을 만신이라고 하지 않으며 만신이 제공하는 다양한 범위의 서비스를 제공하지도 않는다.

호구는 결혼하기 전이나 결혼 직후에 죽은 처녀이다. 그녀는 동자별상처럼 살아 있는 언니(동생)나 친한 친구가 결혼식을 할 때 그 여성을 따라간다. 옛날 궁궐 여성이 입던 족두리와 색동저고리 혹은 현대식 결혼식에 사용되는 면사포를 입은 신부가 부러운 나머지 신부에게 끌리는 것이다. 호구는 신부의 새 집에서 남편과 신부 사이를 가로막고서 부부가 서로에게 호감을 갖지 못하게 하며, 부부 사이에 분란을 일으킨다. 호구는 굿에서 말하는 것처럼 "안방을 흔들흔들흔들하고 다닌다." 호구는 대감신령처럼 가족이 값비싼 물건을 집으로 들여오면 질투 때문에 "눈을 치뜨고" 문제를 일으킨다. 특히 예쁜 옷에 자극을 받는다. 여성들은 노란 저고리와 빨간 치마를 바치지만, 미리 예방하는 게 더 효과적이다. 어떤 집안은 마땅히 조상에게 먼저 잔치 음식을 올리듯이 결혼식 전날 밤 혼례 음식인 국수와 떡을 만신의 신당에서 호구에게 대접한다. 여탐이라고 하는 이 의례는 날뛸지도 모를 어린아이들과 처녀들을 제자리에 붙잡아 두어 그들이 신부의 집에서 장난을 치지 못하게 한다.

만신전 내에서 특별히 강력한 신령은 여성들이 적절한 옷을 바치면 좌정하며, 분노에 찬 적대적 존재에서 자비로운 보호자로 변화된다. 옷에는 단골의 이름을 새겨 만신의 신당에 보관한다. 여성이 신당에 옷을 바치고 난 후 굿에서 만신이 그 옷을 입고 춤을 추면 신령은 즐거워한다. 하지만 옷을 바친 여성의 의례적 책임은 늘어난다. 이렇게 바쳐진 옷은 적극적으로 활동하는 신령이 가정에 있음을 의미한다. 신령은 수년에 한 번씩 하는 굿으로는 점점 만족하지 못하게 되며, 여성에게 사이사이에 만신의 신당에서 정기적으로 치성을 바칠 것을 요구한다.

신령은 옷이 낡아 해지면 새것을 요구한다. 전씨네 굿에서 자신의 옷과 전씨네 할머니의 주름치마를 비교하고 억지를 쓰며 불평하던 대신할머니를 상기해 보라. 배씨 가정의 굿에서는 불사가 주부의 귀를 잡아 흔들며 그 여성이 수년 전 바쳤던 하얀 장삼이 이제는 온통 좀먹었다고 화를 냈다. 이 여성은 굿이 끝나고 3일째 되던 날, 새 장삼을 짓기 위해 흰색 옷감을 끊어 만신의 신당에 바쳤다.[10]

무감: 만신의 신복을 입고 춤추기

만신은 몸주신을 굿에서 신복을 차려입은 만신에게 "내리는" 신당의 신령과 구분하며, 누군가에게 빙의되어 그를 "미치게" 하는 조상이나 잡귀와도 구분한다. 몸주신은 "오르며" 일반 여성을 춤추게 한다. 굿의 중간에 일반 여성이 만신의 신복을 입고 춤을 추면(무감) 그 여성의 몸주신이 오른다. 여성은 자신의 몸주신에게 적절한 만신의 신복을 입는다. 만약 자기 가정의 만신전에서 특별히 강력한 신령에게 옷을 바친 여성이라면 무감을 설 때 자기가 바쳤던 옷을 입는다. 여성은 먼저 장구 위에 돈을 올리고, 적합한 의상을 찾아 입은 뒤 큰절을 한다. 처음에는 우아하게 춤을 추지만, 빨라지는 장구 장단에 맞춰 빠르게 뛰어 댄다. 지칠 때까지 춤을 추고 나면 몸주신이 만족하게 되며, 여성은 자신과 가족의 재수와 복을 받게 된다.

모든 사람에게는 몸주대감이 있기 때문에 무감을 설 때 대감신령의 '장옷'을 입을 수 있다. 어떤 몸주대감은 수동적인 성격이어서 장구소리를 들

---

10 단골들은 굿을 하고 난 뒤 3일째 되는 날 간소하게 제물을 바치고 마지막 공수를 받기 위해 신당을 방문한다.

어도 여성이 춤출 생각을 하지 않는 경우도 있다. 양자 엄마나 쌀집 아줌마 같은 여성들에게는 강력하고 욕심 많은 대감신령이 있다. 이런 여성들은 굿에 가면 언제나 무감을 서고 싶어 한다.

굿에서 만신에게 내렸던 특별히 강력한 신령들이 무감을 서는 여성들에게 오르는 몸주신으로 다시 등장한다. 전씨네 굿에서는 몸주대신할머니와 몸주칠성이 여성들이 춤출 때 등장했다. 신장과 산신 그리고 불사는 만신전에서 특별히 강력한 신령들로서, 무감을 추는 가족의 몸주신으로 오른다.

하나 이상의 몸주신이 있는 여성들도 있다. 전씨네 며느리에게는 몸주칠성과 몸주대신이 모두 있었다. 진숙 엄마는 춤을 추기 전에 대감의 '장옷' 위에 승려의 흰색 장삼을 겹쳐 입는다. 그녀가 춤을 추다가 흰색 장삼을 벗어 던지자, 만신은 "칠성님이 노셨으니 이제는 몸주대감이 노시는구나."라고 말한다.

죽고 난 뒤 가정신령이 되는 보살이나 만신처럼 살아 있는 동안 칠성신을 열심히 섬긴 여성은 무감을 서는 자기 가족의 여성들에게 오를 만한 초자연적인 힘을 획득하게 된다. 안양에 사는 안씨네 여성들에게는 강력한 몸주칠성이 있는데, 죽은 할머니가 생전에 내내 산에서 치성을 드렸기 때문이다. 손아래 집에서 굿을 벌였을 때 손위 집안의 출가한 딸이 칠성 장삼을 입고 춤을 추었다. 무감을 추는 사람은 보통 말을 하지 않는데, 이 여성은 소리를 질러대며 욕을 해댔다. 그녀는 할머니를 대변하면서 손아래 안씨 가정에서 할머니에게 특별히 떡을 한 번도 대접하지 않았다고 악을 썼다. 다른 여자가 그녀를 제지하려고 하자 그녀는 몸부림을 쳐댔다. 그녀의 입에서 상스러운 욕설이 옥경 엄마에게 쏟아졌고, 열심히 메모하고 있던 나를 본 옥경 엄마는 "달래 씨, 미국에 가면 한국에 대해서 이렇게 나쁜 것들은 말하지 말아 줘요."라고 사정했다. 신이 한껏 올랐던 그녀는 조금

진정하고 나자 손아래 올케를 껴안고 "자네가 제일 운이 없는 사람이네, 제일 불쌍한 사람."이라고 거듭 속삭였다.

다음 해 안씨네에 이웃한 김씨 가족이 굿을 했는데, 안씨네 시어머니가 몸주칠성—그녀의 친족 여성에게 올랐던 동일한 조상 할머니—이 올라 춤을 추었지만 전보다 분위기가 온화했다. 그녀는 소맷자락을 허공으로 뿌리며 우아하게 춤을 추면서 얼굴에는 선녀 같은 미소를 띠운 채 김씨의 머리를 부드럽게 쓰다듬었다. 용수 엄마는 "안씨 집안 칠성은 진짜 세지."라고 말했다.

이렇듯 여성들은 가정의 만신전을 자기들만의 전통으로 채색하는데, 이 전통은 시어머니에서 며느리로 이어지는, 즉 결혼을 통해 들어온 여성들이 세대를 거치면서 전승한다. 지금껏 보았듯이, 어떤 가족 구성원들은 만신전의 신령이 된다. 조상은 사회적 혹은 의례적 특출함 때문에 신적 지위를 획득하게 되는데, 관직에 올랐던 남성과 만신이나 보살이었던 여성이 후손의 가정에서 신령이 된다. 좋을 수도 있고 나쁠 수도 있는 이들의 힘은 일반 조상들의 힘보다 뛰어나며 오래 지속된다. 특별히 골칫거리인 어린 아이와 처녀의 혼령은 제멋대로인 행동 때문에 작은 신령의 지위를 얻어낸다. 정성을 다해 칠성신을 섬겼던 여성은 몸주신으로 오르게 된다.

신령한 힘의 확산

고사는 가정의 의례이며, 고사에서 모시는 신령들은 집의 구조와 집터 그리고 안방에 속해 있다. 만신전에서 특별히 강한 영향력을 가진 신령은 보다 넓은 가족 전통에서 나오므로 이러한 신령의 영향력은 개별 가정을 넘어서 확산된다. 이 신령은 가정의 신령이라기보다는 친족의 신령이다. 송씨 가족의 큰집과 작은집에서는 대신할머니—만신이었던 조상—의 화를 달래기 위해서 함께 재원財源을 마련했다. 굿을 받고 싶어 안달하는 대신할머니 탓에 큰집에서는 아들 하나가 물에 빠져 죽었으며 작은집에서는 아들 하나가 만성 질환으로 고생했다. 송씨 가족은 결국 굿을 할 수밖에 없었다(7장을 보라). 넓게 확대된 가족을 가진 대왕 부부는 배씨 지파의 어떤 가정에서라도 굿을 하게 되면 등장한다. 누가 의례의 책임을 질 것인가라는 문제는 협상과 논쟁에서 결정되며, 신령의 의지와 가족 정치에 대한 무당의 인식에 의해 중재된다. 몸주칠성이 자신에게 특별한 제물을 바치지 않았다고 안씨 집안 사람들을 꾸짖었을 때, 만신은 칠성신을 대접하는 일은 큰집의 단독 책임이라고 큰 소리로 선언했다. 만신이 이웃과 친척 앞에서 단골의 체면을 지켜 주었던 것이다. 옥경 엄마는 나에게 만약 안씨 집안에서 더 많은 돈을 쓰려고 했다면 만신이 분명히 칠성신을 위해서 특별한 제물을 준비했을 것이라고 속삭였다.

버드나무시장 아줌마가 봉착한 딜레마는 애매한 의례적 책임과 불편한 가족 상황을 모두 보여 준다. 버드나무시장 아줌마는 어머니가 유명한 보살인 김씨 남성과 결혼했다. 그녀는 만신의 신당에서 불사를 섬기는 치성을 드리며, 무감을 설 때에는 보살 조상이 오른다. 남편 김씨가 죽고 난 뒤 버드나무시장 아줌마는 이씨 남자와 재혼했다. 김씨 남자와 결혼해서 태어난 아들은 성장하여 결혼했다. 버드나무시장 아줌마가 칠성날 신당에서 치성을 드리는데, 불사가 불평을 했다. 김씨 가족의 불사이기 때문에 이씨 가족의 여성이 바친 제물을 먹을 수 없다는 것이다. 나중에 용수 엄마가 나에게 해준 말에 따르면, 김씨 집안의 큰며느리가 강한 힘을 가진 불사를 섬겨야 하지만 부부가 모두 신당 치성을 미신이라고 생각하고 비용을 아까

워하기 때문에 버드나무시장 아줌마가 김씨와 자신 사이에서 태어난 아들을 위해서 계속 불사를 섬긴다는 것이다. 용수 엄마는 김씨 가족의 가난과 빈번한 사고를 큰며느리의 의례적 과오 탓으로 돌렸다. 둘째 아들은 입대 전 신당에서 불사에게 절을 올렸다. 용수 엄마의 예언에 따르면 둘째 아들의 앞날은 밝다.

이런 전통을 영속하는 데 주요한 인물은 여성이며, 신적 영향력은 부계父系로 구성된 집의 경계를 넘어선다. 동자별상과 호구는 출가한 누이나 언니를 따라가 새집에서 불길한 존재가 된다. 다른 신령들도 여성을 따라 남편의 집으로 가서 어떻게 대접받느냐에 따라 그 가족에게 이득이 되거나 해를 끼친다. 승僧불사는 배씨 집안의 한 여성이 결혼할 때 그 여성을 따라갔다. 하지만 그녀는 아이 둘이 죽을 때까지 만신의 신당에서 치성이나 굿을 하지 않았다. 의정부에 사는 한 여성은 양아버지가 무당이란 사실을 부끄러워했다. 그래서 자기 사업을 시작하자마자 양아버지에게서 어머니를 모셔 왔다. 양아버지는 죽고 난 뒤에 이 여성에게 내렸으며, 그녀는 결국 만신이 되었다. 양아버지는 그녀의 신당에서 대신으로 모셔진다. 버드나무시장에 사는 한 젊은 부인은 만신의 소명을 거부하다 죽은 어머니가 몸주불사대신으로 올라서 무감을 춘다.

초자연적인 영향력이 확산되어 가는 다양한 방향에 대한 결정적인 증거로서, 전씨 가족의 굿에서 여성들과 신령들 사이의 복잡한 관계를 생각해 보라(그림 1 참조). 전씨 할아버지의 어머니는 전씨 할아버지를 낳고 잘 기르게 해달라고 칠성신에게 치성을 드렸다. 출가한 딸이나 전씨 가족에게 시집온 며느리들 모두 무감을 출 때 몸주칠성이 올랐다. 전씨네 할머니 역시 며느리처럼 전씨 가족에게 시집왔는데, 그녀는 친정에서 온 만신인 여자 조상이 몸주대신으로 올라서 춤을 췄다. 다른 가족에게 시집갔던 전씨

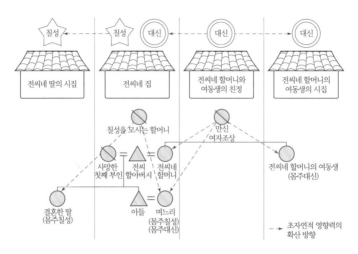

그림 1_ 전씨 가족 굿에 참여한 여성들과 신령들

네 할머니의 동생 역시 몸주대신을 드러낸다. 전씨네 할머니의 결혼과 함께 강한 영향력을 가진 대신이 전씨네 만신전으로 들어온 것이다. 며느리에게는 몸주칠성과 몸주대신이 모두 실렸다. 며느리는 칠성신에 대한 전씨 집안 여성들의 의무뿐 아니라 대신할머니에 대한 책임까지 상속한 것이다.

신령은 만신의 눈에 보임으로써 살아 있는 가족에게 자신의 뜻을 드러낸다. 하나의 사례에 근거한 이 도표(그림 1)는 절대적 전달 규칙을 규명해주지는 못하며 단지 가능성만을 보여줄 뿐이다. 전씨네 집안 며느리가 무감을 추는 동안 몸주대신이 있음을 느낀 떠벌이만신은 노란색 장삼을 며느리의 어깨 너머로 던졌다. 전씨 할아버지의 누나는 하얀색 칠성 장삼이 아닌 대감신령의 푸른색 장옷을 입고 춤을 췄다.

여성은 영향력이 강한 신령들을 보살피고 대접하는 방법을 시어머니와 만신에게 배워서 자신의 의례적 가족을 보호한다. 하지만 어떤 여성의 관심은 가끔 의례적 가족의 범위를 넘어서 친정과 출가한 딸의 가정에까지 미친다. 이런 여성의 신령들은 그 영향력이 여러 가족을 가로질러서 모든 가능한 방향들에까지 확산되는 친족의 신령들이다. 한국의 여성의례 영역에서는 신령이나 조상 그리고 귀신 어느 하나도 남성을 중심으로 정의된 친족의 경계선 앞에 멈추어 서지 않는다.

친척 신령의 출현

여러 가정의 만신전들에서 특별하고 유달리 영향력이 강한 신령들의 존재는 각 가족사의 특수성과 무당의 식별능력 모두를 드러낸다. 영향력이 강한 신령이 있다는 것을 여성이 받아들이게 되면 그 여성은 신령의 신복을 보관하고 의례가 있을 때마다 그 신령을 불러 주는 만신과 단골관계를 맺는다. 무당은 이 특별한 신령을 보고 그의 기분을 느낄 수 있을 뿐만 아니라, 단골 가족의 현재 상황을 알기 위해 정기적으로 그 신령을 불러오는 힘을 갖고 있다.

단골들은 설날이나 음력 7월 7일에 신당에 제물을 차린다. 단골 여성은 '피 흘린 음식'인 생선과 고기를 사흘 동안 삼가야 하고, 월경 중이면 안 된다. 여성은 목욕을 한 후 깨끗한 옷을 입고, 손을 머리 위에서 모아 내리며 얼굴이 마루에 닿을 때까지 절을 한다. 절에서 신도들이 절을 하는 동안 스님이 독경을 하듯이 만신은 바라를 치면서 축원을 하기 시작한다.

어느 순간 만신의 몸이 진저리를 친다. 신령들이 내려와 만신 입을 통해 말을 한다. 가정에서 영향력이 강한 신령은 생생하게 그 모습을 드러낸다. 쌀집 아줌마의 대감신령은 술을 요구하면서, 쌀집 아줌마가 시어머니께 무례하다고 꾸짖는다. 양자네 가족에도 식욕이 대단한 대감신령이 있다. 이 신령은 양자 어머니가 신당에 가져온 고기 제물이 약소하다고 탈을 잡는다. "돼지갈비는 어디 갔고, 돼지머리는 어디 갔어?" 술로 마음을 달랜 대감은 양자 아버지의 버스 노선에 있는 해로운 기운을 몰아내 주겠다고 한 번 더 약속한다. 수락골 아줌마의 불사할머니가 등장하여 "집안에 풍파가" 있다고 측은해 한다. 장남은 술을 많이 마시고, 양아버지와 아이들이 서로 불복한다. 이 신령은 굿을 해달라고 요청한다.

술집 아줌마의 동자별상이 자기 사탕을 잊어먹었다고 징징댄다. 그때까지 바라를 치고 있던 용수 엄마가 동자별상에 실려, 갑자기 제단에서 돈을 낚아채더니 길가에 있는 가게로 뛰어간다. 말을 잘 듣지 않는 아이처럼 웃으면서 그녀는 과자가 든 셀로판 상자를 집어 들고 뛰어온다. 배씨 집안의 한 여성이 대왕에게 대접할 술 한 주전자를 사러 같은 가게로 달려간다.

몇몇 조상과 귀신들이 신당의례의 막바지에 나타난다. 바쁜 날이기도 하거니와, 이들이 살아 있는 사람들에게 전할 특별한 메시지가 없다면 만신은 서둘러서 이들을 제 갈 길로 보내 버린다. 김씨 집안에서 온 한 여자의 아들이 사고로 발이 부러졌는데, 얼마 전 세상을 떠난 할아버지가 흐느끼는 여자를 위로한다. 만신은 김씨 가족의 긴 조상말명의 목록을 읊는다. 만신은 단골들이 만신 집에서 요리하여 제단에 올려놓은 쌀밥 중 일부를 단골들을 시켜 안방으로 가져가게 한다. 용수 엄마는 자신이 좋아하는 단골들과 점심을 먹으며 수다를 떤다. 단골들은 약간의 과일과 사탕을 집으로 가져가며, 만신의 집을 나설 때는 인사를 하지 않는다.

봄이나 가을에 신당에서 열리는 만신의 꽃맞이굿 혹은 잎맞이굿은 만신에게 내린 신령─만신이 굿을 할 수 있게 하는 힘의 원천─과 단골들의 신령─단골 가정에서 고사와 굿을 받는 신령─ 사이의 협력관계를 극화한다. 만신의

장군신에 실려 작두에 오른 무당과 부정을 막기 위해 종이를 입에 물고 작두를 잡고 있는 단골들.
1977년 의정부 꽃맞이굿.

꽃맞이굿은 우선 만신의 가족 신령과 조상들을 위한 것이며 만신의 신당
과 그 만신의 개인사가 가지는 특징을 드러낸다. 용수 엄마의 신당에서 용
수 아버지는 처음에는 일반적인 조상으로 나타난다. 그러고 난 이후에 다
시 "신장으로서 논다." 용수 엄마는 지속적으로 문제를 일으키는 남편의
첫째 부인 혼령과 다툰다. 홍역과 마마에 걸려 어려서 죽은 두 형제가 동자
별상으로 나타난다. 용수 엄마는 작두대신과 장군신령을 즐겁게 하기 위
해 긴 작두날 위에서 다소 서툴게 균형을 잡는다. 대신이 나타날 때면 용수
할머니의 몸주불사대신도 오른다. 몸주불사대신은 신복을 입고 스님의 목
탁을 신당에서 꺼내 들더니 바닥에 무릎을 꿇고 절을 하면서 경을 외운다.

단골들의 집에서 온 신령들 또한 마음껏 먹고 논다. 용수 엄마는 대감을
놀릴 때 몇 겹의 장옷을 겹쳐 입는데, 이 옷들은 활발한 대감이 있는 집들

불사에 실려 단골에게 공수를 주는 무당. 그동안 다른 단골들은 제단에 절을 한다.
1977년 의정부 꽃맞이굿.

의 단골들이 바친 것이다. 여기에는 양자 엄마와 쌀집 아줌마 그리고 내가
바친 장옷도 있다. 용수 엄마는 불사를 놀릴 때면 수락골 아줌마가 바친
흰색 장삼들을 겹쳐 입는다. 쌀집 아줌마의 동자별상은 자신들의 조그마
한 옷이 별상의 허리띠에 끼워질 때 등장한다.

　용수 엄마는 여성들이 아들과 손자를 칠성신에게 바칠 때 신당에 모셨
던 기다란 천(한 필의 무명천으로서, '명다리'라고 부른다.―옮긴이)을 모두 꺼내
온다. 칠성신은 남자아이들이 복을 더 많이 받을 수 있도록 굿을 하면서 천
무더기를 공중에서 휘휘 돌린다. 용수 엄마는 양자 아버지에게 조밥을 뿌
리면서 교통사고의 원인이 되는 해로운 기운을 쫓아낸다. 신장이 왔을 때
에는 신장칼을 휘두르면서 또 다른 단골의 가슴에 달라붙어 있는 잡귀를
베어 내듯이 떼어 낸다. 양자 엄마와 쌀집 아줌마는 자기들 몸에 있는 활발

한 성격의 몸주대감을 달래기 위해 무감을 선다. 한씨 집안의 한 여장군신령은 삼지창과 월도를 선물받는다. 진숙 엄마는 무감을 서면서 몸주칠성을 놀린다. 배씨 집안의 여성들이 춤을 추기 위해 대왕의 홍철릭과 홍갓을 쓴다.

남성들이 의례적 지침과 정통적 관습에 따라

조상제사를 모신다면

여성들은 조상들과 실랑이를 벌이거나 흥정을 하면서

기어코 그들과 화해하여 그들을 가족의 품 안으로 이끈다.

경계가 명확한 몇 분의 제한된 조상들만이

제사에서 모셔지는 것과 달리 만신의 점, 푸닥거리, 굿에서는

훨씬 더 광범위한 '조상'이 등장한다.

여성들은 제사에서 모실 수 있는 조상 집단을 구별해 주는

배타적인 부계 원리에 의문을 갖지는 않는다.

그러나 만신과 상담할 때 여성들은 가정의 제사상에서

대접받을 자격이 없는 온갖 종류의 조상들도

가족의 재수에 영향을 미친다는 점을 받아들인다.

여성의 친정에서 따라온 조상과 귀신이

시댁 집안 구성원들의 건강과 재산, 행복에 영향을 미치기도 하며,

출가한 딸의 혼령이 죽은 후 친정으로 돌아오기도 한다.

그렇다면 이러한 초현실적 존재들은 언제 그리고 왜 등장하는 것일까?

이런 존재들의 등장은 친족에 대한 또 하나의 중요한 견해,

즉 친정에서 시댁으로 이동하는 여성의 삶의 경험에 입각한

또 하나의 견해를 반영하는 것은 아닐까?

조상 모시기 | 제7장

고모도 말명이고
이모도 말명이라
— 경기무가 중에서

한국 가정에서 이루어지는 종교생활은 노동분화에 의해 양분된다. 여성은 가택家宅신령을 섬기고 남성은 조상을 모신다. 고통의 상황에서는 이 두 영역이 하나로 융화된다. 무시당해 화가 난 신령이 살아 있는 사람들 사이에서 망자들이 돌아다니도록 내버려둔 경우에 여성은 안식을 찾지 못한 조상과 귀신들을 달랜다. 전씨 가족처럼 어떤 가족이 굿을 통해 신령들을 대접할 때에는 조상들도 찾아오며, 특별히 자신들을 위해 차린 상에 놓인 제사음식을 받는다.

굿에서 조상은 식욕과 그리움 혹은 화가 잔뜩 난, 말 많고 눈물 많은 존재이다. 조상은 자신의 형제와 자식 혹은 배우자에게 슬픔과 연민의 눈물을 흘리게 하지만, 여성들은 그 망자와 실랑이를 벌이기도 한다. "그러게 누가 일찍 죽으라 그랬어요?" "우리가 할 수 있는 건 다 했는데. 〔왜 불평을 해요?〕" "아플 때 약도 사다 주고 했잖아요." "노잣돈이나 받아 가세요." "좋은 데로 가세요." 반면에 남성의례에서 조상들은 남성들이 엄숙하게 술을 따르고 조심스럽게 절을 하는 동안 말이 없고 근엄한 모습을 띤다.

남성의례

가족의 조상숭배는 한국에 대한 여러 민족지에서 많은 관심을 받아 왔기 때문에 여기에서는 간략하게 기술해도 충분할 것이다. 이 글에서 제시하는 나의 견해는 내가 머물던 집 주인과 그의 친척집에서 관찰한 몇 차례의 제사에서 비롯된 것이다.

남성들은 자신들과 밀접한 혈연관계에 있는 친족 안에서 태어나서 살아가다 죽는다. 장자長子는 가장권을 승계하고 결국에는 자신이 출생한 집, 즉 큰집의 조상이 된다. 차자次子는 작은집을 이루고, 죽은 후에는 그 새로운 집의 시조가 된다. '집'은 여러 가지로 해석되는데, 맥락에 따라서 한 아들의 독립된 '가정'을 의미할 수도 있으며 혹은 여러 아들이 이룬 가정들을 모두 포괄하는 의례적 '가족'의 의미를 지니기도 한다.

대를 잇는 전통을 가진 '큰집'에서는 4세대 위의 조상까지 모신다(사대봉사四代奉仕). 지손支孫들은 큰집에 모여 제사를 함께 지내는데 형제, 조카, 사촌들이 부모와 조부모께 술잔을 올린다. 차자는 자신이 자란 큰형의 집에서 조상에게 술을 바치고 절을 한다. 하지만 자신의 가정에서는 자신이나 부인이 죽은 뒤 조상이 되기 이전까지는 제사를 지내지 않는다.

항렬이 낮은 친족이 조상의례를 행할 때 항렬이 더 높은 숙부들도 방문하며, 한밤중에 제사가 끝나면 손님 자격으로 음식을 대접받는다. 계보상 항렬이 더 높은 이 연장자들은 의례 절차와 제사상 차림에 대해 조언을 할 수는 있지만, 계보적으로 항렬이 낮은 조상에게는 술잔을 올리지도 절을 하지도 않는다. 누이나 딸들은 마치 살아 있는 부모의 생일잔치에 친정집에 오듯이 기제사를 지내기 위해 돌아온다. 이들은, 다시 말해 그 집 딸들은 부엌에서 일을 돕고 제사음식을 먹지만 제사에서 술잔을 올리지는 않으며,[1] 자신들이 태어난 집의 조상이 되지도 않는다. 결혼과 동시에 친정집과 단절된 여성들은 언젠가는 남편의 집에서 아들의 어머니로서 조상 대접을 받을 것이다.

기제사에 모이는 친척들의 조합에서 두 가지 남계친족 관념이 발견된다. 술잔을 올리는 남성들은 '집' 안에서 이루어지는 부계 장자상속의 원리 그리고 큰집과 작은집 사이의 위계적 관계를 극화한다. 장자는 자신의 집에서 제사를 지내지만 차자들과 차손들은 장자나 장손의 집에서 술잔을 올린다. 하지만 그 집에서 출가한 여성들을 포함한, 더 넓은 범위의 남계친족 집단 역시 먼 곳에서 방문하여, 그날 밤을 준비하고 제사를 지낸 후 음복을 한다.

남성들은 기일忌日 전날 밤에는 기제사를, 설날과 추석날 아침에는 차례를 지낸다. 기제사의 엄숙한 분위기와 대조적으로 차례의 분위기는 좀 더 밝다. 기제사 때는 가족이 최대한 정성스럽게 음식을 마련하여 제사상에 올리며, 명절에는 그때그때 특별한 명절 음식을 마련하여 조상들과 가족이 나눈다.

제사는 남성들의 특권이다. 제사상이 일단 마루에 올라가면 그때부터는 남성들의 소관이다. 여성들은 제사음식을 준비하는 필수적인 역할을 한다.

---

1 가끔 제사에 여성들이 참여하는 경우가 있다. 자넬리와 자넬리(Janelli and Janelli 1982)를 보시오.

모든 가정에는 그 가정만의 부엌 전통이 있으며, 그 전통은 시어머니에게서 큰며느리로 이어진다. 다른 가정에서 온 친족 여성들이 제사음식 준비를 도울 때에는 나이가 어리고 항렬도 낮을 수 있는 큰며느리의 정중한 지시에 따른다. 여성들은 큰며느리가 될 사람은 제사음식 준비라는 책임을 상속하기 때문에 흠 없고 성실해야 한다고 말한다. 왼손잡이인 나를 보고 마을 여성들은 내가 준비한 제사음식을 남편 집 조상들이 받지 않을 것이기 때문에 절대 큰아들과 결혼하면 안 된다고 놀렸다.

제사 형식은 식사 형식과 같다.[2] 제사상 위에 올리는 과일은 조상이 드실 수 있도록 준비된다. 사과와 배는 위쪽 껍질을 깎아내 올린다. 밤의 경우 껍질을 벗긴 것을 준비하거나, 구하기 쉽고 더 저렴한 밤 모양으로 깎은 사탕을 대신 사용하기도 한다. 여성들이 밥과 국을 마루에 가져오면 남성들은 술잔을 채우고 제사상 위에 올려놓는다. 제주祭主는 빈 그릇에 젓가락을 몇 번 두들긴 후, 밥그릇 뚜껑을 열고 밥을 몇 수저 퍼서 국에 말아 놓는다. 마지막으로 식사가 끝났음을 표시하기 위해 국그릇이 있던 자리에 숭늉을 놓는다. 남성들은 중간중간에 절을 하면서 각 단계를 진행한다. 남성들이 허리를 굽혀 가볍게 반절을 한 뒤 제사상에서 돌아서면 조상은 편안히 식사를 할 것이다.

영송리에 사는 여러 가족들은 조상이 영원히 머물 수 있는 신위로서 나무 위패를 보관하지 않는다. 대신 서예에 뛰어난 사람이 얇은 한지에 조상

---

2 남성들이 제사상을 배열하는 방식은 '홍동백서, 어동육서, 좌편우육' 등과 같은 전통적인 공식을 따른다. 한자로 이 용어들을 읽고 쓰지 못하는 마을 남성들도 이 공식은 외우고 있다.
　제사의 세세한 절차는 『가정보감』에 기록되어 있다. 이 책은 원래 한문으로 써졌지만 지금은 현대 한국어 판본이 있으며 그리 비싸지도 않다. 글을 읽고 쓸 줄 아는 능력과 경험의 양에 따라 의례 지식에 차이가 있다. 친족 가운데 의례를 가장 잘 아는 구성원이 제사상을 배열하는 데 최종적으로 관여한다.

의 이름과 "학생學生" 칭호를 한자로 써서 제사 때마다 준비한다.[3] 공식적인 의례가 끝나면 남성들 중 한 명이 신위와 축문을 태운다. 그는 장독대 옆에서 재를 날리는데, 여기가 집에서 가장 깨끗한 장소이기 때문이다. 고사 때 여성들이 산신을 대접하는 곳도 이곳이며, 제사가 끝난 후 망자가 산에 있는 묘소로 돌아가는 곳도 이곳이다. 재를 날리는 것이 되돌아감을 상징하는지에 대해서는 충분히 물어보지 못했다.

남성들이 제사를 끝내면 여성들은 제사상을 부엌으로 가져가서 남성들에게 대접할 음식을 더 채워 놓는다. 여성과 아이들은 다른 방에서 식사를 하거나, 남성들이 먹고 남은 상에서 맨 마지막으로 식사를 한다. 식사예절은 한국의 모든 예절처럼 위계 원리를 따른다. 즉, 가장 먼저 윗세대의 조상이, 그다음에는 남성들이 연령에 따라서, 그다음에 여성과 아이들 순이다. 기제사에서 조상은 손님으로서 제일 먼저 음식상을 받는다. 윗세대 조상은 특별한 명절음식—설날의 떡국이나 추석의 송편—도 먼저 대접받는다. 가족의 유대감과 영속성은 공동의 식사를 통해서 표현된다.[4]

가장은 제사를 지내면서 광범위한 친족집단과 공동체 앞에서 의례적 예절을 보여 준다. 연령이 높은 남성들은 젊은 남성들에게 제사와 올바른 절차의 중요성을 가르친다. 엉성하고 부주의하게 진행되는 제사는 그가 열등한 사람임을 드러낸다. 남성들은 성장하면서 의례의 형식을 배운다. 그

---

3 영송리에는 한문과 서예를 공부한 두 명의 남성이 있는데 이들은 '담뱃값' 정도를 받고 신위와 초헌初獻 후 조상에게 읽을 축문을 써준다.

4 영송리에서는 한곳에 머물지 못하고 떠돌아다니는 귀신들에게 조밥과 음식 부스러기를 대접한다. 귀신들 가운데 가장 애매하며 하위집단에 해당하는 그 집의 죽은 아이에게는 쌀밥을 대접하여 아이를 달래 가족에게 해로운 기운을 몰아내고자 한다. 저승사자 역시 쌀밥을 받는데, 이것은 저승사자의 지위가 높지 않으며, 앞으로 저승사자가 갈 길이 멀고 험난할 것임을 의미한다. 이상의 견해와 관찰은 중국의 신령, 귀신, 조상, 그리고 이러한 존재에 적합한 제물을 연구한 울프의 논의를 참고하였다(A. Wolf 1974).

들은 집에서 의례를 지켜보거나 아버지를 따라 남계친족의 집에서 행하는 제사에 동행한다. 남성들은 아이에게 술잔을 올리고 절하는 법을 인내심 있게 가르치며 아이가 어색해하고 부끄러워하는 것에는 가볍게 웃음짓지만, 작은 실수라도 하면 즉시 무섭게 질책한다. 아이는 이제 제사에 대해 더 잘 알게 될 것이다.

어떤 한국의 사회철학자들은 조상숭배가 문자 그대로 조상을 불러내는 것이 아니라 부모와 조부모에 대한 영원한 의무를 인정하는 은유적 표현이라고 주장한다(Pyun 1926; Clark (1932)1961, 114-116). 그러나 영송리 사람들은 제사를 지낼 때 죽은 사람들이 필요로 하는 것과 바라는 것을 배려해서 지낸다. 내가 살던 집의 주인은 "아버님께서 약주를 정말 좋아하셔서서 큰 잔에다 술을 올렸지."라고 말했다. 한 과부는 엄청나게 많은 제사음식을 준비한 이유를 이렇게 설명했다. "남편은 죽기 전에 항상 배가 고프다고 했어. 병 때문이었던 것 같아. 항상 밥을 달라고 했는데, 배부르다고 말한 적이 없었어. 그래서 이번에는 이렇게 많이 준비했지."

축문祝文에서 드러나는 정서와 감성은 조상이 만신의 몸에 실려 등장하는 무속의례에서 훨씬 더 뚜렷하게 표현된다. 죽은 자들이 살아 있는 사람들을 대면하는 그곳에는 분노와 비난, 슬픔과 회한이 있지만 언제나 화해가 이루어진다. 조상거리가 이처럼 무섭고 위험한 혼령들을 가족의 동반자로 변형하는 것이다. 예를 들어 조상과 혼령의 입장에서 본다면, 죽은 첫째 부인이 남편의 현재 부인과 서로 어긋나리라는 것을 예상할 수 있다. 용수 아빠의 죽음이나 변씨의 죽음의 경우 첫째 부인들에게 부분적인 책임이 있었다. 죽은 첫째 부인은 예전 남편을 원하며 데려가고자 한다. 그녀는 남편의 재혼에 화가 나서 집안에 문제를 일으키며 자식들이 마음을 잡지 못하게 만든다. 진숙 엄마의 굿에 나타났던 죽은 첫째 부인은 장롱 문을 다 열어젖혀 깨끗한 요와 이불 더미를 움켜쥐더니 진숙 엄마를 째려보았다. 이와 같이 예측할 수 있는 질투를 드러내기는 하지만 그 후 그녀는 술과 '노잣돈'을 받고서 진숙 엄마의 후원자가 되었다. 진숙 엄마는 여느 한국의 양어머니들이 하는 불평처럼, 제멋대로 행동하는 의붓자식을 감당하기 어려워했다. 친어머니는 만신의 입을 통해서 아이의 반항적인 행동을 나무랐으며, 진숙 엄마의 팔을 붙잡고 자신의 자식들을 돌봐준 것에 대해 감사해 했다.

굿에 온 죽은 어머니는 자식의 잘못을 고치려고 한다. 안양에 살던 임씨 집안의 한 여성은 남편이 오랜 알코올 중독자였다. 어느 겨울, 그는 술을 진탕 마시고 밤늦게 비틀거리며 집에 돌아와 부인을 심하게 때리고 학대했다. 이 여성이 굿을 했을 때 시부모가 조상거리에 나타났다. 시어머니는 몸을 굽혀 남편의 어깨에 손을 올려놓고 흐느꼈다. "아이고 내 새끼, 술을 그렇게 많이 먹으면 안 된다. 그러니 맨날 머리가 아프지." 남편은 머리를 조아리며 듣고 있었다. 시부모는 다음으로 며느리를 향해 몸을 굽히고서는 며느리의 사정을 이해한다는 듯이 울었다. "니가 이 집에 와서 고생만 했구나." 너무 많이 고생해 제정신을 놓아 버린 김씨 집안의 한 여성도 그녀의 삶을 슬퍼해 주는 시어머니 조상에게 위로를 받았다. 시어머니는 아들에게 이렇게 당부했다. "무슨 수단을 쓰든지, 니가 할 수 있는 일이면 무엇이라도 해서 며느리를 살려야지. 그리고 예쁜 옷도 좀 사주고."

조상의 입장에서 보면

무속의례는 조상제사의 도덕성을 드러내고 또한 강화한다. 신이 내린 상태에서 만신은 제대로 대접받지 못한 조상이 가질 수 있는 불만을 표현한다. 문애 엄마가 관절통이 심각한 나머지 점을 봤을 때 용수 엄마는 그 고통이 시아버지의 죽은 첫째 부인 때문이라고 했다. 둘째 부인이 첫째 부인의 기제사 음식을 장만하지 않겠다고 해서 화가 났다는 것이다. 용수 엄마는 문애 엄마의 푸닥거리를 해주었고, 푸닥거리를 하는 동안 굶주린 첫째 부인의 혼령이 나타나 자신의 몫을 요구했다. 진숙 엄마의 굿에서도 남편의 죽은 첫째 부인이 나타나 기제사를 요구했다. 그 굿에서 여성들은 죽은 첫째 부인에게 이렇게 말했다. "이녁이 이북에서 죽어서 기일이 언제인지 우리가 모르잖아요. 그래도 명절에 대접하잖아요." 이처럼 여성들은 그 조상이 자신의 불공평했던 운명을 받아들일 수 있도록 했다.

죽은 자가 이상적인 삶의 궤적을 따라 살지 못했을 때, 만신은 그를 대변하면서 조상을 모시는 방법을 약간 수정할 수 있도록 해준다. 조상 중에 아들 없이 죽은 사람, 또는 전쟁이나 사회변동의 시기에 이별하고 죽거나 실종된 친척이 있을 수 있다. 이런 불행은 세대로 이어지는 의례의 지속성에 도덕적 균열을 야기하며 그 가족을 초자연적인 위험에 노출시킨다. 만신은 이북에서 잃어버리거나 전쟁 중에 이별한 친척의 죽음을 확인해 준다. 가족 구성원들은 그들과의 카타르시스적인 의례적 만남과 그 이후의 대접을 통해서, 그리고 주기적인 가족 잔치 때마다 집으로 그들을 돌아오게 하면서 슬픔과 죄의식을 덜게 된다.

조상들은 만신의 입을 통해서 필수적인 혹은 바람직한 의례의 형식을 조율한다. 한 여성은 이렇게 말했다.

우리 집 남편은 둘째 아들이야. 남편의 형님은 전쟁 전에 일본에 가셨는데 몇 해 동안이나 소식이 없었어. 나랑 남편이 시어머니 제사를 모셨지. 우리가 결혼하고 6년이 지났을 때 일본에 계신 시아주버니한테 편지가 왔어. 어머니 제사를 당신이 모실 거라고. 그래서 우리가 귀신점쟁이한테 점을 보러 갔지. 점쟁이가 말하기를, 시어머니는 한국에 머무르고 싶다고 하신다는 거야. 일본에 가시고 싶지 않으신 거지. 그래서 우리가 계속 여기서 제사를 모시고 있어.

양씨 집안의 한 여성은 무남독녀였다. 그래서 친정아버지의 제사를 남편의 집에 모셔 왔는데, 돌아가신 시부모가 이 일을 못마땅해 한다는 만신의 경고 때문에 제사를 그만두었다. 그 만신은 이 여성에게 친정아버지의 신위를 절에 모시고 그곳에서 기제사를 지내라고 말해 주었다. 한번은 그녀가 친구의 집에서 열린 굿을 구경하러 갔는데, 거기에서 친정아버지가 제사를 받고 싶어 한다는 만신의 공수를 받았다. 그러자 이 여성은 불안해지기 시작했다. 아무리 노력해도 친정아버지의 기일마다 꼬박꼬박 절에 가기가 어려웠던 것이다. 그렇다고 친정어머니에게 제사를 맡길 수도 없었다. 그 만신은, 친정아버지의 기일에 제사상을 장독대에 차리라고 말해 주었다. "그러면 절에 가는 것만큼 좋아."[5]

만신은 엄격한 조상숭배 구조에 필수적인 융통성이라는 요소를 삽입한다. 남성들이 의례적 지침과 정통적 관습에 따라 조상제사를 모신다면, 여성들은 조상들과 실랑이를 벌이거나 흥정을 하면서 기어코 그들과 화해하여 그들을 가족의 품 안으로 이끈다.

---

5 절이 산에 있다는 점을 생각해 보라.

경계가 명확한 몇 분의 제한된 조상들만이 제사에서 모셔지는 것과 달리 만신의 점, 푸닥거리, 굿에서는 훨씬 더 광범위한 '조상'이 등장한다. 여성들은 제사에서 모실 수 있는 조상 집단을 구별해 주는 배타적인 부계 원리에 의문을 갖지는 않는다. 그러나 만신과 상담할 때 여성들은 가정의 제사상에서 대접받을 자격이 없는 온갖 종류의 조상들도 가족의 재수에 영향을 미친다는 점을 받아들인다. 여성의 친정에서 따라온 조상과 귀신이 시댁 집안 구성원들의 건강과 재산, 행복에 영향을 미치기도 하며, 출가한 딸의 혼령이 죽은 후 친정으로 돌아오기도 한다. 그렇다면 이러한 초현실적 존재들은 언제 그리고 왜 등장하는 것일까? 이런 존재들의 등장은 친족에 대한 또 하나의 중요한 견해, 즉 친정에서 시댁으로 이동하는 여성의 삶의 경험에 입각한 또 하나의 견해를 반영하는 것은 아닐까?

불안한 망자들

만신은 가정의 신령들이 그 가정의 보호에 소홀해지면 조상과 귀신이 발동한다고 말한다. 망자가 살아 있는 사람들 사이를 돌아다닌다면 결코 좋은 징조가 아니다.

이렇게 안식을 취하지 못하고 떠도는 망자들은 어떤 종류의 존재일까? 한국 종교 연구자들은 영어 개념인 '소울soul'(이하 혼령으로 번역 — 옮긴이)의 한국적 개념에 대해 의견을 달리한다. 한국 종족 구조를 연구한 비어나츠키는 제보자에게서 들은 정교한 삼혼三魂 도식을 소개했는데, 세 개의 혼령 가운데 하나는 위패에 있고 다른 하나는 무덤에, 그리고 또 하나는 지옥이나 천국에 있다는 것이다(Biernatzki 1967, 139). 클라크(Clark 1961, 113)

와 기퍼드(Gifford 1892, 171) 역시 이와 같은 견해를 표하였으며, 데흐로트〔deGroot (1982-1910)1967〕는 중국의 사례에서 삼혼 관념을 발견하였다. 자넬리와 자넬리(Janelli & Janelli 1982, 59-60)는 자신들이 연구한 마을에서 발견된 일상적인 민간신앙은 삼혼과 거의 관련이 없다고 주장한다. 제보자들이 삼혼을 언급하는 경우는 한 혼령이 세 영역에 동시에 존재하는 비정상인 경우를 설명할 때뿐이라는 것이다.

삼혼 도식에 의하면, 무덤에 있는 혼령은 후손들에게 풍수학적으로 이로운 영향을 수동적인 방식으로 전해 주게 된다. 또 하나의 혼령은 상주가 장례 행렬과 함께 무덤까지 들고 갔다가 온 위패 혹은 영정사진과 함께 집으로 돌아온다. 이 혼령은 집의 대청마루에 설치된 자리에 남아 두 번째 기제사인 대상大祥 때까지 하루에 두 번씩 식사 대접을 받는다. 대상은 상기喪期가 끝났음을 의미하며, 살아 있는 가족들은 이때 망자를 떠나보낸다. 이후에 이 혼령은 차례나 기제사 때에만 돌아오게 될 것이다. 세 번째 혼령은 죄인에게 그에 맞는 고통을 주고 정의로운 망자를 극락으로 보내는 염라대왕 앞에서 심판을 받는다.

이러한 도식에 의하면 두 번째 혼령이 조상에 해당하며, 그 혼령은 자기자리〔위패—옮긴이〕와 함께 집으로 모셔져 주기적으로 제사를 받는다. 그러나 만신과 만신의 고객들은 가족 내에 모셔진 혼령, 무덤에 있는 혼령, 저승에 있는 혼령을 동일한 존재로 언급하고 취급한다. 망자는 어떠한 상황이라도 불편함을 느끼면 가시손을 내밀어 살아 있는 사람들의 일에 간섭한다.

굿에 등장하는 조상들은 제사에서 모시는 조상과 거의 비슷해 보이는데, 이들은 가족과 함께하는 축제에 참석하고자 주기적으로 돌아온다. 여성들은 굿의 조상상을 차릴 때 제사상에 음식을 진열할 때와 거의 유사하게 준비한다. 즉, 홍동백서紅東白西 같은 제사상 차림의 기본 원칙을 따른다. 제사 형식에 위배되는 점이 있다면, 상 위에 여러 조상들을 위한 밥그릇과 술잔을 한꺼번에 별도의 의례 없이 진설한다는 것이다. 굿에서는 조상이 만신의 몸에 내리기 때문에 신위가 없다.

만신은 조상들이 소소한 제물에 화를 내고 있다고 말하기도 하지만, 가족의 불행이 조상의 불편한 묏자리에서 기인한다고 말하기도 한다. 만신의 공수를 통해서 드러나는 시체의 상태는 조상이 분노하게 된 타당한 이유가 된다.

임씨 부인의 아들은 택시 사고를 낸 후 달아나 몇 년 동안 숨어 지냈다. 어떤 만신의 공수에 따르면, 임씨 부인의 남편 몸이 무덤 안에서 자리가 틀어지는 바람에 진흙이 관 속으로 들어가게 되었다. 조상의 불편함 때문에 아들의 불행과 부모 자식 간의 긴 이별이 초래되었다는 것이다. 만신은 임씨 부인에게 아들을 집으로 데려와 "책 보는 사람"〔지관—옮긴이〕과 상의하여 이장移葬을 서두르라고 했다. 또 다른 어떤 여성은 전망이 전혀 없는 사업 때문에 주기적으로 대출을 받은 낭비벽 심한 조카로 인해 고민하고 있었다. 만신은 그 여자의 시부모이자 조카의 조부모인 조상이 무덤 안에서 엉켜 있다는 점괘를 냈다. 지금은 고인이 된 조카의 아버지가 무덤 옆에 심은 대나무의 뿌리가 관속으로 파고들어 가 주검들에 닿아 버린 것이다. 이번에도 역시 만신은 손님에게 지관과 상담하라고 했다.

만신의 점은 지관의 기술과 유사하다. 능숙한 지관은 먼 발치에서 묘를 보기만 해도 묻혀 있는 주검의 상태를 감지하며(H. Yoon 1976, 5-6), 만신은 자신의 특별한 능력visions으로 그 주검을 본다. 그러나 만신은 풍수학적 전문성을 주장하지는 않는다. 만신은 문제가 무엇인지를 드러낸 후 손님을 풍수 전문가인 "책 보는 사람"에게 보낸다. 난해한 풍수지리의 원리에 정통한

260

지관만이 묘를 어떻게 다시 써야 할지를 알고 있다.

만신, 지관, 손님 모두는 무덤 내 시체의 상태가 후손의 운명에 영향을 미친다고 생각한다. 물이나 진흙 혹은 나무뿌리가 관 속으로 들어가 주검에 닿게 되면 묏자리의 긍정적인 특성이 사라진다(앞의 책, 75). 묏자리의 이로운 기운과 관련해서 지관이 뼈의 올바른 위치를 고려한다면, 만신은 조상의 신체적 편안함을 고려한다.

만신과 단골들은 영혼이 저승[아직 심판을 받기 전에 혼령이 있는 곳─옮긴이]의 심판대를 지나 극락으로 갈 수 있도록 돕기도 한다. 중국의 민간신앙에서도 생생하게 개념화되어 있는 저승의 심판대라는 관념(Eberhard 1967; Yang 1961, 2, 88)은 불교의 수입과 함께 한국인의 종교적 상상의 영역으로 들어왔을 것이다. 한국의 불교 사찰에서 시왕전十王殿의 십대왕十大王은 별도의 전각에 모셔져 있다. 전각 벽면에는 죄지은 혼령들을 기다리는 고문 그림들이 현란하게 그려져 있다. 죄지은 혼령들은 족쇄를 차고 쇠사슬에 묶여 있으며 나무칼을 차고 있다. 또한 칼로 살껍질이 벗겨지고 톱으로 몸이 갈라지거나 혹은 끓고 있는 기름솥에 던져진다. 19세기에 한국을 방문한 대담 무쌍한 귀부인 비숍 여사는 지옥 그림을 보고 이렇게 말했다. "이 그림들은 상상할 수 없을 정도로 공포스러우며, 악마적 천재성을 보여 준다"(Bishop 1897, 136).

불교 교리에 따르면 영혼은 죽고 난 뒤 49일 동안 저승에서 고통받는다. 어떤 한국인 가정에서는 절에서 49재를 지내는데, 이때 스님들은 염불을 외면서 혼령이 극락으로 가는 것을 돕는다. 20세기 초에 한국을 방문한 관찰자에 따르면 어떤 집에서는 49일 동안 무당을 부른다. 신 내린 무당의 입을 통해서 염라대왕은 그 혼령의 구제를 보장하며, 이때 그 혼령이 나타나 감사를 표한다(Korean Mudang and Pansu 1903, 205-206).

어떤 가족은 망자가 죽은 지 몇 달 혹은 심지어 몇 년이 지난 뒤에도 혼령의 극락천도를 위해 만신을 불러온다. 만신은 평안하지 못한 망자가 현재 불행의 원인이라는 점괘가 나오면 집안의 망자들을 극락으로 천도하는 진오기굿을 권한다. 특정한 망자의 혼령이 천도되거나 혹은 친척 가정의 여러 조상들이 족보상의 항렬에 따라 차례차례 천도된다. 자식 없이 죽은 혼령은 다른 정식 조상들이 "길을 열어 준" 이후에만 천도된다.

굿을 하는 가족은 집 담장 안에 있는 모든 신령들을 대접하고 난 뒤 대문 밖에서 망자를 천도하는데, 이 굿은 보통 둘째 날 아침에 이루어진다. 망자를 위한 굿은 내가 여기에서 설명할 수 있는 것 이상으로 광범위하게 다룰 가치가 있을 만큼 대단히 극적이다.[6]

여성들은 대문 밖에 조상상을 새로 차리는데, 이때 망자를 저승의 심판대로 데려가는 사자를 위해 밥, 과일, 사탕을 올린 조그만 상을 함께 차린다. 보통 상喪 당일에 가족은 사자使者밥을 차리는데, 굿에서 사자의 등장은 죽음이라는 사건을 다시 만들어 내는 것이다.

한 만신이 집의 한쪽 편으로 사라진다. 만신은 새끼줄을 묶은 삼베 모자를 머리에 쓰고 허리에는 새끼줄을 칭칭 감는다. 죽은 혼령을 의미하는 북어는 삼베로 말아서 허리띠에 꽂는다. 이제 만신은 나무 지팡이를 짚은 채 사자로서 다시 등장한다. 삼베로 만든 모자, 새끼줄 허리띠, 나무 지팡이는 모두 전통적인 상복喪服에 해당한다. 사자는 얼굴을 찌그러뜨린 채 괴상한 눈빛을 띠고서 문으로 돌진한다. 그러나 여성들이 문을 가로막고 서서 사

---

6 진오기굿은 한국인의 의례를 연구하는 학자들의 호기심을 유발해 왔다. 진오기굿의 형식과 무가를 분석한 김태곤(1966)은 진오기굿을 고대 샤먼의 원형적인 저승여행의 "잔존물"로 해석했다. 대니얼 키스터(Kister 1980)는 진오기굿을 가톨릭의 추도미사 및 부조리극과 비교했다. 황루시 역시 그즈음 진오기굿의 극적인 측면을 연구하는 박사학위 논문을 쓰고 있었다.

자의 갑작스런 진입을 막는다. 여성들이 공포스런 죽음의 힘으로부터 집을 방어하는 것이다. 사자는 작은 사자상 앞에 쭈그리고 앉아 상 위에 놓인 많은 음식을 게걸스럽게 탐하는 혐오스러운 동작을 극적으로 연출한다. 사자에 실린 만신은 음식을 입 안으로 밀어 넣으면서 얼굴에 문지르기도 하며, 입 안에서 넘쳐나는 음식은 턱 아래에 놓인 바가지에 게워낸다. 사자는 친족 망자를 위해 차린 상을 사자로부터 지켜내려는 성난 여성들을 피해 가면서 상 위의 과일과 사탕을 집으려고 애쓴다. 사자는 사로잡힌 혼령을 상징하는 북어를 때릴 것처럼 협박하면서 돈을 요구한다. 여성들은 사자에게 망자의 혼령을 잘 돌봐달라고 사정하면서 약간의 돈을 바친다. 이제 사자는 집의 한쪽 편으로 다시 사라지고, 만신은 사자의 복장을 벗는다.

한 만신이 공주나 신부가 입는 색동 소매 옷을 입은 채 기나긴 바리공주 무가를 부른다. 바리공주는 아들이 없는 왕과 왕비 사이에서 태어난 일곱 번째 공주이다. 부모는 원치 않은 막내딸을 버린다. 그러나 불우한 환경에서 자라나 주술을 배운 바리공주는 지하세계의 위험을 무릅쓰고 신비의 약초를 구해 부모를 살려낸다. 효녀[7]로서 바리공주는 효자라는 이상理想을 뒤집는다. 남성은 부모가 죽은 후에 제사를 통해 그들을 봉양하지만, 여성은 망자가 저승의 위험을 지나쳐 극락에 들어갈 수 있도록 인도한다. 만신들의 말에 따르면, 자신들이 바리공주의 여행 노래를 부르는 까닭은 망자가 저승으로 가는 길을 가르쳐 주기 위함이다. 바리공주 무가를 다 구송하고 나면 만신은 굿상 주위를 돌면서 혼령을 저승으로 인도한다.

이제 만신은 망자가 저승의 가시문을 통과하는 데 필요한 통행료를 요

---

7 용수 엄마는 바리공주에 대해 나에게 이야기해줄 때 그야말로 진정한 효자라는 상투적인 표현을 했다가 다시 효녀라고 정정했다. 이때 그녀의 웃음은 내가 보기에 일종의 비꼼이었다.

구한다.[8] 마지막으로 친척과 이웃들이 저승으로 가는 길을 만들기 위해 긴 천을 펼쳐 가지런히 잡는다. 그들은 천 위에 돈을 올려놓아 "길 열기"를 도와주며 나일론으로 만든 혼령의 옷을 그 천 위에 걸쳐 둔다. 북어, 즉 혼령을 허리에 묶은 만신이 천으로 만든 길에 달려든다. 만신은 칼로 천의 끝부분을 살짝 찢어낸 뒤, 그 천의 긴 방향으로 자신의 몸을 밀어 간다. 혼령이 나아간다. 그녀가 지옥으로부터 나오는 길을 뜻하는 거친 삼베를 길게 찢어 나간다. 그리고 극락으로 가는 길을 뜻하는, 질이 더 좋은 무명천을 가르며 나아간다.

최근에 죽은 사람일 경우 만신은 어렵고도 아쉬운 이별을 표현하기 위해 몇 미터나 되는 긴 천을 사용한다. 천을 가르며 나아가는 동안 만신은 수차례 여정을 중단한다. 망자 혼령을 대신해 말하면서 만신은 계속 가고 싶지 않다고 넋두리를 한다. 망자 혼령은 자신이 가장 좋아했던 친척을 마지막으로 한 번 보고 싶다고 하기도 하고, 집안으로 갑자기 뛰어들어 가려고 하거나 친척이나 친구들의 어깨를 붙잡고 흐느낀다. 여성들은 못내 아쉬워하는 혼령을 재촉한다. "어서 가요. 어서 가. 좋은 데로 갈 거에요." 일반 굿의 조상거리에서처럼 친족과 친구들은 이별의 필요성을 인정해야 하고 망자가 떠나도록 재촉한다.

혼령을 떠나보내고 나면 가족에서는 제사, 보다 정확히 이야기하자면 가

---

8 내가 관찰했던 의례들에서는 저승의 가시문을 통과할 때 뇌물을 바치는 부분이 비교적 짧고 간단하게 진행되었지만, 다른 만신들은 이 과정을 더 극적으로 연출하거나 희극적으로 공연한다. 김태곤의 한 제보자는 1920년대 서울에서 벌어진 큰 규모의 진오기굿에 대해 이야기해 주었다. 굿이 열린 굿청에 12개의 문이 세워졌고, 무당이 12개의 문 앞에 서서 망자가 문턱을 넘을 때마다 증명서를 요구했다. 친척들이 통행료를 지불하자 무당이 열쇠를 꺼내 보여 주었지만, 열쇠가 너무 녹슬어 문이 열리지 않는다고 단호하게 말했다. 그러고는 통행료를 더 내야 녹을 닦아낼 수 있다고 했다. 결국 혼령이 12개의 문턱을 모두 넘을 때까지 친척들은 문 하나당 통행료를 서너 차례씩 지불했다(김태곤 1966, 75-75).

제假祭를 지낸다. 반드시 그래야 하는 것은 아니지만, 남성 가장이 이 의례를 수행한다. 차자次子나 조카 혹은 심지어 부인이나 며느리가 만신의 지도에 따라 지낼 수도 있는데, 술잔을 드리고 주발에 젓가락을 두드리고 절을 한다. 이 모두는 제사에 필수적인 동작들이다. 하지만 축문이나 조상의 신위가 없으며, 남성 자손들이 늘어서서 절을 하지도 않는다. 여성들과 만신은 망자를 모시는 적당한 방법으로서 제사의 격식을 갖출 뿐이다. 가제가 끝나고 나면 망자는 다시 한번 마지막으로 만신의 몸에 내린다. 감사의 눈물을 흘리면서 망자는 살아 있는 친족들을 도울 것을 약속한다.

만신은 불교식 의례의 용어와 내용을 차용하지만 무속의례의 망자는 죽음과 사후세계에 대한 또 다른 관점을 드러낸다. 불교 교리나 나의 만신 제보자의 설명에 따르면 저승 심판대의 처벌은 생전의 과오에 대한 응징이다. 이와 같은 정의에 자비의 관념이 더해지는 것은 죽은 친족을 위한 진실한 기도가 보살의 가호를 얻을 때뿐이다(Clark 1961, 54). 만신의 의례는 이상과 같은 법적 절차에 대한 또 다른 관점을 제공한다. 중국 민속종교 연구자들에 따르면 현세의 관료제와 초자연적 관료제 사이에는 유사성이 존재한다. 즉, 저승의 법정이 이승의 관청에 상응한다는 것이다(Yang 1961, 156-158; A. Wolf 1974, 133-145). 한국이 중국적 관료제를 수용했을 때 그 제도를 뒷받침한 종교적 가정 또한 수입되었을 것이다.

여기에 더해 만신의 의례에는 냉소적인 풍자가 가미된다. 망자는 저승사자의 손아귀에 떨어지는데, 저승사자는 과거 부당한 관리들이 요구했던 것처럼 자신이 담당한 망자를 잘 대우할 수 있도록 뇌물과 돈을 요구한다. 조선시대에는 수령이 파견한 "비열한 부하들"〔포졸 계급─옮긴이〕이 피고인들을 붙잡아 가면서 그들에게 여행 경비를 요구했다(Hahm 1967, 67). 무스에 따르면 친척이나 친구들이 제공한 뇌물 덕분에 관청에서의 처벌이 경감되기도 했는데(Moose 1911, 186), 이것은 굿에서 여성들이 사자의 손에 돈을 쥐어 주는 것과 같은 맥락이다. 과거에 죄인들은 음식과 의복, 심지어 석방 문제까지도 친척이나 친구들의 자비에 의존했다(Hulbert (1906)1970, 64, 182-184). 이와 마찬가지로 가족은 망자 혼령에게 음식과 의복, 여행경비를 제공한다. 혼령이 지옥에서 나올 수 있도록 가족 구성원들이 가시문 통행료를 뇌물로 주며, 현금으로 극락 가는 길을 닦아 주는 것이다. 친족의 도움이 없다면 감옥에 있는 피고인이나 저승에 있는 혼령들 모두는 굶주리며 끊임없는 고문에 시달릴 것이다. 그리고 마침내 해로운 귀신이 될 것이다.

만신의 의례는 처벌과 보상이라는 도덕극morality play 이상의 것이다. 만신이 혼령의 극락천도를 극적으로 표현한다고 하더라도, 만신과 친족 그리고 이웃의 행위는 집과 살아 있는 가족으로부터 망자 혼령을 분리하고자 함을 드러낸다. 가족은 조상을 주기적으로 대접하기 위해 집으로 모셔 들이지만, 망자가 살아 있는 사람들과 너무 오래 있게 되면 불행이 초래된다. 가족은, 비록 "좋은 데"이긴 하지만, 대문 밖 집에서 먼 곳으로 망자를 반드시 보내야 한다.[9] 이와 같은 의례의 필요성은 가족 이념이나 감정적 유대감과 모순된다. 그러나 전송send-off이 저승에서 고통받는 혼령을 구제하는 경우, 이 단절은 서로에게 이득이자 미덕이 된다. 그리고 나면 망자는 적절한 때와 장소에 제사와 굿을 받기 위해 돌아온다.

---

9 익사하거나 객사한 사람은 불안정하고 위험한 혼령이 된다. 제주도 어민들의 망자를 위한 무속의례는 망자 혼령이 저승문을 지나 집으로 오는 절차로 시작되는데, 이 절차는 객사한 혼령을 집으로 불러들임을 의미한다. 죽음을 받아들인 혼령은 의례의 두 번째 부분에서 떠나간다 (Beuchelt 1975). 제주도 의례의 극적 구조는 어촌 마을에서 자주 발생하는 비극적인 모티프를 드러낸다.

굿에 등장하는 조상과 '영산'

만신은 조상거리를 하기 전에 굿 하는 집 4세대 위의 망자 친척들(사대봉사)과, 4친등관계 내의 남성 망자 친척과 그 부인 망자들─굿하는 집 대주의 큰집과 작은집, 아버지와 할아버지 세대까지 포함해서─을 확인한다. 표면적으로 보면, 이 조상들은 조상숭배에서 모셔지는 부계 조상들과 유사하지만 중요한 차이점이 있다. 큰집의 조상과 남편 및 아버지의 형제들이 굿에 등장한다는 점이다. 차남 이하의 아들이 자신의 집에서 제사를 지낼 때에는 큰집에서 제사를 받는 조상을 모시지 않는다. 또한 일반적으로 남동생이나 숙부의 제사는 지내지 않는다.

굿에 등장하는 친족 조상들은 각 가정 사이의 위계적 관계보다는 친척 집안 사이의 폭넓은 유대감을 반영한다. 누군가 제사나 결혼식, 장례식을 치르거나 혹은 생일 잔치를 열면 살아 있는 집안 친척들이 참여한다. 이와 마찬가지로 친척 가정의 조상들이 굿에서 대접받고 놀기 위해 모이는 것이다.

저승에서 비롯된 영향은 큰집과 작은집 사이를 자유롭게 넘나든다. 초자연적인 문제가 공통된 원인에서 비롯되었다는 만신의 점괘가 나오면 이와 관계된 가정들에서는 굿을 공동으로 후원한다. 송씨 집안의 경우 두 가정에서 함께 후원하여 큰 굿을 했다. 작은집의 큰아들이 두통으로 괴로워했기 때문이다. 만신에 따르면, 송씨 집안에서 영향력이 강한 대신할머니를 위해 굿을 해야 할 시기가 이미 지났던 것이다. 작년에는 아직 총각이었던 큰집의 둘째 아들이 물에 빠져 죽었다. 이제, 물에 빠져 죽은 그 총각이 앞장 서서 송씨 집안의 조상들, 귀신들과 함께 작은집 큰아들 주위로 모여들었고, 이것이 병의 원인이 되었다. 만신은 송씨 집안에서 좀더 일찍 굿을 했더라면 익사와 병 모두를 막을 수 있었을 것이라고 말했다. 과부가 가장 역할을 하고 있던 큰집은 비록 작은집보다 훨씬 가난했지만 가여운 총각 귀신을 극락으로 천도하기 위해 돈과 쌀을 내놓았다.

굿을 할 때 만신은 특정한 범위의 조상들, 즉 4세대 내의 친척들을 불러내야 한다. 만신은 예상치 못했던 다른 조상들과 귀신들이 자신의 눈앞에 나타났다고 말하기도 한다. 만신이 흐느끼면서 그들을 대신해 말한다. 죽은 아이들은 영산, 다시 말해 귀신이지 조상은 아니다. 하지만 이들도 그 집에서 태어난 존재들이다. 영산인 아들, 딸, 질녀, 조카는 비록 대문 밖에 속해 있다고 할지라도 집 안에서 행해지는 조상거리에 등장한다. 그러나 이들은 조상을 위해 안쪽에 마련된 상에서는 대접받을 수 없다. 가족은 이러한 친족 영산들과 다른 떠도는 영산들을 위해 대문 밖에 음식을 차려 놓는다.

굿에서 이렇게 모호한 방식으로 죽은 아이들을 대접하는 방식은 가족 내에서 죽은 아이들의 애매한 지위를 반영한다. 죽은 아이들은 후손을 가질 수 없기 때문에 가계家系를 세우거나 이을 수 없다는 점에서 조상이 아니다. 다만 그 집안의 아이들이라는 감정적 유대 때문에 집안으로 들여진다. 그 집의 아이 망자들은 잔칫집 문 주위로 몰려드는 거지처럼 음식 찌꺼기와 거친 음식을 받아먹으려는 다른 영산들이 누리지 못하는 특권을 요구한다.

더 놀라운 점은, 죽은 시누이들—결혼한 시누이와 결혼하지 않은 시누이 모두—이 가끔 자기 남편들과 함께 온다는 점이다. 부계제 가족 이데올로기 하에서 결혼한 누이는 결혼식을 올린 순간부터 가족 구성원에서 제외된다. 하지만 그녀가 돌아오는 것이다. 이와 비슷하게, 출가한 딸들 역시 조상거리에서 친정집으로 돌아온다. 만신에게 이들의 등장은 매우 타당한 일이다. "살아 있을 때는 출가했더라도 친정에 오잖아! 죽어서도 마찬가지지." 그러나 죽음을 맞은 딸은 부정한 존재이기에 그녀가 돌아오면 친정집에 질병이나 불행이 발생한다. 가족은 죽은 딸을 극락으로 천도해야 하며, 자기 친족을 찾지 말라고 설득한다. 죽음은 친정과 출가한 딸 사이에 내재된 긴장 혹은 갈등을 드러낸다. 살아 있는 딸의 친정 방문에도 모순된 감정이 동반된다. 딸의 친족, 특히 친정어머니는 딸을 볼 수 있어서 행복하다. 그러나 동시에 딸은 '도둑년'이기도 하다. 그렇게 불리는 이유는 그녀가 결혼하면서 가족의 재산을 가져갔으며, 자신의 남편과 아이들을 위해서 지금도 계속해서 친정의 자산을 가져가기 때문이다.

　결혼해서 출가한 딸들과 남편의 누이나 여동생들 모두 그 집 자식들이다. 법적으로나 의례적으로 그들은 결혼하면서 다른 가족이나 가정에 속하게 되지만 살아 있는 동안 내내 자신의 친정집과 결속을 유지한다. 출가한 딸들의 경우 거리나 예의상의 문제로 인해 자주 방문할 수 없다고 하더라도 최소한 친정 부모의 생일이나 기제사 때에는 친정을 방문한다. 많은 여성들이 친정이나 혹은 친정어머니가 함께하는 곳에서 첫째 아이를 낳는다. 결혼한 딸이 곤란한 상황에 닥쳤을 때 친정에 의지하는 것은 드문 일이 아니다. 아버지나 형제가 그녀에게 도움을 주는 것을 탐탁하게 여기지 않는다면 어머니가 딸에게 쌀이나 돈을 몰래 집어 줄 것이다. 어머니나 올케가 굿을 하는 경우 그 집의 출가한 딸들—죽은 딸과 살아 있는 딸 모두—이 대접받고 놀기 위해 돌아오곤 한다.

　어떤 할머니의 슬픈 이야기는 출가한 딸이 친정집에 의지하는 마음과, 죽어서도 지속되는 친정에 대한 애착을 보여 준다. 할머니는 남편의 감기가 떨어지지 않자 용수 엄마를 찾았다. 용수 엄마는 점을 보다가 안식을 취하지 못하고 있는 조상(이런 경우에도 조상영산에 해당한다.—옮긴이)이 집안에 있음을 알아채고 다음과 같이 말했다. "친정집에 와서 젊어서 죽은 누가 있는 것 같은데." 할머니는 그 조상영산이 바로 자신의 딸임을 확인해 주었다. 딸은 결혼 후에 서울에 있는 남편 집으로 갔다. 전쟁 중에 남편은 멀리 떨어져 있었고, 딸은 시집 식구들과 함께 방공호에서 지냈다. 해산달이 다가오자 딸은 시집에 친정으로 돌아가게 해달라고 말했다. 그녀는 소지품이 가득한 무거운 보자기를 들고서 친정 부모가 살고 있는 마을까지 하루 종일 걸었다. 부모에게 도착했을 때 그녀는 아팠다. 친정어머니는 딸이 전쟁통에 친정까지 오느라 몸이 쇠약해졌다고 생각해서 보약을 지어 먹였다. 그러나 가난했기 때문에 보약을 계속 먹일 수가 없었다. 해산이 다가오자 딸은 오랫동안 진통했다. 부모가 산파를 부르러 갔다. 어머니는 자포자기하는 마음으로 만신을 불러 푸닥거리를 했지만 소용이 없었다. 결국 딸은 아이를 낳고 죽었다. 용수 엄마는 불행했던 딸이 점괘에 나온 조상영산이라는 점을 납득했다.

딸들은 결혼을 해서 나가지만 죽었든 혹은 살았든 이방인이 되지는 않는다. 역으로 부인의 친정집에서 비롯된 조상과 귀신의 영향이 남편 집 담장 안으로 들어온다(부록 3을 보라). 여성의 친정 부모가 굿의 조상거리에서 등장하며, 가끔은 친정 조부모까지 나타난다. 여성의 죽은 형제들도 자주 나타나는데, 그들이 결혼을 했든 안 했든 그것은 상관이 없다. 만신은 부부간의 문제를 결혼하지 못하고 죽거나 혹은 아이가 없이 죽은 형제의 영향 탓으로 돌린다. 임신 중이나 아이를 낳다가 죽은 결혼한 언니나 동생은 그들이 가졌을 커다란 절망감 때문에 특별히 더 위험하다. 죽은 아이, 즉 동자는 밝은색의 혼숫감을 따라와 아이 특유의 변덕스러움으로 결혼한 누나나 여동생의 새 가정에 분란을 일으킨다. 결혼식 전날 신부의 집 조상과 귀신들을 대접하는 여탐은 이처럼 제멋대로인 귀신들을 좌정시켜 결혼할 딸을 의례적으로 순수하고 부정적인 초자연의 기운이 정화된 상태로 만드는 의례이다. 여탐 의례는 신부를 자신의 집에서 분리하는 결혼식이라는 의례 과정의 일부로 해석될 수 있다. 그러나 선택적 의례로서 여탐이 의미하는 바는, 적절히 예방하지 않으면 가족의 조상과 귀신들이 신부를 따라갈 수 있다는 것이다. 많은 여성들이 결혼한 지 수년 후, 만신의 점괘에서 집안 갈등의 원인으로 나타나는 죽은 형제들을 발견한다.

신랑 가족도 여탐을 할 수 있으며, 어떤 가족들은 환갑잔치 전에 환갑여탐을 한다. 여탐은 만신의 신당에서 행해지는데, 가족의 망자들을 위해 음식과 옷 혹은 예단을 대접한다. 그러면 망자들이 울면서 만신의 몸에 나타난다. 대부분의 여성들은 여탐이 의례적 예절이기 때문에 치른다고 말한다. 즉, 집안의 연장자인 조상이 누구보다도 먼저 잔칫상을 대접받아야 한다는 것이다. 만신도 이 의견에 동의하지만 더욱 강조하는 점은, 여탐을 하지 않는다면 죽은 형제들이 신부를 따라가서 결혼생활을 망치게 된다는 것이다. 여탐을 하는 동안 만신을 통해 그 집의 아이 망자들도 조상들과 함께 나타난다.

아내의 친정으로부터 온 조상과 귀신들이 어디에서나 부정적인 영향을 끼친다고 가정한다면, 무속의례에서 이들의 등장은 남성 중심적 가치, 즉 결혼한 여성들은 자신의 친족으로부터 분리되어야 한다는 가치를 강화하는 것으로 보일 수도 있다. 이러한 해석에 의하면, 부인과 친정 사이의 지속적인 유대는 가족 이데올로기와 모순되기 때문에 의례상 위험한 것이 된다. 그러나 내가 받은 인상에 따르면, 부인 측에서 비롯된 조상과 귀신의 영향이 남편 측에서 비롯된 그러한 존재들의 영향보다 더 부정적이지는 않다. 실제로 신랑의 가족도 자기 가족의 조상과 귀신들을 위해서 여탐을 한다. 안정되지 못한 망자들과의 긴밀한 접촉이 위험하다는 이 원칙은 남편과 아내의 친족 모두에게 동일하게 적용된다. 남편과 아내 측 모두는 의례를 통해 살아있는 사람들로부터 죽은 자들을 분리하며, 죽은 자들은 잘 달래졌을 때 각각의 친족에게 긍정적인 영향을 미치게 된다. 그래서 만신은 죽은 어머니가 결혼한 딸을 따라와 도와준다거나, 죽은 언니나 동생이 생전에 좋아했던 형제를 따라와 공부를 잘할 수 있도록 돕고 있다는 공수를 주는 것이다.

아내의 죽은 친족이 끼치는 영향이 남편 친족이 끼치는 영향보다 클 수도 있다. 한 젊은 주부는 굿에서 죽은 친척을 마주하고서 슬픔의 눈물을 속이 시원하도록 터뜨렸다. 그녀는 조상거리가 끝나고 난 뒤에 어머니와 아버지 그리고 오빠와 올케가 모두 몇 년 사이에 세상을 떠났다는 사실을 이야기해 주었다. 그들이 조상거리에서 자기를 만지려고 손을 내밀며 어릴 적 자신의 이름을 불렀다고 이야기할 때에는 눈물을 글썽였다. 나중에 만신은 그 집의 경우 부인의 조상이 남편의 조상보다 훨씬 강하게 들어왔다고 이야기해 주었다.

어머니의 죽음은 특히 슬프다. 출가한 딸은 어머니가 살아 있는 동안에는 친정에서 항상 환영받는다. 하지만 양어머니나 올케는 그렇게 자상하지 않을 수도 있다. 내가 이 책의 다른 부분에서 소개한 '김씨 집안의 부인'은 가난과 고단함으로 힘들었던 결혼생활 내내 친정 쪽 친척에게서 많은 도움을 받았다. 친정어머니 천도제의 마지막 부분에서 그녀는 일시적으로 정신을 잃었는데, 딸을 향한 끝없는 애정을 무덤 너머에서까지 표현한 동정심 많은 어머니의 혼이 잠깐 실렸기 때문이었다(Kendall 1977a).

만신과 여성들이 여성 측의 친족이 끼치는 영향을 인정한다고 해서 굿에서 드러나는 조상 개념이 확실하게 모측적matrilateral이거나 혹은 양측적bilateral으로 엄격하게 균형 잡힌 것은 아니다. 굿에 등장하는 조상이나 귀신들의 총합, 그리고 굿에서 표상되는 친족의 범위와 종류 모두를 고려할 때, 조상이나 귀신의 등장은 남성과 관련된 친족에 편재해 있다(부록 3을 보라). 보통 부인의 친정집 친족들 중 가까운 구성원들—부모, 조부모, 그리고 형제들―만이 굿에 등장한다.[10] 여성과 관련된 조상들이 먼 세대 위까지 거슬러 올라갈 수 없는 까닭은, 여성이 남편 집에서 조상이 되기 때문이다. 어머니의 친정 친족은 딸이 자신의 친족을 개념화하는 데 그다지 중요하지 않은 사람들이다. 여성들은 일상생활에서 자신의 친인척과 빈번하게 접촉한다. 굿에서 드러나는 부측적patrilateral 편향은 이러한 사회적 현실을 반영하지만 여성이 친정 친족에게 가지는 애착을 완전히 감추지는 못한다.

굿에 참여하는 사람들

굿은 여성이 죽은 친정 친족에게 가지는 정서적 결속을 극적인 방식으로 확인해 주지만 동시에 여성과 살아 있는 친정 친족 사이의 연대를 재확인해 준다. 여성이 남편의 집에서 굿을 할 때 친정 조상들이 모이는 것처럼, 살아 있는 어머니와 형제자매 및 올케들이 함께한다 (Shigematsu 1980을 보라). 굿에서 남편의 조상과 함께 여성의 조상 및 귀신을 극락으로 천도할 경우에는 때때로 여성의 친척들이 굿 비용의 일부를 부담하기도 한다. 다음에 소개할 두 굿에 등장하는 살아 있는 참여자와 죽은 참여자 모두는 출가한 여성들이 관련된 일련의 가정들의 구성원들이다. 굿에서 드러난 이 연결을 그림 2로 확인할 수 있다.

안씨 가족의 굿은 시어머니인 박씨가 주도하여 열렸다. 굿을 했던 이유는 지속된 가계 적자와 아들의 승진 누락, 그리고 며느리 김씨가 항상 몸이

---

10 나는 어떤 굿에서 한 여성의 친정집 손위 집안의 망자가 등장한 것을 본 적이 있다. 손위 집안 사람들은 전쟁 중에 모두 처형당했다고 한다. 이 여성이 불행했던 친족의 극락천도를 후원했던 이유는 이 일을 해줄 후손이 아무도 없었기 때문이었다.

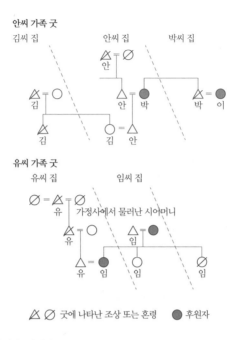

안씨 가족 굿

김씨 집　　　　　　안씨 집　　　박씨 집

유씨 가족 굿

유씨 집　　　　　임씨 집

△ ∅ 굿에 나타난 조상 또는 혼령　　　● 후원자

그림 2 _ 굿에 참여한 여성들의 관계

허약해 쉽게 피곤해하는 것이었다. 며느리에게는 보약도 도움이 되지 못했다.

　박씨의 올케인 이씨 여성이 이 굿을 함께 후원했다. 이씨의 남편, 즉 박씨의 오빠는 아직 어린 세 명의 아이들만을 남긴 채 공장 화재로 사망했다. 안씨 가족의 큰집에서 큰동서와 결혼한 질녀가 왔지만 굿 비용을 후원하지는 않았다. 조상으로서 안씨의 부모와 박씨의 오빠가 함께 극락으로 천도되었다. 만신은 며느리의 친정 가족 중의 한 원혼을 달래 주었는데, 그 혼령의 정체는 원인 모를 병 때문에 젊어서 죽은 며느리의 오빠였다. 며느리 김씨의 친정아버지도 조상거리에서 나타났다. 이렇게 볼 때, 이 굿에서 중요한 조상과 귀신들은 박씨, 안씨, 김씨 성을 가진 여성들을 통해 연결된 독립된 세 집을 표상한다.

유씨 가족은 유씨와 그의 부인인 임씨가 몇 달 동안 간헐적으로 병에 시달리자 굿을 했다. 부인 임씨의 친정어머니가 굿을 후원했고, 미혼인 딸을 데리고 유씨 집 굿에 참석했다.

유씨 가족의 조상들—아버지, 할아버지, 할아버지의 두 부인들—이 극락으로 천도되었다. 결혼은 했지만 유산으로 사망한 부인 임씨의 언니도 조상옷 한 벌을 받고 함께 천도되었다. 엄밀히 따지면 이 여성 망자는 여동생의 남편 집에서 두 가정의 거리만큼 떨어져 있지만 어머니와 여동생의 협력으로 천도된 것이다.

여성, 귀신, 조상

조상들이 만신에게 내릴 때, 여성들을 통한 결합은 의례적 타당성을 극적으로 인정받는다. 한국과는 다른 문화적 맥락을 연구한 워브너(Werbner 1964)에 따르면, 출가한 여성은 두 친족 집단 사이의 축이 되며, 여성 중심의 의례는 이 결합을 강화한다. 한국의 경우 결혼한 여성은 두 집안의 산 자와 망자 사이를 중재한다.

혹자는 무당의 의례에서 여성의 친정 조상과 신령이 출현하는 것을 한국 사회의 초창기 모권제 단계의 잔존물로 간주하기도 한다(Akiba 1957, 105). 이와 반대의 주장을 하는 사람들은 살아 있든 죽어 있든 간에 친정의 친족이 나타난다는 것은 전통적인 가부장제 이데올로기가 희석되었음을 반영한다고 주장한다. 실제로 몇 세기 전만 해도 한국 사람들은 부인의 친정집 근처에서 거주했으며, 전통적인 생활방식의 단절에 대한 많은 증거들을 마을공동체 연구들에서 찾아볼 수 있다. 그러나 우리가 시간과 공간에 따른 체계적 변화를 인정한다고 하더라도, 출가한 여성과 부인의 친족을 포괄하는 귀신과 조상에 대한 믿음의 체계는 그 나름의 방식으로 간단히 설명될 수 있다. 즉, 결혼은 친인척간을 결합하고 여성은 이렇게 관계된 두 가정의 친족들과 긴밀하게 연관되어 있다는 것이다.

조상에 대한 모순된 관념은 사회 조직의 상보적 원리를 드러낸다. 다시 말해, 남성 제사의 조상과 여성의 굿의 조상은 서로 대조적이지만 중요한 가족 관념을 드러낸다는 것이다. 부계 가족은 자원과 충성심을 가족 안으로 집중시킨다. 결혼을 통해 들어온 부인 그리고 결혼을 통해서 나가는 자매와 딸들은 그 가족에게 분산된 양측 친족을 연결하는 방사형의 바퀴살이라 할 수 있다. 여성들이 친정 친족에게 빈번하게 의지한다면, 남성들은 다양한 이유로 자신들의 친인척에게 의존한다. 장례식, 결혼식 혹은 그 밖의 행사들을 치를 때 부인의 친족에게 물질적 도움이나 일손을 의지하기도 한다(이만갑 1960, 210). 부인의 친족은 잠재적 채권자들로서(클라크 소렌슨과의 사적인 대화에서), 남편의 친족과 마찬가지로 정부 대출을 받거나 재산 분쟁 문제를 해결하는 데 있어서 후원자가 된다(S. Han 1977, 91-92, 107). 그들은 다른 가족에 대한 정보와 예비 결혼 후보자들을 소개해 주면서 가족의 결혼 네트워크를 확장한다(앞의 책, 60; Osgood 1951, 42). 또한 서로 간에 선물을 주고받고 내왕하면서 집에서 떨어져 있는 또 하나의 집이 된다(S. Han 1977; Brandt 1971, 15).

남편의 친족과 여성의 친족 모두는 잠재적인 도움의 저장소이지만, 동시에 이들은 서로의 자원을 고갈해 버릴 수도 있다. 친척과의 관계는 망자를 대하는 것처럼 양면적이며 잠재적으로 위험하다. 친척이나 망자와 관련된 모든 문제는 신중하게 처리해야 한다. 이들 모두는 결속을 확인하기 위해 주기적으로 모여야 한다. 또한 이들을 적절하게 대접해야 하며 도움을 구할 수도 있지만, 필요하다면 멀리해야 한다.[11]

---

11 내가 이 사실을 통찰하게 된 것은 마이런 코언Myron Cohen 덕분이다.

한국 여성들의 의례에 대한 내 연구는
집에서 시작해서 집과 함께 끝났다.
물리적인 집은 여성들의 의례에 있어 중요한 은유이다.
가정은 한국 농민의 사회적·정치적·경제적·종교적 삶에 있어서
환원할 수 없는 단위이다.
마을회의와 반상회에 대표를 보내고 출생과 사망을 신고하며
세금을 내고 마을 잔치와 장례식에 도움을 주며
마을과 가정의 신령들을 대접하고
출산과 상문 부정이라는 부담을 안게 되는 단위가 가정이다.
위험은 외부세계에 널려 있다.
그렇지만 가정의 신령들을 잘 대접하면 그들이 바깥에서 들어올지도 모를
잡귀잡신이나 조상영산 그리고 해로운 기운으로부터 가족을 지켜 준다.
고사상을 보면 가택신령이 집안 곳곳에 자리해 있음을 알 수 있다.
굿에서 만신이 대문 밖, 마루, 안방, 장독대, 뒷마당 등에서 가정의 신령들을 청할 때면
그 신령이 마치 살아 있는 것 같다.
푸닥거리를 하는 동안과 굿이 끝난 이후에는
해로운 존재와 기운을 대문 밖으로 꾀어내 먼 들판으로 데려간다.
무당과 여성들이 공동체를 위해 굿을 할 때에는
마을 전체가 마치 하나의 수호신이 거주하고
각 가정의 신령과 조상들이 협력하는 하나의 집과 같다.

여성의례

제8장

조상祖上은 부지不知하고 불공佛供하기 위업爲業할 제
무당 소경 푸닥거리 의복가지 다 내주고
자식 거동 볼작시면 털 벗은 솔개미라
—「용부가」 중에서

공적인 영역에서의 무력함과 사적인 영역에서의 강인함. 이 모순은 한국 여성들의 일생 전반에 자리 잡고 있다. 여성이 마을 길을 걸을 때에는 남편의 뒤를 따르지만 일단 집안에 들어서면 날카로운 목소리로 경영자로서의 감각을 발휘해 효과적으로 일을 처리한다. 여성은 이 모순을 굿에서 본격적인 드라마와 희극으로 변화시킨다. 힘 있는 존재들에게는 아첨하고 특별한 대접을 해주지만, 너무 심하다고 여겨질 때에는 신령들에게조차 소리를 지른다.

이 책에서 기술한 의례와 신념 체계에는 집의 안녕을 위해 초자연적 존재들을 대접하는 주부들—보통 가정에서 가장 나이 많은 여성—과, 필요할 때면 손님 가정의 신령과 혼령 그리고 조상들을 불러 내릴 수 있는 직업적 무당들이 있다. 여성들은 명백한 유교적 사회, 즉 나의 남성 제보자들이 이야기하듯이 남성들이 공적 권력과 특권을 가지고 있는 '남존여비'의 유교적 사회에서 실천되는 종교생활의 한 부분을 차지하고 있다. 유교적 지식과 유학자의 관점에서 본다면, 여성의례는 여성의 특별한 문제를 여성 전문가가 보살펴 주는 일종의 주변종교적 하위문화일 뿐이다. 그리고 한국의 여성의례는 남편과 자식을 위해 여성이 긍정적인 힘을 발휘하는 것으로 해석되기보다는 여성의 무기력함을 표현하는 것일 뿐이다.

지금까지 소개되었던 자료들을 세심하게 신별적으로 편집해서, 한국 여성과 무당의 종교적 활동은 비참한 삶을 살 수밖에 없는 한국 여성들에게 카타르시스를 통해 위로와 약간의 보상을 제공하며, 이러한 위로와 보상이야말로 이 활동의 유일한 기능이라고 주장할 수도 있다. 그리고 이러한 해석 때문에 한국 여성과 여성의례는 한국 사회와 한국 종교 연구자들에게 부수적인 관심 대상이 되어 왔을 뿐이다. 어떤 의례들은 건강한 아이를 잉태하고 기르는 일 — 여성이 남편의 집에서 가질 수 있는 첫 번째 안전장치이자 노후의 안정된 생활을 보장한다.—에 대한 여성의 집착을 분명히 드러낸다. 만신은 가임 여성이 안방에 모신 바가지에 삼신할머니를 좌정시킨다. 아이가 아프면 만신이 신당에서 삼신할머니를 달래고 해로운 귀신들을 쫓아내는 푸닥거리를 한다. 단명할 팔자인 아이들은 칠성신의 보호를 받게 되는데, 만신은 그 아이의 이름과 주소를 흰색 천으로 만든 '칠성다리'에 적어서 신당에 보관한다. 만신은 단골을 데리고 산신각으로 가서 단골 가정의 자식 출산과 건강 및 성공을 위해 함께 치성을 드리며, 만신 없이 여성 혼자서 산치성을 드리기도 한다. 집에서는 여성 혼자서 삼신할머니와 칠성신을 대접한다. 여성들은 신년 초가 되면 신당을 방문하여 자식과 손주들 중 정월 보름 의례를 해줘야 할 대상이 있는지 확인한다.

굿에서 표현되는 들뜬 분위기와 무감을 추면서 기뻐하는 여성들의 모습을 보면 한국 여성들이 황홀경적 카타르시스를 추구하며 이 때문에 굿을 한다고 주장할지도 모른다. 확실히 여성들은 굿을 즐기는 것 같다. 전씨 집 안의 여성들과 친척 및 이웃 여성들 모두 술 마시고 노래하고 농담을 나눴으며 대감, 승려, 왕 등의 장삼과 두루마기를 입고 몸주신령이 올라 춤을 췄다. 그러나 전씨 할아버지 역시 신복을 입고 춤을 추었다는 점과 이 굿이 표면적으로는—물론 전적으로 그를 위한 것만은 아니었다고 하더라도— 전씨 할아버지를 위한 것이었다는 점을 상기하라. 여성의례를 여성들만의 안전장치로 제한해서 이해하면, 여성의례의 보다 광범위한 사회적 의미를 간과하게 된다. 여성의례는 여성들만을 위한 별도의 의례가 아니며, 남성과 남성의 목표를 전복하는 것도 아니다. 만신이 돌보는 사람들은 학대받는 김씨 부인, 가족의 비밀에 상처를 입은 문애 엄마, 근심 많은 진숙 엄마, 성질 나쁜 남편 문제로 고민이 많은 쌀집 아줌마를 아우른다. 그러나 여성들이 만신을 부른 이유는 전씨 할아버지와 변씨, 상문이 든 이씨 청년과 사고가 날 운에 놓인 양자 아버지를 위해서였다는 점을 생각할 필요가 있다.

굿은 여성들의 잔치이다. 그러나 반드시 남성들을 전적으로 배제하지는 않으며 그러한 배제가 바람직하지도 않다. 집안의 남성 가장은 그 집 신령과 조상들에게 인사를 드려야 하며, 각각의 신령들은 가족 구성원 모두에게 공수를 내린다. 초자연적인 문제로 고통받는 사람을 위해 푸닥거리가 행해진다. 여성들뿐만 아니라 남성들도 조밥을 던지거나 조상과 신령들에게 야단을 맞는 등 굿에서 이루어지는 의례적 행동을 접하게 된다. 어떤 남성들은 굿이 진행되는 마루 중앙으로 이끌려 나오기도 한다. 대부분의 남성들은 남성들만을 위해 마련된 술자리와 무당이 춤추는 동안 그 근처를 왔다 갔다 한다. 몇몇 남성들은 열정적으로 참여한다. 이들은 자신의 재주를 자랑하고 싶어서, 혹은 몸주신에 이끌려 만신의 장구소리에 맞춰 마루

마을굿에서 칠성신에 오른 무당이 마을의 가정을 대표하는 여성들에게 공수를 주고 있는데 바로 옆에서는 칠성대감에 오른 또 다른 무당이 부채를 들고 춤추고 있다. 약간 떨어져 선 남성들은 부채를 든 만신에게 눈길을 주고 있다. 굿에서 남성과 여성이 어떻게 분화되는지 잘 보여 주는 사진이다. 1977년.

에서 춤을 춘다. 떠벌이만신의 말을 빌리자면, "굿이야 여자들 즐거우라고 하는 거지. 술도 있지, 음식도 먹지, 놀기도 하지. 그렇지만 남자들도 장구 소리 들으면 노는 건 마찬가지야."

한국의 '여성의례'가 여성들이 가장 적합하게 수행하는 의례라는 설명은 단순한 동어반복이지만 정확한 서술이다. 가정에서 연장자인 여성 주부가 자기 가정의 모든 신령을 모시고 대접한다. 무당이 진행하는 도당굿에서 여성은 마을의 다른 여성들과 함께 마을 공동체의 신령에게 절을 하며 빌고 때로는 신령과 흥정을 벌인다. 어떤 여성들은 칠성신과 산신을 대접하기 위해 아무도 몰래 산치성을 간다. 또 어떤 여성들은 집안에 갑자기 병이 생기거나 그 병이 지속되는 것이 귀신 때문이라고 생각하면, 부엌칼을 돌리고 조를 던지는 간단한 푸닥거리를 한다. 내가 머물던 집의 여주인은 딸이 기침과 고열에 시달리자 해열제를 먹인 후 푸닥거리도 해야겠다고 생각했다. 그러면서 이렇게 말했다. "부모가 자기 자식 키울라믄 반무당은 돼야지."

한국 무속은 한국인의 가정종교가 기술적으로 정교화된 것이다. 무당과 주부는 유사한 일을 수행하며 같은 신령들을 대한다. 만신은 영험한 능력이 있으며, 모든 고객 가정의 신령과 조상을 볼 수 있고, 자신의 몸에 그들을 내리게 할 수 있다. 잡귀잡신이나 해로운 기운들을 몰아내기 위해 초자연적 존재인 장군신이나 신장의 힘을 불러낼 수도 있다. 만신의 굿에서 신령과 조상들은 슬퍼하거나 눈물을 흘리며 살아 있는 사람들을 위로한다. 또한 가정의 신령들은 자신들을 대접하라고 요구한다. 가족과 친구 그리고 이웃 모두가 신령들을 대면하게 되며, 해로운 기운을 몰아내고 다양한 복福과 공수를 받는다. 만신은 굿보다는 규모가 적고 덜 극적인 형태의 의례도 수행하는데, 이런 의례들을 통해서 여성들은 자기 가정의 구성원들에게 해당하는 공수를 받으며 아울러 신령과 조상들의 뜻을 전달받거나 해로운 기운을 몰아낸다. 우리가 지금까지 보았듯이, 여성들은 만신의 집에서 점을 보면서 자기 가정에 있는 초자연적 존재들의 상태를 살핀다. 자신의 가정에서 특별히 영향력이 강한 신령이나 문제를 일으키는 조상들의 욕구를 알아 가게 되면서 이들은 특정 무당 및 그 무당의 신당과 단골관계를 형성한다. 단골 여성들은 자기 가정에 강한 영향력을 지닌 신령에게 신복神服과 신구神具를 바치거나 자식의 수명장수를 빌기 위해 그 자식을 칠성신에게 팔기도 한다. 또한 설날과 칠성날(음력 7월 7일)에는 양초, 쌀, 사탕을 신당에 가져가며, 만신의 꽃맞이굿에 참여하여 술을 마시고 춤을 춘다. 이북에서 피난 온 주부들과 도시의 1세대 여성들은 만신의 환시 경험과 친족 여성들의 확인을 통해서 잃어버린 전통을 다시 발견하게 된다. 현대 한국에서 단골관계는 시어머니나 친족 여성 혹은 이웃들로부터 배운 종교 교육을 통해서 확장된다.

바로 이들 사이에서 한국의 남성과 여성들은 가정과 가족을 위한 의례들을 수행한다. 초기 민족지학자들이 한국 남성과 여성들의 의례 활동에서 보았던 것은 각각의 개별 종교 형태와 하위문화 혹은 역사적 층위였지만, 그 안에서 내가 발견한 것은 상보성相補性의 원리이다. 기독교인인 아내가 만신을 찾지 않자 자신이 직접 만신의 신당에 찾아가 점을 보고 방울을 바친 한 젊은 남자를 상기해 보자. 이런 방식의 절충은 가능하지만 약간 어색했으며 사람들의 흥미를 샀다. 또 다른 경우를 보자. 예법에 어긋나기는 했지만, 용수 엄마는 남편의 제사에서 축문을 읽었다. 두 아들이 창피해하며 축문을 읽지 않았기 때문이다. 흉내내기에 뛰어난 그녀는 적절한 운율과 점잖고 굵직한 목소리로 축문을 읽었으며, 그 자리에 있던 이웃집 여자들은 웃음을 터뜨렸다.[1] 만신의 신당에 있는 남성이나 제사의 축문을 읽는 여성은 자신들의 성性에 적합한 방식으로 행동하지 않았기에 어색함과 웃음을 불러일으켰다. 하지만 절충에 대한 그들의 기꺼움이 드러내는 것은 이런 활동의 근저에 깔려 있는 종교적 전제를 남성이나 여성 모두 받아들였다는 것이다.

남성의례는 한국의 문자문화와 유교전통의 산물이다. 효孝라는 도덕적 공리와 이 공리가 극화된 조상숭배는 부계친족 사이의 위계적 관계를 신성화한다. "도덕적 공리"라는 표현은 포테스의 개념으로서, 그는 가족을 넘어선 사회조직의 중요한 원리가 친족일 경우에 그 사회의 도덕적 공리

---

1 내가 본 몇몇 사례들과 도시의 가족들과 살고 있는 친구들이 관찰한 바에 따르면, 후손이 아직 어린 경우에는 과부가 제사음식을 장만하고 제사를 주도한다. 예법에 의하면, 자식이 없는 과부는 상속자가 결정될 때까지 남편의 제사를 주관한다.

는 친족관계에 함축되어 있다고 주장한다(Fortes 1957, 346). 유교적 세계는 포테스의 가설을 잘 보여 준다. 아버지에 대한 아들의 순종을 나타내는 효는 유교적 사회철학의 기반이며, 꼼꼼하게 편성된 의례들 속에서 자의식적으로 표현되어 부계친족 간의 위계적 관계를 신성화한다. 그리고 이것이 바로 **가족**^{family} 의례이다. 친척을 결속하는 유대관계는 적절함의 수준을 넘어 극히 중요한 것이다. 한국의 시골마을에서 남계친족원은 노동교환, 상호협력, 충고와 동의를 구할 수 있는 공동자원이다(Brandt 1971, 136-142; Dix 1979, 76).

여성의례에 내포된 도덕적 공리는 선명한 사회철학적 기반은 아니다. 그럼에도 불구하고 앞에 서술한 **가정**^{household} 의례는 한국인의 경험과 세계관의 또 다른 측면을 드러내고 신성화한다. 한국 여성들의 의례에 대한 내 연구는 집^{house}에서 시작해서 집과 함께 끝났다. 물리적인 집은 여성들의 의례에 있어 중요한 은유^{metaphor}이다. 가정은 한국 농민의 사회적·정치적·경제적·종교적 삶에 있어서 환원할 수 없는 단위이다. 마을회의와 반상회에 대표를 보내고 출생과 사망을 신고하며 세금을 내고 마을 잔치와 장례식에 도움을 주며 마을과 가정의 신령들을 대접하고 출산과 상문 부정이라는 부담을 안게 되는 단위가 **가정**이다. 위험은 외부세계에 널려 있다. 그렇지만 가정의 신령들을 잘 대접하면 그들이 바깥에서 들어올지도 모를 잡귀잡신이나 조상영산 그리고 해로운 기운으로부터 가족을 지켜 준다. 고사상을 보면 가택신령이 집안 곳곳에 자리해 있음을 알 수 있다. 굿에서 만신이 대문 밖, 마루, 안방, 장독대, 뒷마당 등에서 가정의 신령들을 청할 때면 그 신령이 마치 살아 있는 것 같다. 푸닥거리를 하는 동안과 굿이 끝난 이후에는 해로운 존재와 기운을 대문 밖으로 꾀어내 먼 들판으로 데려간다. 무당과 여성들이 공동체를 위해 굿을 할 때에는 마을 전체가 마치 하나의 수호신이 거주하고 각 가정의 신령과 조상들이 협력하는 하나의 집과 같다.

여성들이 자신들의 조상과 남편 집 조상을 대하는 기준은 **가족**이라는 관점이 아니라 바로 **가정**이라는 관점이다. 조상은 방문자로서 무당의 의례에 오는데, 사람들은 이 조상친척의 방문에 대해 격렬하지만 복잡한 감정을 가질 수도 있다. 잠재적으로 우호적이며 이러저러한 사정을 알고 있는 이 친척들은 가끔은 해를 끼치기도 하며 요구가 많다. 친족으로서 특권을 주장하는 이들을 무시할 수는 없다. 망자를 험난한 저승에서 극락으로 천도하고 집에서 안전하게 분리하는 이들은 다름 아닌 무당과 친척 여성들이다.[2]

여성의례에 등장하는 많은 신령, 조상, 혼령, 살아 있는 친척 여성들은 결혼에 의해 성립된 관계의 통로를 따라서 돌아다닌다. 결혼한 딸이 조상과 혼령의 모습으로 친정에 돌아오고, 죽은 어머니가 살아 있는 딸들을 따라다닌다. 죽은 여성들은 살아 있는 여성들이 가지는 특권을 행사하는데, 친정의 친족을 방문하거나 결혼한 딸을 방문하여 이들에게 도움을 요청하는 것이다. 결혼한 여성은 정서적으로 자기 친족에게 의지하며, 어머니는 결혼한 딸을 온정으로 대한다. 어머니는 딸의 출산을 돕거나 어려움을 겪고 있는 딸을 만신에게 데려간다. 또 가끔은 배고픈 가족들 먹이라고 딸에

---

2 자넬리와 자넬리의 연구에 따르면, 고통의 원인을 조상이나 귀신의 개입으로 해석하는 일은 남성보다는 여성에게서 훨씬 더 자주 나타난다. 망자에 대한 여성들의 부정적 인식은 여성들이 경험하는 상대적으로 보다 험난한 사회화 과정, 그리고 여성들의 가장 가까운 조상이 되는 시부모와의 갈등 경험에서 비롯된 것으로 해석된다(Janelli and Janelli 1982, 192). 이들의 연구와 나의 연구의 차이점은 무엇을 강조하느냐에서 비롯된다. 자넬리와 자넬리의 연구가 남녀 모두에게 해당되는 조상 신앙 및 실천의 맥락에서 조상에서 비롯된 적의나 해로움을 논의하고 있다면, 나는 보다 광범위한 종교적 역할의 한 특성으로서 여성이 조상을 대하는 태도와 실천을 논의한다.

게 음식을 슬쩍 건네준다. 자기 친족에 대한 딸의 갈망과 결혼한 딸에 대한 어머니의 애정은 무속의례에서 혼령과 조상들이 말을 할 때 드러난다. 딸의 친정 집안의 전통은 친척 영혼들의 권리라는 형태로 딸을 따라온다.

여성의 친족은 한국 관련 민족지들에서 거의 드러나지 않는다. 하지만 여성의 친족은 여성에게 필요한 현실적인 부분들을 채워 주며 남편 친족의 도움을 받을 수 없거나 받기가 부적절한 위기상황에서 하나의 의지처가 된다. 양자네 가족은 양자 아버지가 감옥에 있을 때 양자 엄마의 친족으로부터 쌀을 가져다 먹었다. 이씨가 상문살을 맞았을 때에는 장모가 무당을 찾아 치료에 나섰다. 여성의 친족은 남성의례에서 인정받지 못하지만, 결혼으로 인해 들고 나는 여성들을 통해 연결된 친족은 여전히 한국인의 사회생활에서 적극적인 존재들이며, 여성의 친정집에서 비롯된 신령과 귀신 그리고 조상은 살아 있는 여성의 의례에 적극적으로 등장한다. 안식을 취하지 못하고 있는 공동의 조상 문제를 해결해야 할 때에는 부계친족의 범위 밖에 있는 여성들까지 모여 굿을 연다.

영송리에서 일어나는 남성과 여성의 의례 생활에서 드러나는 노동분화는 남성과 여성의 대조적인 사회적 경험을 반영한다. 남성은 형제와 사촌들 사이에서 성장하며, 그들과 함께 생생히 기억하는 부모와 조부모의 제사를 모신다. 여성은 자신이 성장한 가정과 이웃을 떠난다. 성인이 되어서는 개별 가정을 관리할 권한을 가지며, 물리적으로 별도의 집에 있는 신령들을 모신다. 결혼한 여성은 두 친족 집단들 사이를 왕래하며, 여성의례에 등장하면서 알게 된 많은 신령과 조상을 두게 된다. 여성은 가정의례의 가장 적절한 사제이며, 양측의bilateral 신령과 조상을 가장 잘 달랠 수 있다. 남성의례와 여성의례는 한국의 사회조직에 있어서 서로 상이하지만 결코 모순되지 않는 요소들을 극화하고 있다. 한국의 남성들은 가정의 테두리 내에서 가정 예산에 따라 살아간다. 한국의 여성들은 성년생활의 대부분을 남편의 남계친족 사이에서 보낸다. 한국의 남성들은 부인과 어머니의 친족 그리고 딸이나 누이 남편의 친족과 맺은 관계를 활용한다. 한국 여성들의 의례는 남성들의 제사와 결합하여, 모든 범위의 사회적 관계, 즉 개별 가정과 남계친 집안 그리고 보다 확장된 양계 친척들 모두를 아우른다. 여성들의 의례는 단순하지도 원시적이지도 개별적이지도 않다. 이들의 의례가 극화하는 도덕적 공리가 텍스트나 경구警句 형태로 명료하게 표현되어 있지는 않다 하더라도, 그 공리는 대단히 중요하다.

한국인의 의례 생활에서 드러나는 노동분화는 깔끔하고 예측 가능하며, 남성과 여성의 사회적 경험과 일치한다. 그러나 중국[현지조사지는 대만이지만 조사대상자가 중국계 대만인이어서 중국이라고 쓴 듯하다.―옮긴이]에서는 한국과 마찬가지로 여성이 부처혼父處婚을 하지만 한국과 방식이 다르다. 대만의 가정에서는 여성이 아니라 남성이 집의 수호신을 섬기며, 가장 강력한 무당은 남성이다. 한국과 중국, 상당히 유사한 이 두 사회의 남성과 여성, 그리고 보통 사람과 무당의 역할을 비교함으로써 우리는 한국 여성들의 활동이 가지는 중요성의 의미를 온전히 파악할 수 있다. 이제부터 동아시아의 다른 사회들에서는 성 역할과 의례가 어떻게 활용되고 있는지를 살펴보고, 이를 통해서 가정과 가족의 상보적 관념을 드러내 보고자 한다.

동아시아 사회 비교 연구: 가족과 가정

동아시아의 모든 가정 종교에서는 가정의 만신전이 조상의례와 공존한다. 중국과 일본에 대한 민족지들에서도 거주지 이곳저곳에 존재하는 신령들의 유사한 유형이 보고된다. 가정에 군림하는 수호신과 집안의 성스러운 공간에 존재하는 풍요와 다산의 여신들, 그리고 집터를 보호하는 신령이 그들이다.[3] 이런 신앙의 공통된 기원, 전파 혹은 수렴에 대해 다양한 추측이 가능하다. 하지만 중요한 것은 이 세 사회의 남성과 여성이 의례적 역할을 분할하는 방식이 각각의 사회가 가족과 가정, 남성과 여성에 대해 가지는 상이한 관념을 드러낸다는 점이다.

일본의 가정에서는 이 두 가지 의례가 혼합되어 있다. 신령에게 제물로 바치기 위해 얇게 만든 특별한 떡은 조상이 받는 소규모 식사와는 구분되지만 이 의례들이 전적으로 이분화되지는 않는다. 가족의 식사와 함께 신령을 위한 제물과 조상을 위한 제물을 준비하고 바치는 이는 여성이지만, 시간과 의지가 있는 경우에는 남성이 제물을 준비하고 바치기도 한다. 남성들이 주요 제사들을 주관할 것으로 기대되지만, 때로는 덕망 있는 과부가 가정의 조상의례를 주도한다(Morioka 1968; Smith 1974, 118-120). 일본인은 가족의례와 가정의례를 성性에 따라 양분하지 않는다. 조상이 속한 가정은 대부분 생물학적으로 형성된 가정이지만 반드시 그래야 하는 것은 아니기 때문이다(Nakane 1967, 1-40). 플라트에 따르면, "가정 의례와 관련하여 조상들은 한 집단으로서 가정의 선조가 된다. 그들은 가정의 모든 구성원과, 그리고 그 구성원들하고만 관계를 맺는다." 플라트의 표현을 빌리자면, "신God의 가족이 가족인"(Plath 1964, 303) 것이다. 이를 좀 더 확대 해석하면, 가정의 신령들은 가족에 속하며 조상들은 가정에 속한다.

이와 유사한 유연성은 일본 종교의 사제religious specialists를 성에 따라 분류

---

3 중국과 관련해서는 Feuchtwang(1974, 107), A. Wolf(1974), M. Wolf(1972, 44, 140), Wang (1974, 특히 188쪽) 등을 참고하라. 일본의 경우에 대해 알고 싶다면 Norbeck(1965, 46, 178ff)과 Sofue(1965, 150-151)를 보라.

하는 데에서도 드러난다. 블래커(Blacker 1975)는 일본 샤머니즘에 대한 연구서에서 역사적으로 샤먼과 영매는 여성이었으며, 마을 문제와 관련된 신탁을 받고 조언을 해주는 사람은 민간불교의 전통과 결부된 남성이라고 기술하였다. 그러나 이 민족지에서도 혼합된 형태의 그림이 드러난다. 과거에 흔했던 미코라고 불린 여성 영매는 신도神道 신사에 속해 있거나 여러 마을을 돌아다니며 봉사했다. 미코는 신도와 불교의 혼합으로 탄생한 슈겐도의 남성 사제와 함께하기도 했다(Hori 1968, 182-183, 200-212; Fairchild 1962). 블래커가 관찰한 어느 마을공동체 의례에서는 그 지역에 남성 영매가 없어서 마을 수호신을 불러내는 데 미코가 고용되었다(Blacker 1975, 256-263). 산신Mountain Kami은 남성과 여성 순례자 모두에게 차별 없이 내린다(같은 책, 279-297; Fairchild 1962, 95).

중국에 대한 민족지에서는 남성과 여성의 의례적 역할이 매우 상이하게 배치되어 있으며, 이것은 가족 내 남성과 여성에 대한 또 다른 유형의 관념을 드러낸다. 다음에 소개할 논의는 홍콩과 대만에서 실천되는 중국의 민속종교에 대한 자료와 분석에 의존하고 있다. 비록 이 논의의 시각은 한정적이지만, 그럼에도 불구하고 현대 중국의 종교와 의례 및 사회구조에 대한 이해는 이 두 지역에 국한된 30여 년간의 현지조사 기록들에 의존하고 있다.

중국에서는 개별 가정과, 가정보다 더 넓은 의미의 가족 사이에서 이익과 전략의 충돌이 발생한다. 즉, 아버지 가족을 그대로 유지하고자 하는 **아들**과, 독립된 가정을 세우고자 안달하는 **형제** 사이의 갈등이 존재한다. 가족 분화를 실제로 선도하는 역할을 하는 사람이 형제임에도 불구하고, 비난받는 이는 형제의 아내들이다(Cohen 1976, 193-226). 프리드먼에 따르면 중국인들은 여성이 "본성상 싸우기 좋아하며 질투심이 많고 속이 좁으며 자기 자식과 남편을 위해서는 더 넓은 의미의 가족의 희생도 불사하는" 존재라고 생각한다고 한다(Freedman 1979a, 260; M, Wolf 1972). 그는 만약 우리가 이러한 가정을 받아들인다면, 여성은 조왕신과 가족의 수호신을 모시는 반면 남성은 가족의 조상을 모실 것이라고 생각하게 될 것이라고 주장한다. 실제로 그렇다면 우리는 중국에서 "한국적인" 상황을 발견해야 할 것이다. 하지만 우리가 발견하게 되는 것은 거의 정반대의 상황이다. 여성들은 일상적인 일처럼 정기적으로 조상을 모시며, 남성들이 조왕신을 모신다. 프리드먼은 이러한 배치를 통해서 불화를 일으키는 여성의 성향에 초자연적인 균형이 더해진다고 주장한다. 여성들은 가족 조상의 권위에 영향을 받으며, 남성들은 '가정의 훈육'과 관련된 초자연적인 존재들 앞에서 그 가정을 대표한다(Freedman 1979b, 283). 포이흐트방의 연구에 따르면, 오직 남성 가장만이 조왕신을 통해서 하늘에 고告할 수 있다(Feuchtwang 1974, 118). 중국에서 남성 가장이 가정의 대표자로서 초자연적인 존재에게 탄원하는 행위와, 한국의 여성 주부가 자기 가정의 수호신을 대접하고 비는 행위가 대단히 유사하다는 점은 주목할 만하다.

대만에서는 여러 개의 가정과 그 가정의 조왕신들, 그리고 각각 별도의 예산으로 운영되는 각 가정의 주방이 한 지붕 아래에 공존한다는 점을 주목할 필요가 있다. 영송리에서 집의 수호신은 대들보에 거주하면서 개별 가정을 확실하게 구분짓는다. 한국에서는 여성과 결부된 조왕신은 남성과 결부된 성주신과 함께 대접받으며, 여성이 조왕신에게 바칠 음식을 준비한다. 한국에서는 가정과 가족 사이의 갈등을 덮고 있는 어떠한 단일한 지붕도 없다. 큰집과 작은집의 구분이 확연하다. 장자가 큰집과 가장 많은 가족 재산을 상속받는다. 차자의 재산권은 결혼과 함께 정리되는데, 차자는 결혼 직후 자기 집을 짓거나, 혹은 10대에 결혼한 경우에는 결혼 후 몇 년 내에 자기 집을 가지게 된다.[4] 만약 동생이 속상해 하더라도 그것은 늦게 태어난 것이 문제이지 자기 부인의 계략 때문이 아니다. 한국 여성들은 가족 간의 분열을 조장한다는 평판을 듣는 중국 여성들과는 다르다. 만약 여성이 위협적인 존재가 아니라면, 한국인들이 의례적 이분법이 명확한 중국적 방식을 따를 필요는 없다. 대신 한국에서는 남성이 **가족**을 위해 조상을 모시고, 여성이 **가정**의 신령을 대접한다.

　한국과 대만에서 샤먼을 성별에 따라 구분하는 것 역시 여성에 대한 대조적인 인식을 드러내며, 여성의 긍정적 힘과 부정적 힘에 대한 대조적인 입장을 반영한다. 대만의 샤먼은 한국 무당과 마찬가지로 다양한 점술가들 중 하나이다. 당기童乩는 강한 힘을 가진 신령에 들려 귀신을 몰아내고 환자를 치료하며, 혼령과 조상에 실려서 산 자와 죽은 자 사이를 화해시킨다. 또한 가정과 공동체에서 발생한 문제들을 다룬다. 대만의 가정 종교에서 남성과 여성의 역할은 남성 당기와 여성 당기가 제공하는, 각각 서로 다른 의례들에 의해 보완된다. 조던에 따르면, "이런 경향이 있는 것처럼 보인다. 여성 당기는 영매(자신)의 집에 마련한 사적 신당에서 개인적 기원에 응답해 주는 순수한 의미의 지역신들과 연관된다. 반면에 남성 당기는 기원하는 이의 집을 방문하거나 마을 신당에서 마을의 일들을 이끌어 나가

---

4 한국에서 별도의 작은집은 독립적인 가정 경제를 유지할 만한 돈을 가져야 한다. 즉, 자기 땅이든 소작지이든 경작지와 별도의 집을 지을 땅이 있어야 한다(C. Han 1949, 83; 이광규 1975, 218). 본가에 충분한 재산이 있는 차자들은 집터와 경작지를 받지만, 설사 본가가 이들에게 줄 것이 아무것도 없다고 하더라도 성인이 된 차자와 그 가족은 본가를 떠나야 한다(C. Han 1949, 83; Sorensen 1981, 313; Janelli and Janelli 1981, 104-106). 한국에서 복합가족의 수는 결코 많지 않았으며, 이는 중국에서도 마찬가지이다. 한국에서는 태어난 순서에 따라 형제간에 불평등하게 토지가 분배되지만, 인구 과잉과 취업으로 차자 가정이 고향 농촌을 떠나는 현실에서도 이것이 형제 가족들이 모여 살 만한 동기가 되지는 못한다. 실제로 복합가족은 해방 이후의 민족지들에서는 거의 보기가 어렵다(Osgood 1951, 40-41; Brandt 1971; Sorenson 1981, 31을 참고하라).

문제를 처리하는 것으로 보인다. 이 구별이 고정불변은 아니며, 어느 쪽으로든 언제나 예외가 발생한다"(Jordan 1972, 69n.). 대개 남성 당기에게 내리는 신령들은 지역 의례에서 강한 영향력을 행사하는 신들로서, 해로운 귀신의 해코지로부터 마을과 가족을 보호하며 신탁을 내린다. 대부분의 여성 당기에게 내리는 신은 단순히 자신의 당기를 소유하는 데 만족하는 '소녀신小女神, little maids'이나 '소신小神, little gods', 혹은 지역신이나 그다지 유명하지 않은 신들이다(같은 책, 54-85, 166). 여성 당기에게 내리는 여성신들은 많은 경우 그 당기의 친척이다(같은 책, 166). 이와 유사하게 홍콩 신제新界에 거주하는 광둥인 만생포問醒婆는 죽은 자기 아이들에게 도움을 받았다(Potter 1974, 226-228). 여성은 '소신'들의 당기가 되며, 이 신령들의 도움을 받는 손님들 역시 여성이다. 조던의 설명에 따르면, "'소신'이라는 용어는 그 지역 사람들의 신격화된 영혼을 가리키는데, 여성들은 자신들이 책임지고 있는 자식 양육 문제나 그 외의 가족 문제들을 해결하는 데에 이 신령들의 신탁을 참고한다"(Jordan 1972, 141n.). 이 신령들은 귀신으로 인한 고통의 원인에 대해 알려 주고, 결혼하지 못하고 죽어 영원한 안식을 취하지 못하는 영혼들을 위해 '영혼 결혼식'을 마련해 준다(같은 책, 140-141, 169-170).

그러나 여성들이 여성에게 해당하는 문제 때문에 '소신'을 모신 당기나 혹은 다른 여성 사제를 찾는다고 하지만, 좀 더 강력한 초자연적 존재의 개입이 필요한 문제에 당면할 경우에는 남성 당기와 상담하는 것으로 보인다. 임신은 여성들의 주요 관심사이며, 울프가 보고하였듯이 "당기의 활동에서 항상 보이는 사람은 며느리가 임신할 기미가 없는데 어찌해야 할지 물어보러 찾아오는 걱정스런 낯빛의 중년여성이다." 울프가 조사한 대만 북부지역의 한 마을에서는 어떤 남성 당기가 "돼지나 신부의" 불임 문제를 잘 해결하는 것으로 유명했다(M. Wolf 1972, 149-150). 샨시마라는 이름의 여성 치료사는 경기를 일으키는 아이의 혼을 불러들이며, 어머니가 자식을 위해 혼을 다시 불러들이는 의례를 행하기도 한다(Ahern 1975, 206n.; 1978, 27). 이 지역의 또 다른 마을인 차오추앙에서는 아이의 병이 혼이 나간 상태보다 심각하다고 판단되면 어머니가 그 아이를 높은 신령을 모신 당기에게 데려간다(Gould-Martin 1976, 107, 122). 높은 신령은 더욱 강한 힘을 가지고 있으며 남성 당기에게 내리는 경향이 있다.

높은 신령을 모신 당기에게 그 가정을 대표하는 가장 적절한 사람은 남성이다. 조던이 연구한 대만 남부 지역의 바오안^{保安}에서는 남성 당기와 도교의 도사^{道師}들이 지역 제례^{cult}에서 모시는 신령의 생일을 축하하고 제례집단 구성원의 집을 정화하며 해로운 귀신들의 해코지로부터 공동체를 보호하는데, 남성들이 이 일을 보조한다(Jordan 1972, 53-57, 120-128). 마찬가지로, 점을 치고 귀신과 싸우는 동안 신성하게 여겨지는 신의 가마(키오아^{kiō-á})를 드는 것도 남성이다. 조던은 이렇게 언급한다. "바오안이나 내가 보았던 다른 지역들의 강신의례에서도 여성은 이 역할을 수행하지 않는다. 그 밖의 여러 증거들을 통해 이렇게 추론해볼 수 있다. 즉, 여성이 이역할을 수행하지 않는 까닭은 여성에게 이 역할이 금지되었다기보다는 마치 미국에서 캐비닛을 만들거나 배관을 설치하는 일이 남성의 일인 것처럼 이곳에서는 이것이 남성의 일이 아닐까 생각된다"(같은 책, 64n.). 물론 한국에서 집과 공동체를 위해 점을 보고 초자연적인 존재나 힘으로부터 방어하는 일은 여성 무당과 여성들의 관심사이다.

대만에서는 남성 도사가 저승에 있는 혼령을 위해 빌어 준다. 중국 여성들은 강신의례에서 혼령들과 대화할 뿐이다. 그래서 최근에 죽은 사람들에게는 험난한 지하세계를 안전하게 통과하도록 도와줄 수 있는 보다 강력한 후원자가 필요하다. 에이헌의 연구에 따르면, "저승으로 가는 길에는 위험한 괴물과 미지의 장애물들이 놓여 있기 때문에 망자가 도움을 받지 못하면 저승에 도착하기 전에 어떤 치명적인 재앙을 맞닥뜨려 쓰러질지도 모른다"(Ahern 1973, 223). 대만의 남성 도사가 토지신土地神과 협상하고 혼령을 안내하는 것은, 한국 여성들과 만신이 저승사자와 협상하며 죽은 자를 천도하는 것과 마찬가지이다.

요컨대, 대만에서 두 종류의 당기가 영송리에 사는 한 명의 한국 만신이 하는 일을 수행한다. 당기가 의례적 역할을 나누어 맡는다면, 한 명의 만신에게는 두 종류의 초자연적인 존재가 모두 내린다. 다시 말해서, 해로운 존재들을 몰아내며 복을 주고 뚜렷한 의지를 표방하는 강력한 신령들뿐만 아니라 살아 있는 사람들과 시급한 문제들을 해결하고자 하는 조상과 혼령들이 모두 한 명의 만신에게 내리는 것이다. 아울러 다음과 같은 또 하나의 일반화가 가능하다. 중국 여성은 '자궁'에 관련된 예측 가능한 관심사—임신, 출산, 성공적인 육아—를 해결하고자 당기를 활용한다면(Wolf 1972), 중국 남성은 그 이외의 중요한 의례들—영송리에서는 여성의례의 영역에 해당하는 일—을 수행하기 위해 당기나 남성 도사들과 협력한다는 것이다.

에이헌의 주장에 따르면, 중국인의 사고방식에서 부정신앙不淨信仰은 여성의 종속적인 의례적 지위를 상징적으로 정당화한다. 월경과 출산 부정은 여성을 의례적으로 부정한 존재로 만들며 부정한 여성은 망자 혼령이나, 출산으로 오염된 "어리고 낮은 계급의 여신들"처럼 부정한 영혼들을 직접적으로 다루게 된다. 에이헌의 결론은 이렇다. "위계상 낮고 부정한 존재를 숭배하는 데 여성이 적합한 이유는 여성 스스로가 자주 부정해지기 때문이다. 반대로, 위계상 깨끗하고 높은 존재를 남성이 독점하는 현상은 남성이 훨씬 덜 부정하다는 데에서 기인한다"(Ahern 1975, 206-207). 에이헌은 부정과 관련된 신앙이 중국인의 친족체계에 깊이 관련되어 있다고 결론 내린다. 죽음, 탄생, 월경은 육체와 가족의 통합을 파괴하기 때문에 부정하다. 여성이 훨씬 더 부정하다는 인식은, 여성이 가족 내에서 가지는 경계적 입장과 상관관계가 있다. "여성들이 이방인으로서 경계를 무너뜨리는 사람으로 묘사되는 까닭은, 친족체계가 남성 출계에 초점을 두고 있기 때문이다. 오염시키는 것은 여성 그 자체라기보다는 어떤 사건들일 수 있으며, 남성 지향적 친족체계에서 부정한 사건이란 새로운 사람이 들어오고 나이든 사람이 사라지게 되는 사건인 것이다"(같은 책, 213).

한국의 경우는 이와 대조적이다. 한국에서도 여성은 남성 중심 체계에 이방인으로서 들어온다. 또한 월경과 출산, 죽음은 부정한 사건이며, 부정으로 인하여 의례 활동이 일시적으로 금지된다. 여성은 월경 중이거나 출산 및 장례식에 최근 참석한 적이 있다면 가정신령을 대접하지 않으며 무당의 신당에도 제물을 바치지 않는다. 최근에 출산이 있었거나 상중인 경우 혹은 여성들 중 한 명이 월경 중이라면 그 가정에서는 굿을 하지 않는다. 월경은 한국 신령들의 감정을 상하게 한다. 특별히 영험한 만신이라면 신들린 상태에서 "더러운 여자"가 감히 부정한 상태에서 굿에 왔다고 질책한다. 그러나 월경과 출산 부정은 일시적인 상황일 뿐, 본래의 품성은 아니다. 의례적으로 깨끗한 한국 여성들은 높은 신령들을 모시고, 이 신령들은 의례적으로 깨끗한 만신에게 내린다.

대만에서는 부정신앙이 성sexes의 의례적 이분화를 확실히 강화한다. 하지만 한국에서는 부정신앙 그 자체가 한국에서 이루어지는 대조적인 의례적 역할의 배치를 설명해 주지 못한다. 두 사회에서 부정신앙과 의례적 역할의 유형에 기초가 되는 사회적 가정을 살펴보면, 좀더 만족할 만한 비교의 기반을 발견할 수 있다. 에이헌은 부정신앙과 젊은 여성의 힘 사이의 직접적인 연관성을 부정한다. 왜냐하면 부정은 까다로움과는 달리 여성 스스로의 이해interests에 기여하지 않기 때문이다. 에이헌은 부정신앙이 중국 여성들의 재생산력에 대해 "부정적인 앙금"을 남긴다고 강력하게 주장한다. 왜냐하면 "여성이 가진 그 '힘'은 가족 구성원을 더하고 나누며 남성의 권위를 불안하게 함으로써 가족의 형태를 변화시킬 수 있기 때문이다. 그리고 여성이 제기하는 '위험'은 남성이 간주하는 이상적인 가족을 해체할 수 있는 능력이기 때문이다"(같은 책, 200, 212-214). 한국의 경우 이 의제는 고려할 가치가 없다. 여성이 가족을 나눈다기보다는 큰아들 부부를 제외한 부부가 자기만의 집을 세운다. 형제들은 가족으로서 큰집으로 돌아와 조상을 모신다. 한국의 가족은 자율적인 가정을 전제로 하며 또한 그것을 현실화한다. 의례적으로 깨끗한 여성들이 정당하게 분리된 자신들의 거주지에서 신령들을 모시는 것이다.

한국 사례의 재검토

오늘날 한국은 중국의 거울 이미지처럼 보일지도 모른다. 즉, 남성과 여성의 의례적 역할이 재배열되기는 했지만 남성의례와 여성의례의 상대적 중요성이 그대로 유지된다. 조상숭배는 여전히 효의 표현으로 생각되지만 여성과 무당의 실천은 창피한 미신으로서 천시된다. 그러나 누가 이러한 판단을 하는가? 중국의 지식인들이 도사와 당기, 불교의 승려들을 비난해 왔듯이, 한국의 지식인들은 불교의 승려와 만신을 비난해 왔다. 엘리트의 경멸은 일부 방어적인 태도를 조장한다. 바오안 지역에 사는 사람들이 샤먼에 대한 조던의 처음 질문에 불편해했듯이, 영송리 주민들은 나와의 초기 인터뷰에서 창피해하며 키득거렸다. 하지만 중국인과 한국인은 신령과 조상 및 귀신을 다루기 위해 샤먼을 고용한다. 한국의 민속종교와 중국의 민속종교에서 눈에 띄는 차이점은, 이러한 활동에서 한국 여성이 특별히 두드러진다는 점이다.

혹자는 한국 여성들이 중국 여성들과 마찬가지로 선천적으로 불결하고 열등한 존재로 인식된다고 주장할 수 있다. 또한 여성의 신령들은 대만에서 계급이 낮은 소녀신이나 소신과 동등하며, 중국의 남성 당기에게 내리는 강력한 높은 신들과 동등한 수준이 아니라고 생각할 수도 있다. 만신의 신령들 중 몇몇은 실제로 대만의 소신과 매우 유사하다. 한국에서 어려서 죽은 호구신과 동자신은 하찮은 존재로서, 살아 있는 사람을 괴롭히는 경우에만 만신전에서 밝은색 옷과 푼돈을 받고, 변덕을 부릴 때 대접받을 수 있다. 이들은 만신의 굿에 등장하지만 기억해야 할 점은, 이들은 더 힘 있는 신령들이 등장하는 중에 조연으로서만 나타난다는 것이다. 만신은 모든 범위의 신령들, 즉 대만의 당기들이 나누는 높은 신령과 낮은 신령을 모두 포함한 신령들과 관계한다. 만신의 신당에 모신 강한 영향력을 가진 신령들은 집 구성원들을 치료하고 활력을 다시 불어넣으며 보호한다. 장군신과 신장은 칼을 흔들고 조밥을 내던지며 귀신들과 해로운 기운을 몰아낸다. 삼신할머니는 임신이 이루어지도록 돕는다. 본격적인 굿의 드라마이자 희극적인 부분인 신령의 탐욕스러움은 신령이 가진 힘의 한 속성으로서, 이 힘은 해로운 기운의 침입을 물리치는 힘이며 그 집에 좋게 작용할 수도 혹은 나쁘게 작용할 수도 있는 힘이다. "이 몸이 얼마나 좋은지 모르겠구나, 얼마나 좋은지 모르겠네!" 굿에서 신령들은 자기를 자랑하는 노래를 부르면서 더 많은 제물을 요구한다.

한국 여성들이 임신과 성공적인 양육을 이루고자 행하는 의례들은 부거제父居制 친족집단 내에서 자신의 지위를 보호하려는 어머니의 바람이 종교적으로 표현된 것으로 해석될 수 있다. 만약 여성들이 이러한 의례에만 관심이 있다면, 한국 여성들의 의례가 여성 자신들이 처한 비참하고 취약한 상태에 대한 반응이라는 일반적인 해석을 받아들일 수도 있을 것이다. 그러나 한국 여성들의 관심사는 여성이 가정 및 가족 생활에서 가지는 권위와 책임을 드러내며, 이 범위는 중국 여성들이 어머니로서 집착하는 관심사들보다 더 광범위하다. 부정신앙은 여성들과 여성 무당들이 오염되고 낮은 계급의 초자연적 존재들만을 취급하도록 제한하지 않는다. 여성의례는 집 전체와 그 안에 사는 모두에게 다시 활력을 불어넣으며, 때때로 마을 공동체 전체를 재활성화하기도 한다. 여성들은 환자를 위해 푸닥거리를 하며 가정의 신령들을 모시고, 가족 중 안식을 취하지 못하는 혼령을 천도한다.

한국의 사례는 성의 의례적 이분화가 극단적으로 이루어져 있으며, 성의 상보성이 매우 잘 드러나는 오키나와의 사례와 비교할 만하다. 오키나와의 남성 가장은 가정의 세속적 대표자로서 모든 사회적·정치적 권위를 행사한다. 나이가 많은 여성 주부는 가정의례의 확실한 권위자로서 신령과 조상들 앞에서 자기 가정을 대표하며, 남성 가장과 동등하게 존경받는다(Lebra 1966, 176-202). 이러한 이분화는 모든 층위의 전통적인 오키나와 사회를 특징 짓는다. 일찍이 여성 세습사제는 남성의 세속적 권위와 동등한 의례적 권위를 가졌다. 여사제의 특권이 유교와 불교의 영향으로 17세기 이래 점차 부식되었음에도 불구하고, 이 체제는 오키나와가 일본에 합병된 19세기 후반까지 지속되었다(같은 책, 117-121). 내가 오키나와의 사례를 통해 주장하려는 바는 다음과 같다. 지리학적으로 인접해 있고 여러 가지 측면에서 유사한 사회에 거주하는 여성들이 확실한 의례적 권위를 가지고 있는 동아시아라는 이 지역에서, 한국 여성의례에 대한 나의 기술이 특이하게 예외적인 것은 아니라는 점이다.

17세기 이전의 오키나와에서나 유교화 이전의 한국사회에서는 가정 영역 밖에서 여성들의 정치적 권력이 행사되지 않았다. 여성들의 종교적 권위는 열성적인 남성 개혁가들에 대해 취약했다. 오늘날 한국에서 유교 이데올로기는 새로이 유입된 근대성과 혼합되어 여성과 무당에 대한 학자들의 태도에 영향을 미치고 있다. 그럼에도 불구하고 이 책에서 기술된 의례들은 유교적 변화의 한계를 보여 준다. 과거 한국의 거주와 상속 문제를 다루는 사회사학자들은 여성이 가정의례를 수행하고 망자를 천도하며 때로는 친정에서 온 신령이나 조상들과 씨름하는 모습이 놀랍지 않을 것이다. 여성의례는 고대종교의 잔존물 그 이상이며, 독특하고 지속적인 한국의 가족구조를 잘 드러낸다. 즉, 한국의 가족구조는 개별 집들의 자율성을 인정하고, 기혼 여성이 가정 내에서 그리고 친족집단 간의 연결고리로서 긍정적인 힘을 가지고 있음을 인정한다.

결론

지금까지 나는 서울 근교에 살고 있는 무당과 여성 주부들의 의례 실천을 기술했다. 그리고 이러한 의례 실천의 체계가 조상숭배에서는 설명되지 않는 관념, 즉 한국인의 가정과 친족 관념에 대한 의례적 주석을 제공한다고 주장했다. 내가 처음 한국 무속에 관심을 갖게 된 이유는 여성이 여성을 돌본다는 점이었다. 나는 민족지에서 거의 연구되지 않은 여성적 측면에 대하여 인류학적 관심이 급증하고 있다는 사실에서 힘을 얻었다. 또한 한국 여성들의 의례가 신령, 실천, 관계로 짜인 색색의 융단임을 발견했다. 나는 이 전통의 풍성함과 이 전통을 영속하는 여성들의 열정을 골고루 보여 주었다. 내가 이 책에서 의도한 바는 한국인의 삶에 대한 이국적인 주석을 다는 것, 혹은 여성 인류학자가 여성 문화에 가지는 관심 이상의 것이다. 이런 실천들이 고대의 잔존물로서 혹은 여성 하위문화의 배타적 카타르시스를 위한 기제로서 연구되는 한, 연구자들은 한국인의 삶이 가진 독특한 핵심을 놓치게 될 것이다. 한국의 여성을 제외한다면, 그리고 지금까지 한국을 정의하는 데 충분하다고 여겼던 중국적 틀의 이면을 신중하게 탐구하지 않는다면 한국사회를 이해하기는 어려울 것이다.

부록

전씨 가족의 굿

거리	등장한 신령들	의례장소	만신
첫째 거리(행주물림)	군웅대감	대문 밖	떠벌이만신
부정거리	모든 신령들	마루	떠벌이만신
조상거리	먼 조상	마루	떠벌이만신
	본향산신		
	가망		
	대신할머니		
	조상	마루/안방	
대감거리	대감	마루/집 주변	용수 엄마
	대신대감		
	여자들의 무감 서기		
불사거리	불사	마루	옥경 엄마
	칠성	장독대	
	제석, 삼신할머니	안방	
산거리/상산거리	호구	마루	
	천당에 들지 못한 혼령		
	장군	마루	떠벌이만신
	별상		
	신장		
	신장대감		
	밤이 되어 굿이 중지됨		
성주거리	성주	마루	의정부만신
	여자들의 무감 서기		
창부거리	창부	마루	떠벌이만신
터주거리	터줏대감	뒷마당에서	용수 엄마
	걸립		
	지신	앞마당까지	
	수문대감	대문	
군웅거리	군웅대감	대문 밖	떠벌이만신
뒷전	잡귀잡신	대문 밖	떠벌이만신

* 전씨 가족의 굿은 일반적인 굿거리 순서에 따라 진행되었다. 그러나 굿거리는 개별 굿마다 달라질 수 있다. 최길성과 장주근은 여러 가능한 굿거리의 변이양상을 소개한 바 있다. 두 연구자의 만신 제보자들 역시 영송리 근처에 살고 있었다. 김태곤(1978)은 서울 만신이 진행하는 또 다른 굿거리를 보여준 바 있다. 임석재(1970)의 경우 굿의 다양한 양상을 지역별과 유형별로 도표화하였다.

부록 2

무꾸리에 드러난 손님들의 주된 관심

관심	손님 수
질병	**16**
남편	6
자신	4
시아버지	3
성인이 된 아들	2
아이	2
남편 혹은 아들의 직장이나 가족의 사업 문제	**8**
바람에 대한 의심 혹은 확신	**8**
자신	1
남편	7
말을 듣지 않는 아들, 양자 혹은 손자	**7**
가출한 아들이 돌아오길 바람	3
반항하는 아들	4
고부관계	**3**
집 나간 며느리를 근심하는 시어머니	1
시어머니를 좋아하지 않는 집 나온 며느리	1
합가를 고민하는 시어머니	1
결혼문제	**6**
아들	1
딸	2
자신(과부 한 명과 최근에 대학을 졸업한 두 명)	3
일년신수만 본 손님	**3**

* 이 도표에는 44개의 무꾸리 사례들이 소개되었다. 7명의 경우 주된 관심이 한 가지 이상이었기에 가장 주된 관심이 무엇인지를 명확히 하기가 불가능했다. 그래서 이들이 가졌던 두 가지 이상의 관심사 모두를 기록했다.

부록 3

굿에 등장한 조상

굿의 혼란스러운 분위기를 고려해 볼 때, 내가 관찰했던 굿에 등장한 모든 조상과 귀신을 완벽하게 기록했다고 볼 수는 없다. 내가 관찰한 사례가 많지 않기(25개의 굿 사례) 때문에 여러 범주의 조상들이 등장하는 상대적 빈도수의 지표는 잠정적인 것일 뿐이다. 내가 제시한 샘플은 내가 관찰한 굿에 등장한 친족 범주의 폭을 가리키며, 다른 굿에서는 이 외에 또 다른 범주의 친족이 등장할 수도 있을 것이다.

남편의 친족	등장 횟수		부인의 친족	등장 횟수
시증조부 세대			처증조부 세대	
증조부	8		증조부	2
증조부의 첫째 부인	10		증조모	2
증조부의 둘째 부인	2			
소계		20	소계	4
시부모 세대			처부모 세대	
아버지	18		아버지	6
어머니	12		어머니	5
아버지의 첫째 부인	1		어머니의 둘째 남편	1
어머니의 첫째 남편	1			
수양아버지	1			
수양어머니	1			
소계		34	소계	12
남편 세대			부인 세대	
남편	4			
남편의 첫째 부인	7			
남편의 누나	6		부인의 언니	5
남편의 형	2		부인의 남동생	4
남편의 남동생	3			
남편 누나의 남편	2		부인 남동생의 부인	1
소계		24	소계	10
자식			자식	
아들	3			
딸	3			
조카(남)	1			
조카(여)	2		조카(여)	1
소계		9	소계	1
총계		87	총계	27

* 이상에 제시된 것 이외에 큰집과 작은집에서 온 조상들도 계산해 보았다. 남편과 시부모 혹은 시증조부 큰집 친척들이 7회 등장하였으며, 이들의 작은집 친척들은 9회 등장하였다. 위로 3세대 혹은 4세대 조상들과 삼촌 및 사촌 친척들은 주로 지나가듯이 언급되었다. 내 계산에 따르면, 팔촌 친척에 대한 언급이 한 번 있었으며 처부모의 큰집 친척에 대한 언급 역시 단 1회에 불과했다.

옮긴이의 글

이 책은 영어권에서 활동하는 한국학자나 샤머니즘 연구자에게 한국 무속에 대하여 가장 권위 있는 책으로 읽히고 있는 로렐 켄달Laurel Kendall 의 『Shamans, Housewives, and Other Restless Spirits: Women in Korean Ritual Life』(Honolulu: University of Hawai'i Press, 1985)를 완역한 것이다. 이 책을 번역하게 된 계기는 번역자들이 학문적으로나 개인적으로 저자에게 받은 영향과 무관하지 않다. 이 책이 출판될 당시 김성례 교수는 미시간 대학교(앤아버) 인류학과에서 제주도 4·3사건의 경험과 기억이 어떻게 무속의례를 통해 재현되고 전승되는가라는 주제로 박사학위논문을 작성하는 중이었다. 무속 종교인으로서 무당과 무속문화의 주요 행위자로서 여성의 사회관계가 형성되는 집과 가정, 마을의 공동체 생활을 생생하게 기술하는 켄달의 민족지적ethnographic 방법론은 한국무속 연구의 새로운 전범을 제시했다. 특히 '여성의 관점'에서 무속문화에 주목한 저자는 김성례 교수가 학위논문을 마치고 1989년 귀국한 후 학문 경력을 쌓아 가는 동안에도 여성학과 여성(젠더)인류학의 선배이자 멘토로서 후원자가 되어 주었으며 귀중한 조언을 아끼지 않았다. 김동규 박사는 1997년 김성례 교수의 서강대학교 대학원 세미나를 통해서 이 책을 접했는데, 이 책을 번역하자는 의견이 나왔던 것도 그때였다. 본격적으로 이 책의 번역을 시작한 때는 김동규 박사가 캐나다 브리티시컬럼비아 대학교에서 현대 한국사회에서 무속의 다원성에 대한 논문으로 동아시아학 연구로 박사학위를 받고 귀국한 2012년이었다. 두 번역자 모두 이 책의 가치와 의의를 마음속으로 공유하고 있었고, 이 책이 반드시 한국어로 번역되어 국내 연구자뿐만 아니라 일반 독자에게도 폭넓게 읽히기를 바랐다. 초고를 완성하여 저자에게 보내 의견을 받고, 2013년부터 2015년까지 저자가 한국에 올 때마다 함께 만나 긴 시간 동안 번역 원고를 확인했다. 한국어판 서문에 저자는 자신의 기억력에 대해 겸손하게 이야기했지만, 번역자들에게 저자가 당시에 기록한 현지노트의 일부를 제공해 주기도 했으며 당시에 사용된 용어들을 바로잡아 주었다. 저자의 이 같은 헌신적인 노력 덕분에 이 번역서가 저자의 의도에 보다 가깝게 완성될 수 있었다고 생각한다.

영어권 독자들이나 번역자들이 생각하는 이 책의 권위 및 의의와는 별도로, 번역 과정에서 국내 연구자들에게 느꼈던 상반된 두 가지 시선이 있었다. 하나는 출판된 지 30여 년이 지났으며 국내 학자들의 무속 기록과 연구서들이 이미 많이 있는데 굳이 외국인 학자의 무속 연구서를 번역할 필요가 있는가 하는 부정적인 시선이었으며, 다른 하나는 도대체 언제 이 번역을 마무리하느냐며 격려해 주는 시선이었다. 이 두 가지 상반된 시선은 무속에 접근하는 국내 학계의 상이한 이론적 태도를 반영하는 것으로서, 무속의 원형을 발굴하고 복원하려는 '원형론'적 경향과 무속의 현재성 및 사회문화적 구성이라는 측면을 부각하는 '구성주의constructionism'적 경향의 대립으로 구체화된다. 이러한 경향은 한국 지성사의 맥락에서 무속에 접근하는 이론적 패러다임의 변화와 밀접한 관련이 있다.

무속에 대한 관심과 연구는 초기 서양 선교사들에게서 비롯되었다고 할 수 있지만 본격적으로는 일제 강점기의 식민주의와 그 반사적 이미지로 형성된 민족주의의 대립이라는 패러다임에서 비롯되었다. 이 패러다임에서 한국무속은 '한국인'·'한국종교'·'한국문화'를 이해하고 규정하는 데 중요한 소재로 부각되었으며, 원형原形 혹은 고형古形에 가장 근접한 무속을 발견하고 보존하는 것이 연구의 중심과제였다. 이러한 입장에 기반을 둔 무속 이해는 지금까지도 국내 학계의 주류를 차지하고 있으며, 정부와 지방자치단체에 의해 무형문화재로 지정된 다양한 무속의례들 배후에 원형론의 입장이 자리하고 있음에는 의심의 여지가 없다. 무속의 진정성과 순수성을 과거의 신화적 시대까지 소급하여 설정하는 문화적 전통주의cultural traditionalism 혹은 원시주의primitivism의 한 형태로 이해 가능한 무속의 원형론은 물상화된reified 형태의 '무속'을 창출해 냈지만, 살아서 우리 주위에서 숨 쉬고 있으며 다양한 환경에 적응하며 변화하는 무속의 실제적인 실천을 이해하는 데에는 성공적인 틀을 제공하지 못한다. 예컨대 서울 시내에서 한 해 동안 3만~4만여 건의 굿이 벌어진다고 보고된다. 이들 가운데 문화재 보유자로서 소위 의례의 원형에 신경 써가며 의무적으로 행하는 무당의 정기공연은 불과 몇십 회 정도이며, 대부분은 현대 한국인들이 구체적인 삶의 맥락에서 발생하는 문제나 욕망과 관계된 사항들을 다루는 의례들이라 할 수 있다. 하지만 원형론에 입각해 이해한다면, 수만여 건의 굿을 후원하는 사람들의 종교적 실천은 세속적 욕망을 위한 것으로 굿의 순수성을 상실한 것으로 오해될 뿐이다.

그러나 문화재로 지정된 무당의 정기공연조차 파편적인 기록들과 무당의 왜곡된 기억에 의해서 원형으로 추정된 것일 뿐 결코 증명될 수 없는 것이다. 이러한 문제의식 속에서 등장한 구성주의적 접근은 한국의 지성사적 맥락에서 구성된 단일한 실재single unity로서 '무속'을 해체하고, 동시대인들의 구체적인 사회적 삶의 맥락에서 끊임없이 재구성되는 무속의 현재성을 강조하는 경향을 지닌다. 국내 무속연구에서 이러한 입장은 「무속전통의 담론 분석: 해체와 전망」(『한국문화인류학』 22, 1990)의 발표와 함께 처음 출현했다. 물론 이 논문은 구성주의적 입장을 전면에 내세웠다기보다 기존의 '전통'과 '원형'이 구성되는 과정을 해체하고 동시대인들의 무속실천을 이해할 수 있는 해석적 틀interpretive framework 마련의 시급함을 역설한 것이었다. 하지만 아직까지 국내의 구성주의적 무속연구가 원형론의 문제점을 지적하는 담론 분석이나 단편적인 사례 분석에 그치고 있다는 아쉬움이 있다. 어쩌면 구성주의에 기반해서 뚜렷한 연구 성과를 내는 것은 그리 간단한 작업이 아닐지도 모른다. 무당, 단골, 사회적 맥락 및 구조 등에 대한 포괄적 지식과 이들 사이의 상호관계에 대한 장기 현지조사 없이는 이론적 논의에 그칠 확률이 높기 때문이다. 바로 이것이 출판된 지 30여 년이 지났지만 이 책이 여전히 가치 있는 이유를 알려 준다.

이 책에서 저자는 문화재급 무당의 불완전한 기억에 의존하지도 않으며, 무속의례의 원형을 추정하고 그 흔적을 발견하거나 자신이 관찰한 굿을 그 원형과 비교하지도 않는다. 저자 스스로 본문에 밝혔듯이, 원형에 충실한 의례들은 기존의 국내 연구자들에 의해서 충실하게 기록되고 복원되고 있었다. 그러나 이들의 기록이 기반을 둔 무당들의 기억이 얼마나 충실한가라는 질문과 별도로, 권위를 가진 연구자가 관찰하는 공적 장소에서의 의례와 실제 단골들의 요구로 행해지는 즉흥성이 강한 구체적인 의례는 서로 다르다는 점을 지적할 필요가 있다. 이 책의 첫 장에서 기술한 전씨 가족의 굿은 독자들이 마치 당시 현장에 함께 앉아 있다고 착각할 정도로 세밀하고 생생하게 묘사되어 있다. 이 생생함은 무속을 오랫동안 연구해 온 번역자들의 경력 때문이기도 하지만 저자의 인류학적 훈련과 세심함에서 비롯된 것이기도 하다. 생생한 의례 현장에 대한 기술이 돋보이는 것은 저자가 특정한 의례 자체만을 기술한 것이 아니라, 그 의례를 하게 된 구체적인 맥락과 의례 이후의 변화까지 모두 서술하고 있기 때문이다. 다시 말해, 의례를 그 자체의 의미를 지닌 독립적 실체로 파악하는 것이 아니라, 의례적 실천이 의미를 가지게 되는 사회적 맥락을 함께 기술하고 있기 때문인 것이다. 현실적으로 이러한 기술이 가능했던 것은 저자가 장기간 현지에 체류하면서 현지인들의 일상생활을 관찰하고, 연구자인 동시에 용수 엄마의 신딸―진정한 의미의 신딸은 아니었다고 하더라도―이자 단골로서 복합적인 사회적 위치를 확보했기 때문이다. 이런 맥락에서 켄달의 민족지적 문화기술을 위한 '현지조사'는 최근에 민속학자들이 의례 자체만을 기술하기 위해 실시하는 '현장연구'와 대비된다.

무속을 구체적인 맥락에서 재구성되는 과정으로 파악하는 저자의 입장은 이 책이 출판된 지 20여 년 후 발표한 저술에서 보다 뚜렷하게 드러난다(*Shamans, Nostalgias and the IMF: South Korean Popular Religion in Motion*, University of Hawai'i Press, 2009). 이 저술에서는 후기 자본주의, IMF라는 위기상황, 문화재 지정 등 무속을 둘러싼 사회적 조건이 무당과 신령 그리고 단골의 무속 실천에 어떤 변화를 초래하였고 그 실천을 통해서 무속이 어떻게 변화되고 확장되었는가를 서술했다. 최근에는 무신도巫神圖의 사회적·종교적 의미가 무신도를 둘러싼 다양한 사회적 실천을 통해서 어떻게 구성되는가를 한국의 근대성과 관련 지은 연구를 출판했다(Laurel Kendall, Jongsung Yang, Yul Soo Yun, *God Pictures in Korean Contexts: The Ownership and Meaning of Shaman Paintings*, University of Hawai'i Press, 2015). 이상의 일련의 연구를 통해서 드러나는 저자의 특징은 무속을 원형(본질) 대 변화의 이분 법적 틀에서 이해하는 것이 아니라 끊임없는 변화와 재구성의 과정으로 본다는 것이다. 아쉽게도 이러한 저자의 연구방법론은 지금껏 국내 학계 에서 진지하게 인정받지 못했으나, 이 책의 번역을 계기로 무속을 보는 시 선과 관련해서 보다 폭넓은 스펙트럼이 형성되기를 기대한다.

　지금까지 이 책의 의의를 무속 연구와 관련해서 설명했지만, 일반 독자 도 이 책을 상당히 흥미롭게 읽을 수 있으리라 생각한다. 그 이유는 한국 여성의례가 남성을 중심으로 구성된 한국사회에서 하위문화라기보다는 한국인의 종교생활을 가능케 하는 상보적 역할을 하고 있다는 저자의 주 장이 현지인들의 생생한 목소리를 통해서 묘사된다는 점에 있다. 이 책에 서 말하는 현지인들의 생활은 그리 멀지 않은 과거의 것이기에, 이 책을 읽 으면서 어떤 독자는 자신의 과거를 추억할 수 있을 것이고, 또 다른 독자는 어머니 혹은 할머니 세대의 생활을 엿볼 수 있을 것이다.

　이 책을 번역할 때 주의를 기울인 용어 문제를 언급하고자 한다. 이 책의 주요 무대인 '영송리'나 영송리가 위치한 경기도 북부의 '명주'는 가명假名 이다. 제보자들이 직접 거주하는 곳이 아닌 안양이나 의정부 등의 지명은 그대로 사용했기 때문에 혹시 어떤 독자들은 이를 토대로 명주나 영송리 가 실제로 어디인지 확인하려 들지도 모르겠다. 번역자들은 절대 그런 일 이 발생하지 않기를 바랄 뿐이다. 과거에 한 학회에서 발표할 때 제보자의 이름을 가명으로 썼는데, 발표가 끝난 후 누군가 다가와 "혹시 아까 말씀하 신 ○○○ 씨가 ○○○ 씨 맞죠?"라고 물었다. 자신 역시 그 제보자를 안다는 점을 자랑하고 싶은 건지 혹은 발표 내용의 사실성을 확인하려고 한 건지는 알 수 없지만, 이런 질문은 민족지의 본질을 오해한 데에서 비롯된다. 인류학자가 민족지를 작성할 때 가명을 사용하는 것은 연구 윤리를 준수해서 제보자에게 피해가 가기를 바라지 않는 까닭도 있지만, 민족지가 객관적 사실들의 단순한 집합이 아니라는 점을 보여 주는 행위라고 설명될 수 있다. 민족지적 만남ethnographic encounter이 전제하는 것은 연구자와 객관적 연구대상, 혹은 연구자와 투명한 사실의 만남이 아니라 서로 다른 의도를 가진 두 주체subjectivity의 만남이다. 따라서 민족지는 두 주체 사이에서 벌어지는 일종의 협상의 결과이며, 투명한 사실의 기록이라기보다 특정한 의도로 가공된 이야기인 것이다. 이런 맥락에서 가명 사용은 민족지적 만남을 통해 가공된 현실이라는 점을 부각하는 장치로 이해되어야 할 것이다.

용어 문제와 관련하여 한 가지 더 언급할 것은 이 책의 번역에서 '가정신령'이라는 용어가 등장한다는 점이다. 집안에 위치한 다양한 신령들을 가리키는 '가택신' 혹은 '집지킴이' 등의 용어가 기존에 사용되고 있지만, 이러한 용어들은 전씨 가족의 대신할머니처럼 가족의 특정 조상이 신격화된 경우나 가족의 의례적 전통에 따라 특별히 모시는 신령들을 포함하지 않는다. 이런 까닭에 '가정신령'이라는 용어를 사용해서 보다 폭넓은 가정 내의 의례적 실천을 보여 주려 했다.

이 책을 번역하면서 문체나 내용 면에서 저자가 생각한 바를 충실하게 옮기고자 하였으나 보다 매끄러운 독해를 위해 문장을 다듬는 과정에서 살리지 못한 영어 표현들이 있을 것으로 생각된다. 또한 애초에 영어권 독자를 대상으로 쓴 글이기에 국내 독자에게 익숙한 역사적 사실을 기록한 일부 주석은 번역하지 않았음을 밝힌다. 번역판에 수록한 무속용어 설명은 국내 일반 독자를 위해 김동규 박사가 따로 작성하였으며, 본문의 사진은 저자가 소장한 자료 중 내용을 이해하는 데 도움이 될 만한 것들을 번역자들이 선정하여 실었다.

마지막으로, 번역하는 동안 초고를 꼼꼼하게 읽어 주고 과거의 기억들을 끄집어내어 보다 생생한 용어를 알려준 켄달 선생께 감사의 말씀을 드린다. 일조각 편집부 오지은 씨의 정성 어린 교정 작업이 없었다면 번역을 마무리하지 못했을 것이다. 지면을 빌려 감사의 인사를 전한다. 혹시라도 이 책을 읽으면서 매끄럽지 못한 문장이나 오역이 발견된다면 그것은 모두 번역자의 실수임을 밝힌다.

2016년 3월

김성례 · 김동규

무속 용어 설명

여기에서는 일반 독자들을 대상으로 무속 용어를 설명하였다. 어떤 용어들은 여러 사전류 저서에 그 의미가 설명되어 있지만, 번역자의 연구 경험에 비춰 볼 때 사전 항목의 저자 의견에 모든 연구자와 무당이 동의한다고 보기 어렵다. 용어의 다양한 의미와 해석 가능성은 구술문화라는 무속의 특징에서 기인하지만, 이는 객관적 사실보다는 경험적 현실에 더 큰 가치를 부여하는 무속의 한 특징을 반영한 것이기도 하다. 물론 이러한 번역자의 생각은 논쟁거리가 될 수 있지만, 독자들이 이 설명을 보면서 염두에 두기를 바라는 것은 이 용어 설명이 일종의 그릇일 뿐이라는 점이다. 그릇에 담길 구체적이고 특정한 내용물은 무속의 다양한 실천자들의 개인적 경험과 사회적 관계를 통해서 채워질 터인데, 이러한 내용을 이해해야만 당대의 무속실천이 가지는 의의도 이해할 수 있다는 점을 유의하시길 기대한다.

가망 『한국민속대백과사전』에서 "가망은 무속에서 가장 근원이 되는 신령의 이름"이며 "망자가 저승으로 가기 위해 반드시 도움을 받아야 하는 신"이라고 설명된다. 서울굿 전통이나 경기도 북부 지역에서 이 용어가 사용되며, 황해도 지역에서는 '감흥'이라 불린다. 혹자는 무속의 기원을 단군에 두고서 '가망'이나 '감흥(감응)'을 단군으로 해석한다. 이 책에서는 저승사자를 가망으로 표기하고 있는데, 이것은 용수 엄마의 설명에 기반을 둔 것으로서 용수 엄마가 가망을 망자나 조상과 관계 깊은 존재로 인식하고 있음을 보여 준다.

가택신家宅神 집을 지키며 집안의 운수를 좌우하는 신으로서 요즘은 '집지킴이'라고도 불린다. 이 책에 소개된 대로 가택신은 성주신, 터주신, 측신(변소각시), 문간신 등 집 안 곳곳에 위치한다. 유념할 것은 가택신과 저자가 사용하고 있는 가정신령의 의미가 약간 다르다는 점이다. 각 가정의 조상 가운데 신격화되어 그 집안의 대소사에 영향을 미치는 신령까지 포함해서 가정신령이라고 한다면, 가택신은 물리적 집과 관련된 신격들로서 가정신령의 범주에 포함되어 이해될 수 있다.

강신무降神巫 세습무와 구분되는 개념으로서, 신이 내려 무당이 된 유형을 말한다. 강신무들은 무업을 해 나가는 동안 새로운 신령들을 지속적으로 받아 모시게 된다.

걸립乞粒 어떤 목적을 위해서 여러 사람에게 곡식이나 물품을 얻으러 다니는 행위를 가리킨다. '걸립'은 무속신 가운데 대감신령의 한 유형으로 사용되기도 하는데, 이때는 걸립대감이라고 부른다. 업신의 일종으로서, 무당에게는 손님을 끌어다 주고 재물을 모아 들이는 신령으로 이해된다. 굿을 하는 가운데 걸립대감이 노는 모습을 '걸립 논다'라고도 한다. 이때 '걸립'은 재물을 모으기 위해 여기저기 다니는 행위를 의미한다.

공수 한자어로 공창空唱이라고도 한다. 기본적인 뜻은 무당이 신이 내린 채 신의 의지를 전하는 말이다. 공수는 무당을 찾은 사람이 현재 직면한 문제의 원인을 밝혀줄 뿐 아니라 문제의 해결 방법을 알려 준다. 이 용어가 일반적으로 사용되지만 전라도에서는 '공줄'혹은 '공사'라고도 하며 경상도에서는 '포함'이라고 부르기도 한다.

공주(호구) 천연두나 마마에 실려 죽어 신격화된 존재를 말하기도 하며, 천연두와 마마를 일으키는 신격으로 이해되기도 한다. '호구별상' 혹은 '호구별성'이라고도 불린다.

군웅대감 여러 대감신령 중 하나이다. '군웅'은 장군신의 성격을 지닌 것으로 이해되기도 하며, 때로는 비정상적인 죽음을 맞은 후 몰려다니는 여러 잡귀집단으로 생각되기도 한다. 이처럼 무당과 지역적 전통에 따라 '군웅'의 의미는 다양하게 해석된다. 서울 지역 굿의 대감거리에서는 굿을 하는 집안의 조상 가운데 벼슬한 대감이 있으면 '군웅대감'이라고 부르고 놀리는 경우가 있는데, 이 책에서도 유사하게 사용된다.

기주祈主 굿을 하는 가정의 대표 자격을 가지고 굿을 하는 동안 신령에게 비는 여성을 가리킨다. 가족/가정의 문제와 별개로 진행되는 굿도 관찰할 수 있는데, 이런 경우 '기주'는 굿을 의뢰한 여성을 가리킨다. 따라서 일반적으로는 가정을 대표하는 나이 든 여성을 가리키지만, 이 경우에는 나이와 상관없이 굿을 의뢰한 여성을 가리키는 용어라고 정의할 수 있다.

당주堂主 일반적으로 굿을 연행하는 공간인 '굿당'의 주인을 '당주'라고 한다. 서울 지역의 굿에 '당주무당' 혹은 '당주'라는 표현이 있는데, 이 경우 '당주'는 손님으로부터 굿을 직접 의뢰받아 굿을 전반적으로 지휘하고 책임지는 무당을 가리킨다.

대감大監 가정을 중심으로 이루어지는 무속의례에서 섬기는 신령 중 하나이다. 대감이 굿에서 차지하는 비중은 무당이 속한 지역적 전통이나 무당의 정체성에 따라서 다르다. 일반적으로는 가장과 비교되며 대들보에 모셔지는 성주대감, 집안의 나이 든 여성과 비견되는 성격의 텃대감(터줏대감) 등 다양한 대감이 있다고 알려져 있다. 집안에 벼슬을 했던 조상이 있으면 굿을 하는 도중에 '벼슬대감'이 놀기도 한다. 이 책에서는 성주는 남성, 터주는 여성과 관련되어 설명되지만, 성주대감과 텃대감 모두 남성과 여성의 성격을 다 가지고 있는 것으로 설명되기도 한다.

대감거리 대감신령을 초청하여 대접하는 굿거리이다.

대신大神 '대신'이라는 용어가 단독으로 무속에서 사용되는 경우는 찾아보기 힘들다. 일반적으로 '성주대신', '조왕대신', 산왕대신'처럼 특별한 신격 뒤에 붙어서 사용된다. 특정한 신격을 높여 부르는 데 사용되는 표현으로 생각된다.

대신할머니 일종의 '무당조상'이라 할 수 있다. 무당이 죽은 후 다른 무당에 의해 모셔지는 경우에도 이러한 신적 존재를 대신할머니라고 부른다. 황해도에서는 이런 존재를 '성수'라고도 부르는데, 남자 무당이 죽어서 모셔지면 '남성수', 여자인 경우에는 '여성수'라고 한다. 서울 지역 전통의 무신도巫神圖에서는 방울과 부채를 들고 점상 앞에 앉은 여성으로 그려진다.

대주代主 굿 하는 집안의 남성 가장을 가리킨다.

도당都堂 마을의 수호신을 모시고 제사 지내는 집. 서울, 경기 등지의 중부 지역에 주로 분포해 있다.

동자별상童子別上(別星) 어린 남자아이의 이미지를 가진 신격을 '동자'라고 한다. 동자별상은 동자신 중 하나이며, 가정 내에 어려서 죽은 아이가 있는 경우 동자별상으로 대접받기도 한다. '별상'이 왜 여기에 붙어서 사용되는지는 명확하지 않다.

만수받이 '만세받이'라고도 불린다. 굿의 각 거리가 시작될 때 무당은 그 거리에서 모셔지는 신령을 초청하는 무가巫歌를 부르는데, 보통 이러한 무가를 가리킨다. 굿하는 시간, 장소, 제가집, 모시는 신령들의 이름과 옷차림 등 다양한 내용을 담는다. 한편, 굿거리가 끝날 때 모셔졌던 신령이 '잘 놀았다'는 내용을 담은 '날만세'가 있는데 이러한 종류의 무가까지 모두 포함하여 만세받이 혹은 만수받이라고 한다.

만신萬神 무당의 별칭으로서, 수많은 신령을 모셨다는 의미에서 '만신'이라고 부른다.

만신전萬神殿 다양한 신격을 모신 물리적 신전을 뜻하거나, 이 책에서 보듯이 각 가정의 초자연적 전통에 따라 대접되는 모든 신격을 가리키기도 한다.

명두明斗 '명도明圖'라고도 부른다. 놋쇠로 만든 무구(무구 혹은 신구) 중 하나로서 '신의 거울'이다. '일월대명두日月大明斗', '칠성명두七星明斗', '서낭명두' 등 다양한 종류의 명두가 있으며, 굿을 하는 굿청이나 만신의 신당에 걸어 둔다. 명두의 빛을 따라서 신령이 온다고 하는 믿음이 있다.

목신동법 '동법'은 '동티'라고도 불린다. 나무로 만든 제품이나 나무를 집안으로 들여오고 난 뒤 식구 중에 누군가가 아프게 되면 '동티가 났다'라고 한다. 목신동법은 이 책에서 기술한 대로 나무의 이동에 따르는 해로운 기운이라고 할 수 있으며, 인격화된 신격은 아닌 것으로 보인다.

몸주 무속적 세계관에 따르면 사람은 누구에게나 자신의 몸주가 있다. 흔히 '신명 나게 논다'고 할 때 '신명'의 의인화된 표현으로 이해할 수도 있다.

무감 굿은 보통 '열두 거리'로 이루어져 있다고 한다. 여기서 12는 다만 상징적인 의미를 가진 숫자일 뿐 실제 굿은 더 많은 거리로 구성된다. 굿의 각 거리 사이사이에 굿을 의뢰한 가정의 식구들이나 참여자들이 무당의 신복을 입고서 춤을 추는데 이때 추는 춤을 '무감 선다' 혹은 '무감 춘다'고 한다.

무꾸리 점占과 같은 의미를 가진 용어이다. 처음 무당을 방문하여 신당에서 문제의 원인을 신령에게 물어보고 진단받는 행위이다. 이후에 추가적인 의례가 따를 수도 있으며, 한 번의 점으로 끝날 수도 있다. 중요한 것은 무꾸리가 무속의례의 첫 단계라는 점이다.

미친굿 잡귀잡신에 빙의되어 미친 사람을 위해 행하는 굿이다.

변소각시 화장실에 거주한다고 알려진 신격으로, 가택신의 일종이다.

별비別費 굿을 하는 도중 신령에게 '정성'을 보이기 위해서 지출하는 돈을 가리킨다. 이렇게 돈을 바치는 행위를 '별비를 쓴다'라고 하는데, 처음에 굿 비용을 정할 때 예상되는 별비를 포함하여 비용이 정해지는 경우도 있으며 별비를 제외하고 굿 비용을 책정하는 경우도 있다. 일반적으로 대감거리에서 가장 많이 별비를 쓰며, 조상거리에서 조상의 천도를 위해 별비를 쓰기도 한다.

별상(별성) 별상別上이나 별성別星이라고 불리는 이 신격의 정체에 대해 일치된 의견을 찾기가 쉽지 않다. 어떤 경우에는 호구별상과 동일시되어 천연두신을 가리키며, 또 어떤 경우에는 장군의 이미지를 가진다. 서울 지역에서는 사도세자를 가리키는 경우도 있다. 곤룡포를 입고 화살통을 메고 양손에 청룡도와 채찍을 든 모습으로 보아 왕실의 인물과 관련이 있음을 추측할 수 있다. 하지만 이 책에서는 별상을 저승사자Death Messanger로 이해하고 있는 것 같다.

복잔 신령이 잘 대접받고 난 뒤 재수와 복을 담아 내리는 술잔을 말한다.

본향산신本鄕山神 본향산신은 조상들이 묻혀 있는 선산에 있는 산신을 의미한다. 조상들이 굿에 초대받아 올 수 있는 것은 바로 이 산의 산신이 허락하고 문을 열어 주어야 가능하다는 믿음이 있다.

불사佛師 유명한 불교의 승려가 신격화된 존재 또는 불교와 관련이 있는 신격의 총칭이다.

산신山神 산에 거주한다고 믿어지는 신이다.

삼신할머니 백발의 백색 한복을 입은 이미지로 표현되며, 아이를 점지해 주고 보호해 주는 여성 신격이다.

서낭 보통 마을 입구에 거주한다고 알려진 신격으로서, 외부로부터 해로운 힘이 들어오지 못하도록 마을을 보호하는 신격이다.

성주城主 가택신의 일종으로서 대들보에 거주한다고 믿어지는 신이다.

성주거리 집의 대들보에 모셔진 성주신을 대접하는 거리이다. 집의 수호신인 성주를 대접하는 이 거리에서는 집이 지어지는 과정을 모두 노래하는 무가가 불리기도 한다.

성주받이 집을 새로 짓거나 이사한 뒤에 성주신을 모시는 의례를 행하는데, 이를 성주를 받는다는 의미에서 '성주받이'라 한다.

세습무世襲巫 부모로부터 무업을 계승한 무당을 가리키는 용어로서, 무당집단 내의 용어라기보다는 학술적 용어이다. 신내림을 통해 무당이 되는 '강신무'와 비교되는데, 현대 학자들은 세습무와 강신무 구분은 유형론적 구분일 뿐이며 명확한 구분법이 아님을 지적하고 있다. 그러나 경기 이남 지역의 무속 전통에서 과거에는 세습무가 강신무보다 더 우세했다는 것은 잘 알려져 있다.

시왕전十王殿 사람이 죽으면 저승에서 현생의 생활에 근거한 심판을 받는데, 열 명의 왕王이 각각 하나씩 전전殿을 차지하고서 망자를 심판한다고 믿어진다. 위경僞經으로 알려진 『시왕경』에 근거한 것으로서, 무속에 유입된 불교의 흔적으로 볼 수 있다.

신장神將 잡귀잡신이나 해로운 기운을 물리치는 신격으로서, 도교의 영향을 보여 주는 것으로 생각되기도 한다. 대표적으로 다섯 방위를 책임진 신장인 오방신장五方神將을 들 수 있다. 굿하는 동안 청, 홍, 백, 황, 흑색의 깃발이 사용되는 장면을 목격할 수 있는데, 이 깃발을 오방신장기五方神將旗라고 부른다.

신장대감神將大監 복을 전해 주는 대감이라는 점에서 다른 대감신령과 유사한 역할을 한다. 굿거리에서 등장할 때 오방신장기를 들고 있으며, 단골들에게 오방신장기를 뽑게 하여 점을 쳐주기도 한다.

십대왕十大王 명부冥府세계에 있으면서 죽은 사람의 선업善業과 악업惡業을 재판하는 열 명의 왕이다.

안제 제주도 지역 무속의례 중 집 안에서 여성들 주도로 이루어지는 의례를 말한다. 집 안에서 지낸다는 의미에서 '안제'라고 한다.

여대감 대감신령들 중 여성으로 이해되는 신격이다. 대감신령이 복을 가지고 오는 방법을 무가에서는 이렇게 묘사한다. "남대감은 지고 오고, 여대감은 이고 오고." 남신과 여신 모두를 상상하는 무속적 사고의 한 측면을 반영한다.

여탐 예탐이라고도 부른다. 보통 혼인하기 전에 신령과 조상에게 혼인을 알리는 굿으로서 혼사굿이라고도 한다. 그러나 이 책에서 설명하듯이, 환갑이나 인생의 전이를 나타내는 잔치를 하기 전에 행하는 의례도 여탐이라고 한다.

영산 정상적으로 후손을 남기고 죽은 영혼인 '조상'과는 다르게 비정상적인 방식으로 죽은 사람의 영혼을 가리킨다. 무가에서 '칼에 맞아 죽은 영산', '죽창에 찔려 죽은 영산' 등 다양한 방식의 죽음을 맞이한 혼령이 등장한다.

오방신장기五方神將旗 굿에서 무당이 청, 홍, 백, 황, 흑색의 깃발을 들고 춤을 추거나 이 깃발을 손님에게 뽑게 하여 점을 치는데, 이 다섯 가지 색깔의 깃발이 오방신장을 상징한다.

오방터전 동서남북의 네 방위와 중앙을 합쳐서 오방五方이라 한다. '오방터전'은 다섯 방위의 터를 말하는 것으로서, 인간이 발을 딛고 서 있고 활동하는 모든 땅을 가리킨다고 볼 수 있다. 이 터에 거하는 신격을 말하기도 한다.

옥수(정화수/정안수) 신령께 바치는 깨끗한 물을 옥수, 정화수, 정안수라 부른다.

장군將軍 무당이 모시는 신령으로서, 대표적으로 최영 장군과 임경업 장군이 있다. 살아 있을 때 신비한 능력을 보였거나 충신으로 살다가 죽은 장군이 신격화된 것으로서, 다양한 계통의 무속신령 중 인신人神 계통에 속한다.

전물奠物 신령에게 바치기 위해 차린 음식을 가리킨다.

점사占事 무당이 점을 치는 행위를 말한다.

제금提金 '바라'라고도 부르며, 놋쇠로 만들어진 무구巫具이다. '해와 달'이라고도 부르며 불교 계통의 신령이나 '칠성'을 모시고 놀 때 사용된다. 불교의례에서도 사용되며, 이것을 들고 추는 춤을 '바라춤'이라고 한다.

제석帝釋 인간의 수명과 운명 및 농업을 관장하는 하느님의 성격을 가진 신으로 알려져 있다. 단군신화의 환인桓因과 관련 지어 한국의 천신신앙天神信仰 전통을 보여 주는 것으로 해석되기도 한다.

조상말명 집안 출신의 조상 가운데에서 비정상적인 죽음을 맞아 살아 있는 사람들에게 문제를 일으키는 존재를 가리킨다. 비정상적인 죽음 때문에 제대로 된 제사를 받지 못하며, 한恨이 많아 문제를 일으킨다고 생각된다.

조왕신竈王神 가택신 중 하나로서 부엌 아궁이에 거주하는 신이다.

지신동법 지신地神은 토지신土地神을 말한다. 이 신에게 고하지 않고 흙을 함부로 옮겨 건축한다거나 집수리를 하면 '지신이 발동한다'고 한다. 이는 땅을 인격신화한 설명이다. 흙의 이동과 관련하여 발생한 문제의 배후에 있는 해로운 기운을 지신동법이라 한다.

지신제地神祭　지신을 모셔 대접하는 의례를 가리킨다.

진오기굿　죽은 사람을 극락으로 천도薦度하기 위해서 행하는 굿을 말한다. 진오귀굿, 오구굿, 망무기굿, 씻김굿 등 지역에 따라 다양한 이름으로 불린다.

창부거리　창부신倡夫神은 광대나 예인藝人들이 모시는 신으로 설명되기도 하며, 이들 가운데 죽어서 특별히 신격화된 경우를 말하기도 한다. 이 신을 대접하고 놀리는 거리를 창부거리라 한다.

창부신倡夫神　광대나 예인藝人들이 모시는 신으로 설명되거나, 이들 가운데 죽어서 특별히 신격화된 경우를 말하기도 한다.

철릭　고려 중기부터 조선 말까지 사용되었던 관복을 말한다. 『한국민속신앙사전』에서는 "'첩이貼裏 · 첩이帖裏 · 천익天益'과 함께 『궁중발기宮中件記』에는 '첩이貼裏 · 첩니 · 천닉'이라 하였다. 현재 무당들은 학습된 용어인 '철릭'이라고 하지만 '철륙, 철륭, 철립, 관디' 등으로 부르기도 한다."라고 설명한다. 무당의 굿거리에 모셔지는 신령들은 모두 인간의 삶에 영향을 미칠 수 있는 '힘'을 가진 존재다. 따라서 관직을 표상하는 복장이 신복으로 사용된다는 것은 과거 한국인들의 일상에서 관리가 얼마나 힘있는 존재였는지를 추측할 수 있게 해준다.

청배請拜　무당이 신령을 내려오도록 청하는 것을 '청배한다'고 하며, 이때 부르는 무가를 청배무가라 한다.

축귀의례逐鬼儀禮　귀신을 쫓아 내기 위해 행하는 의례를 말한다. 그러나 실제로 무당들이 직접 사용하는 경우는 드물다.

칠성七星　인간의 수명과 길흉화복을 관장하는 신으로 설명되며, 무속과 도교의 관련성 속에서 설명된다. 천신계통天神繼統의 신령으로 분류되며, 별에 대한 신앙을 표현하는 것으로 설명되기도 한다.

쾌자快子　여러 가지 신복 중에서 소매가 없이 긴 옷을 가리킨다. 조선 시대 관복 중의 하나이며, 서울굿에서는 무당이 신장거리나 대감거리를 행할 때 입는다. 그러나 황해도굿에서는 가장 기본적인 신복으로서 모든 굿거리 복색을 갖출 때 입는다.

큰무당　신어머니나 신의 선생으로부터 독립하여 다른 사람 도움 없이도 스스로 굿을 진행할 수 있을 정도로 성숙한 무당을 가리킨다.

터줏대감　집터를 관장한다고 믿어지는 신령이 대감신령의 형태로 형상화된 것이다.

토신제土神祭　토지신을 대접하는 의례를 말한다.

푸닥거리　잡귀잡신이나 해로운 기운을 몰아내기 위해 행하는 소규모의 무속의례를 말한다.

호구　앞의 공주(호구) 항목에서 설명함.

홍수매기　무속에는 사람의 운세 혹은 운이 해마다 바뀐다는 믿음이 있어서, 신수를 보아 당해 운세가 좋지 못한 경우 횡액을 당할 수 있으므로 이를 막기 위해 행하는 의례이다.

참고문헌

Ahern, Emily M. 1973. *The Cult of the Dead in a Chinese Village*. Stanford: Stanford University Press.

_____. 1975. The Power and Pollution of Chinese *Women. In Women in Chinese Society*, ed. M. Wolf and R. Witke, 193-214. Stanford: Stanford University Press.

_____. 1978. Sacred and Secular Medicine in a Taiwan Village: A Study of Cosmological Disorder. In *Culture and Healing in Asian Societies*, ed. A. Kleinman, et al., 17-40. Cambridge, Mass.: Schenkman Publishing Co.

Akamatsu, Chijo, and Akiba Takashi. 1938. *Chosen fuzoku no kenkyu* (Study of Korean Shamanism). 2 vols. Tokyo: Osakayago Shoten.

Akiba, Takashi. 1957. A Study of Korean Folkways. *Folklore Studies* (Tokyo) 14: 1-106.

Allen, H. N. 1896. Some Korean Customs: The Mootang. *Korean Repository* 3: 163-168.

Beuchelt, Eno. 1975. Die Ruckrufung der Ahnen auf Chejudo (Süd Korea) Ein Ritual zur Psychischen Stabilisierung (Calling back ancestors in Chejudo, a ritual of psychic stabilization). *Anthropos* 70: 10-179.

Biernatzki, William E. 1967. Varieties of Korean Lineage Structure. Ph.D. diss., St. Louis University.

Bishop, Isabella Bird. 1897. *Korea and Her Neighbors*. New York: Fleming H. Revell.

Blacker, Carmen. 1975. *The Catalpa Bow*. London: George Allen and Unwin.

Bogoras, Waldemar. 1907. *The Chukchee*. Memoir of the American Museum of Natural History, Vol. 7. Publication of the Jessup North Pacific Expedition. New York:

American Museum of Natural History.

Brandt, Vincent. 1971. *A Korean Village: Between Farm and Sea*. Cambridge: Harvard University Press.

Chang, Chu-gŭn. 1973. *Kankoku no mingan shinkō* (Korean folk beliefs). Tokyo: Kinkasha. (English summary 2-15).

Chung, Bom-mo, Cha Jae-ho, and Lee Sung-jin. 1974. *Boy Preference and Family Planning in Korea. Seoul*: Korean Institute for Research in the Behavioral Sciences.

_____. 1977. Boy Preference Reflected in Korean Folklore. In *Virtues in Conflict: Tradition and the Korean Woman Today*, ed. S. Mattielli, 113-127. Seoul: Royal Asiatic Society.

Clark, Charles Allen. [1932] 1962. Religions of Old Korea. Reprint. Seoul: Society of Christian Literature.

Cohen, Myron L. 1976. *House United House Divided: The Chinese Family in Taiwan*. New York: Columbia University Press.

Colson, Elizabeth. 1969. Spirit Possession among the Tonga of Zambia. In *Spirit Mediumship and Society in Africa*, ed. J. Beatie and J. Middleton, 69-103. New York: Africana Publishing Corp.

Curley, Richard T. 1973. *Elders, Shades, and Women: Ceremonial Change in Lango, Uganda*. Berkeley and Los Angeles: University of California Press.

Deuchler, Martina. 1977. The Tradition: Women during the Yi Dynasty. In *Virtues in Conflict: Tradition and the Korean Woman Today*, ed. S. Mattielli, 1-48. Seoul: Royal Asiatic Society.

_____. 1980. Neo-Confucianism: The Impulse for Social Action in Early Yi Korea. *Journal of Korean Studies* 2: 71-112.

_____. n.d. Neo-Confucianism in Action: Agnation and Ancestor Worship in Early Yi Korea. In Religion and Ritual in Korean Society, ed. L. Kendall and G. Dix. Unpublished MS.

Dix, Griffin M. 1977. The East Asian Country of Propriety: Confucianism in a Korean Village. Ph.D. diss., University of California, San Diego.

_____. 1979. How to Do Things with Ritual: The Logic of Ancestor Worship and Other Offerings in Rural Korean. In *Studies on Korea in Transition*, ed. D. McCann, J. Middleton, and E. Shultz, 57–88. Honolulu: Center for Korean Studies, University of Hawaii.

―――――――. 1980. The Place of the Almanac in Korean Folk Religion. *Journal of Korean Studies* 2: 47–70.

―――――――. n.d. The New Year's Ritual and Village Social Structure. In Religion and Ritual in Korean Society, ed. L. Kendall and G. Dix. Unpublished MS.

Douglas, Mary. 1966. *Purity and Danger: An Analysis of Concepts of Pollution and Taboo*. New York: Praeger.

Durkheim, Emile. [1915] 1966. *The Elementary Forms of the Religious Life*. Reprint. New York: Free Press.

Eberhard, Wolfram. 1967. *Guilt and Sin in Traditional China*. Berkeley and Los Angeles: University of California Press.

Eliade, Mircea. 1964. *Shamanism: Archaic Techniques of Ecstasy*. New York: Pantheon.

Evans–Pritchard, E. E. [1937] 1976. *Witchcraft, Oracles, and Magic among the Azande*. Reprint, abr. Oxford: Clarendon.

Ewha Women's University, Woman Studies Project (EWUWSP). 1977. *Women of Korea: A History from Ancient Times to 1945*, ed. and trans. Y. Kim. Seoul: Ewha Woman University Press.

Fairchild, William P. 1962. Shamanism in Japan. *Folklore Studies* (Tokyo) 21: 1–122.

Feuchtwang, Stephan. 1974. Domestic and Communal Worship in Taiwan. In *Religion and Ritual in Chinese Society*, ed. A. Wolf, 105–129. Stanford: Stanford University Press.

Fortes, Meyer. 1957. *The Web of Kinship among the Tallensi*. Oxford: Oxford University Press.

Freedman, Maurice. 1958. *Lineage Organization in Southeastern China*. London: Althone.

―――――――. 1966. *Chinese Lineage and Society: Fukien and Kwangtung*. London: Althone.

_____. 1974. On the Social Study of Chinese *Religion*. In *Religion and Ritual in Chinese Society*, ed. A. Wolf, 19-41. Stanford: Stanford University Press.

_____. 1979a. Rites and Duties of Chinese Marriage. In *The Study of Chinese Society:Essays by Maurice Freedman*, ed. G. W. Skinner, 255-272. Stanford: Stanford University Press.

_____. 1979b. Ritual Aspects of Chinese Kinship and Marriage. In *The Study of Chinese Society:Essays by Maurice Freedman*, ed. G. W. Skinner, 273-295. Stanford: Stanford University Press.

_____. 1979c. Ancestor Worship: Two Facets of the Chinese Case. In *The Study of Chinese Society:Essays by Maurice Freedman*, ed. G. W. Skinner, 296-312. Stanford: Stanford University Press.

Gale, James S. [1913] 1963. *Korean Folk Tales:Imps, Ghosts, and Fairies*. Reprint. Tokyo: Charles E. Tuttle Co.

Gifford, D. L. 1892. Ancestral Worship as Practiced in Korea. *Korean Repository* 1: 169-176.

_____. 1898. *Everyday Life in Korea:A Collection of Studies and Stories*. New York: Fleming H. Revell.

Gluckman, Max. 1954. *Rituals of Rebellion in Southeast Africa*. Manchester: Manchester University Press.

Gould-Martin, Kathrine. 1976. Women Asking Women: An Ethnography of Health Care in Rural Taiwan. Ph.D. diss., Rutgers University.

Griffis, William Elliot. 1911. *Corea, the Hermit Nation*. New York: A.M.S.

deGroot, J. J. M. [1892-1910] 1967. *The Religious Systems of China*, vol. 6. Reprint. Taipei: Ch'eng-wen.

Guillemoz, Alexandre. 1983. *Les Algues, Les Anciens, Les Dieux*. Paris: Le Léopard d'Or.

Hahm, Pyung-Choon. 1967. *The Korean Political Tradition and Law:Essays in Korean Law and Legal History*. Seoul: Hollym.

Han, Chungnim Choi. 1949. Social Organization of Upper Han Hamlet in Korea. Ph.D. diss., University of Michigan.

Han, Sang-bok. 1977. *Korean Fishermen:Ecological Adaptation in Three Communi-*

ties. Seoul: Population and Development Studies Center, Seoul National University.

Harris, Grace. 1957. Possession "Hysteria" in a Kenya Tribe. *American Anthropologist* 59: 1046-1066.

Harvey, Youngsook Kim. 1976. The Korean Mudang as a Household Therapist. In *Culture-Bound Syndromes,Ethnopsychiatry,and Alternate Therapies*, ed. W. P. Lebra, 189-198. Honolulu: University of Hawaii Press.

_____. 1979. *Six Korean Women:The Socialization of Shamans*. St. Paul: West Publishing Co.

_____. 1980. Possession Sickness and Women Shamans in Korea. In *Unspoken Worlds:Women's Religious Lives in Non-Western Cultures*, ed. N. Falk and R. Gross, 41-52. New York: Harper and Row.

Henderson, Gregory. 1968. *Korea:The Politics of the Vortex*. Cambridge: Harvard University Press.

Hori, Ichiro. 1968. *Folk Religion in Japan:Continuity and Change*. Trans. J. Kitagawa and A. Miller. Chicago: University of Chicago Press.

Hulbert, Homer B. [1906] 1970. *The Passing of Korea*. Reprint. Seoul: Yonsei University Press.

Janelli, Dawnhee Yim. 1977. Logical Contradictions in Korean Learned Fortunetelling: A Dissertation in Folklore and Folklife. Ph.D. diss., University of Pennsylvania.

Janelli, Roger L. 1975a. Anthropology, Folklore, and Korean Ancestor Worship. *Korea Journal* 15: 34-43.

_____. 1975b. Korean Rituals of Ancestor Worship: An Ethnography of Folklore Performance. Ph.D. diss., University of Pennsylvania.

Janelli, Roger L., and Dawnhee Yim Janelli. 1978. Lineage Organization and Social Differentiation in Korea. *Man*, n.s. 13: 272-289.

_____. 1979. The Functional Value of Ignorance at a Korean Séance. Asian Folklore Studies 38(1): 81-90.

_____. 1982. *Ancestor Worship and Korean Society*. Stanford: Stanford University Press.

Jones, George Heber. 1902. The Spirit Worship of the Koreans. *Transactions of the Korea Branch of the Royal Asiatic Society* 2: 37-58.

Jordan, David K. 1972. *Gods, Ghosts, and Ancestors: Folk Religion in a Taiwanese Village*. Berkeley and Los Angeles: University of California Press.

Kawashima, Fujiya. 1980. The Local Gentry Association in Mid-Yi Dynasty Korea: A Preliminary Study of the Ch'angnyŏng Hyangan, 1600-1839. *Journal of Korean Studies* 2: 113-138.

Kendall, Laurel. 1977a. Caught Between Ancestors and Spirits: A *Korean Mansins* Healing Kut. *Korea Journal* 17(8): 8-23.

_____. 1977b. Mugam: The Dance in Shaman's Clothing. *Korea Journal* 17(12): 38-44.

_____. 1977c. Receiving the *Samsin* Grandmother: Conception Rituals in Korea. *Transactions of the Korea Branch of the Royal Asiatic Society* 52: 55-70.

_____. 1981. Wood Imps, Ghosts, and Other Noxious Influences: The Ideology of Affliction in a Korean Village. *Journal of Korean Studies* 3: 113-145.

_____. 1984. Korean Shamanism: Womens' Rites and a Chinese Comparison. In *Religion and the Family in East Asia*, ed. T. Sofue and G. DeVos, 57-73. Senri Ethnological Studies, vol. 11. Osaka: National Museum of Ethnology.

Kessler, Clive S. 1977. Conflict and Sovereignty in Kelantanese Malay Spirit Seances. In *Case Studies in Spirit Possession*, ed. V. Crapanzano and V. Garrison, 295-332. New York: Wiley Interscience.

Kiester, Daniel. 1980. Korean Mudang Rites for the Dead and the Traditional Catholic Requium: A Comparative Study. In *Customs and Manners in Korea*, ed. S. Chun, 45-54. Seoul: International Cultural Foundation.

Kim, Kwang-iel [Kim Kwang-il]. 1972a. Sin-byong: A Culture-Bound Depersonalizaion Syndrome in Korea. *Neuropsychiary* (Seoul) 11: 223-234.

_____. 1972b. Psychoanalytic Consideration of Korean Shamanism. *Neuropsychiatry* (Seoul) 11: 121-129.

_____. 1973. Shamanist Healing Ceremonies in Seoul. *Korea Journal* 13(4): 41-47.

Kim, T'ae-gon. 1970. A Study of Shaman's Mystic Illness During Initiation Process in Korea. *Journal of Asian Women* (Seoul) 9: 91-132.

_____. 1972a. The Influence of Shamanism on the Living Pattern of People in Contemporary Korea. In *The Modern Meaning of Shamanism*, ed. T. Kim, 71-80. Iri: Folklore Research Institute, Wŏn'gwang University.

_____. 1972b. Components of Korean Shamanism. *Korea Journal* 12(12): 17-25.

_____. 1972c. Etude de Processus initiatique des Chamans Coréans. *Revue de Coreé* 4(2): 53-57.

_____. 1978. Shamanism in the Seoul Area. *Korea Journal* 18(6): 39-51.

Kim, Young-key, and Dorothea Sich. 1977. A Study on Traditional Healing Techniques and Illness Behavior in a Rural Korean Township. *Anthropological Study* (Seoul) 3 (June): 75-108.

Kinsler, Arthur W. 1976. A Study in Fertility Cult for Children in Korean Shamanism. Ph.D. diss., Yonsei University, Seoul.

_____. 1977. Korean Fertility Cult for Children in Shaman Ritual and Myth. *Korea Journal* 17(2): 27-34.

Knez, Eugen. 1959. Sam Jong Dong: A South Korean Village. Ph.D. diss., Syracuse University.

Korean Mudang and Pansu. 1903. *Korea Review* 3: 145-149, 203-208, 257-260, 301-305, 342-346, 383-389.

Lebra, William P. 1966. *Okinawan Religion Belief, Ritual, and Social Structure*. Honolulu: University of Hawaii Press.

Lee, Hyo-chae. 1977. Protestant Missionary Work and Enlightenment of Korean Women. *Korea Journal* 17(11): 33-50.

Lee, Jung-young. 1975. Shamanistic Thought and Traditional Korean Homes. *Korea Journal* 15(11): 43-51.

_____. 1981. *Korean Shamanistic Rituals*. Mouton: The Hague.

Lee Kwang-kyu. n.d. Ancestor Worship and Kinship Structure in Korea. In Religion and Ritual in Korean Society, ed. L. Kendall and G. Dix. Unpublished MS.

LeVine, Robert A. 1962. Witchcraft and Co-wife Proximity in Southwestern Kenya. *Ethnology* 1: 39-45.

Lewis, I. M. 1966. Spirit Possession and Deprivation Cults. *Man*, n.s. 1(3): 307-329.

_____. 1969. *Ecstatic Religion*. Harmondsworth: Penguin.

Lowel, Percival. 1886. *The Land of the Morning Calm*. Boston: Tickman and Co.

McBrian, Charles D. 1977. Two Models of Social Structure and Manifest Personality in Korean Society. *Occasional Papers on Korea* (Seattle) 5: 1-7.

McCann, David R. 1983. Formal and Informal, Korean Kisaeng Songs. In *Korean Women: View from the Inner Room*, ed. L. Kendall and M. Peterson, 129-137. New Haven: East Rock Press.

McCune, Evelyn. n.d. Queen Rule in Korea. Unpublished MS.

Marwick, Max. 1967. Sociology of Sorcery in a Central African Tribe. In *Magic, Witchcraft, and Curing*, ed. J. Middleton, 101-126. Garden City, N.Y.: Natural History Press.

Meskill, John. 1965. *Ch'eo Pu's Diary: A Record of Drifting Across the Sea*. Tucson: University of Arizona Press.

Messing, Simon D. 1958. Group Therapy and Social Status in the Zar Cult of Ethiopia. *American Anthropologist* 60: 1120-1126.

Mills, John E., ed. 1960. *Ethno-Social Reports of Four Korean Villages*. San Francisco: United States Operations Mission to Korea.

Mischel, Walter, and Francis Mishel. 1958. Psychological Aspects of Spirit Possession. *American Anthropologist* 60: 249-260.

Moose, Robert J. 1911. *Village Life in Korea*. Nashville: Methodist Church, Smith and Lamar, Agents.

Morioka, Kiyomi. 1968. Religion, Behavior, and the Actor's Position in His Household. *Journal of Asian and African Studies* 3(1-2): 25-43.

Murphy, Yolanda, and Robert F. Murphy. 1974. *Women of the Forest*. New York: Columbia University Press.

Nadel, S. F. 1952. Witchcraft in Four African Societies: An Essay in Comparison. *American Anthropologist* 54: 18-29.

Nakane, Chie. 1967. *Kinship and Economic Organization in Rural Japan*. London: Althone.

Norbeck, Edward. 1965. *Changing Japan*. New York: Holt, Rinehart, and Winston.

Onwuejeongu, Michael. 1969. The Cult of the *Bori Spirits* Among the Hausa. In *Man in Africa*, ed. M. Douglas and P. Kaberry, 279–306. London: Tavistock.

Osgood, Cornelius. 1951. *The Koreans and Their Culture*. New York: Ronald.

Pak, Ki–hyuk, and Sidney D. Gamble. 1975. *The Changing Korean Village*. Seoul: Shin–hung.

Palais, James B. 1975. *Politics and Policy in Traditional Korea*. Cambridge: Harvard University Press.

Peterson, Mark. 1983. Women without Sons: A measure of Social Change in Yi Dynasty Korea. In *Korean Women: View from the Inner Room*, ed. L. Kendall and M. Peterson, 33–44. New Haven: East Rock Press.

Pillsbury, Barbara. 1982. Doing the Month: Confinement and Convalescence of Chinese Women after Childbirth. In *Anthropology of Human Birth*, ed. M. A. Kay, 119–146. Philadelphia R. A. Davis.

Plath, David W. 1964. Where the Family of God is the Family: The Role of the Dead in Japanese Households. *American Anthropologist* 66: 300–317.

Potter, Jack M. 1974. Cantonese Shamanism. In *Religion and Ritual in Chinese Society*, ed. A. Wolf, 207–231. Stanford: Stanford University Press.

Pyun, Young–tai. 1926. *My Attitude toward Ancestor–Worship*. Seoul: Christian Literature Society of Korea.

Rhi, Bou–young. 1970. Psychological Aspects of Korean Shamanism. *Korea Journal* 10(9): 15–21.

_____. 1977. Psychological Problems among Korean Women. In *Virtues in Conflict: Tradition and the Korean Woman Today*, ed. S. Mattielli, 129–146. Seoul: Royal Asiatic Society.

Rutt, Richard. 1971. *The Bamboo Grove: An Introduction to Sijo*. Berkeley and Los Angeles: University of California Press.

Sakurai, Tokutaro. 1968. The Major Features and Characteristics of Japanese Folk

Beliefs. *Journal of Asian and African Studies* (Special issue on the Sociology of Japanese Religion) 3(1-2): 13-24.

Sich, Dorothea. 1978. Some Aspects of Traditional Medicine and Illness Behavior in Korea. *Korea Journal* 18(3): 30-35.

_____. 1981. Traditional Concepts and Customs on Pregnancy, Birth and Post Partum Period in Rural Korea. *Social Science and Medicine* 15B: 65-69.

Sich, Dorothea, and Kim Young-Key. 1978. A Study on the Childbearing Behavior of Rural Korean Women and Their Families. *Transactions of the Korea Branch of the Royal Asiatic Society* 53: 27-55.

Simth, Robert J. 1974. *Ancestor Worship in Japan*. Stanford: Stanford University Press.

Sofue, Takao. 1965. Childhood Ceremonies in Japan: Regional and Local Variation. *Ethnology* 4: 148-164.

Sorenson, Clark Wesley. 1981. Household, Family, and Economy in a Korean Mountain Village. Ph.D. diss., University of Washington.

Spiro, Melford E. 1967. *Burmese Supernaturalism*. Englewood Cliffs, N.J.: Prentice Hall.

Strathern, Marilyn. 1972. *Women in Between -Female Roles in a Male World:Mt. Hagen, New Guinea*. London: Seminar Press.

Turner, Victor. 1967. *The Forest of Symbols:Aspects of Ndembu Ritual*. Ithaca: Cornell University Press.

Van Gennep, Arnold. [1909] 1960. *The Rites of Passage*. Reprint. Chicago: University Press of Chicago.

Wagner, Edward W. 1983. Two Early Genealogies and Women's Status in Early Yi Dynasty Korea. In *Korean Women:View from the Inner Room*, ed. L. Kendall and M. Peterson, 23-32. New Haven: East Rock Press.

Wang, Sung-hsing. 1974. Taiwanese Architecture and the Supernatural. In *Religion and Ritual in Chinese Society*, ed. A. Wolf, 181-192. Stanford: Stanford University Press.

Welch, Homes. 1970. Facades of Religion in China. *Asian Survey* 10(7): 614-626.

Werber, Richard P. 1964. Atonement Ritual and Guardian-Spirit Possession among the Kalanga. *Africa* 34: 206-222.

Wilson, Brian. 1983. The Korean Shaman: Image and Reality. In *Korean Women: View from the Inner Room*, ed. L. Kendall and M. Peterson 113-128. New Haven: East Rock Press.

Wolf, Arthur P. 1974. Gods, Ghosts, and Ancestors. In *Religion and Ritual in Chinese Society*, ed. A. Wolf, 131-182. Stanford: Stanford University Press.

Wolf, Margery. 1972. *Women and the Family in Rural Taiwan*. Stanford: Stanford University Press.

_____. 1974. Chinese Women: Old Skills in a New Context. In *Women, Culture, and Society*, ed. M. Z. Rosaldo and L. Lamphere, 157-172. Stanford: Stanford University Press.

Yang, C. K. 1961. *Religion in Chinese Society*. Berkeley and Los Angeles: University of California Press.

Yoon, Hong-key. 1976. *Geomantic Relationships between Culture and Nature in Korea*. Taipei: Orient Culture Service.

Yoon, Soon-young. 1976. Magic, Science, and Religion on Cheju Island. *Korea Journal* 16(3): 4-11.

_____. 1977a. Occupation, Male House Keeper: Male and Female Roles on Cheju Island. In *Virtues in Conflict: Tradition and the Korean Woman Today*, ed. S. Mattielli, 191-208. Seoul: Royal Asiatic Society.

_____. 1977b. Su-Dong Project Report. Unpublished MS.

Yoshida, Teigo. 1967. Mystical Retribution, Spirit Possession, and Social Structure in a Japanese Village. *Ethnology* 6(3): 237-262.

Young Barbara. 1980. Spirits and Other Signs: An Ethnography of Divination in Seoul, R.O.K. Ph.D. diss., University of Washington.

_____. 1983. City Women and Divination Signs in Seoul. In *Korean Women: View from the Inner Room*, ed. L. Kendall and M. Peterson, 139-157. New Haven: East Rock Press.

김두헌. [1948] 1969. 『韓國家族制度硏究』. 서울: 을유문화사.

김득황. 1963. 『韓國宗敎史』. 서울: 해문사.

김태곤. 1966. 『黃泉巫歌硏究』. 서울: 창우사.

_____. 1971. 『韓國巫歌集』 I. 이리: 원광대학교 민속학연구소.

김택규. 1964. 『同族部落의 生活構造硏究』. 서울: 청구대학출판부.

『독립신문』 1896-1898. 서울.

문화공보부 문화재관리국(MCBCPP) 편. 1969-. 『한국민속종합조사보고서』.

박병호. 1974. 『韓國法制史考』. 서울: 법문사.

『양주군 통계연보』(YTY). 1965, 1975. 의정부: 양주군.

유동식. 1975. 『韓國巫敎의 歷史와 構造』. 서울: 연세대학교출판부.

이광규. 1974. 「冠, 婚, 喪, 祭」. 이두현, 장주근, 이광규. 『韓國民俗學槪說』. 서울: 민중서
　　관.

_____. 1975. 『韓國家族의 構造分析』. 서울: 일지사.

_____. 1977. 『韓國家族의 史的硏究』. 서울: 일지사.

이기석. 1967. 「구읍 취락에 관한 연구: 경기지방을 중심으로」. 서울대학교 석사학위논
　　문.

이능화. 1976. 『朝鮮巫俗考』. 이재곤 역주. 서울: 백록출판사.

이두현. 1969. 『韓國假面劇』. 서울: 한국가면극연구회.

이만갑. 1960. 『韓國農村의 社會構造』. 서울: 한국연구도서관.

임석재. 1970. 「韓國巫俗硏究序說」. 『亞細亞女性硏究』 9: 73-90, 10: 161-217.

장주근. 1974. 「민간신앙」. 이두현, 장주근, 이광규. 『韓國民俗學槪說』. 서울: 민중서관.

장주근, 최길성. 1967. 『京畿道地域巫俗』. 서울: 문화재관리국.

최길성. 1978. 『韓國巫俗의 硏究』. 서울: 아세아문화사.

_____. 1981. 『韓國巫俗論』. 서울: 형설출판사.

重松真由美. 1980. 「賽神にみられる女性の社会関係」. 『民族學硏究』 45(2): 93-110.

村山智順. 1932. 『朝鮮の巫覡』. 京城: 朝鮮總督府.

_____. 1938. 『釈奠·祈雨·安宅』. 京城: 朝鮮總督府.

찾아보기

무당, 여성, 신령들
1970년대 한국 여성의 의례적 실천

초판 1쇄 펴낸날 2016년 3월 30일
초판 4쇄 펴낸날 2022년 12월 30일

지은이 | 로렐 켄달
옮긴이 | 김성례 · 김동규
펴낸이 | 김시연

펴낸곳 | (주)일조각
등록 | 1953년 9월 3일 제300−1953−1호.(구: 제1−298호)
주소 | 03176 서울시 종로구 경희궁길 39
전화 | 02−734−3545 / 02−733−8811(편집부)
        02−733−5430 / 02−733−5431(영업부)
팩스 | 02−735−9994(편집부) / 02−738−5857(영업부)

이메일 | ilchokak@hanmail.net
홈페이지 | www.ilchokak.co.kr

ISBN 978−89−337−0707−4 93330
값 22,000원